Herbert A. Henzler/Lothar Späth

DIE ZWEITE WENDE

Herbert A. Henzler/Lothar Späth

DIE ZWEITE WENDE

Wie Deutschland es schaffen wird

BELTZ QUADRIGA

Lektorat: Renate Reifferscheid
Herstellung: Jutta Benedum
Umschlaggestaltung: Federico Luci, Mailand
Umschlagphoto: © Christof R. Sage, Filderstadt und Tony Stone, Hamburg
Satz: Satz- und Reprotechnik, Hemsbach
Druck und Bindung: Druckhaus Beltz, Hemsbach
Printed in Germany
ISBN 3-88679-313-3

Inhalt

Prolog

Berlin im Sommer 1997. McKinsey-Office am Kurfürstendamm. Auszug aus einem Gespräch.

Herbert Henzler:
Um die Jahrhundertwende wurde in Deutschland erstmals ein technisches Erklärungsbuch geschrieben, das es immer noch gibt. Sein Titel heißt: *Wie funktioniert das?* Unter dem Titel *How things work* hat es auch in Amerika große Verbreitung gefunden. Das ist ein tolles, dickes Ding, wo drinsteht, wie alles funktioniert.

Lothar Späth:
Ja, ausgehend vom schwäbischen Elektroingenieur, der genau wissen wollte, wie die Drähte und Räder zusammenhängen und ineinandergreifen. Ich habe das Buch selbst zu Weihnachten oder zur Konfirmation an junge Leute verschenkt.

Herbert Henzler:
Das Buch repräsentiert nun mal den deutschen *mind-set.* Am liebsten haben wir eine Welt, in der wir wissen, wie die Dinge funktionieren.

Lothar Späth:
In letzter Zeit verschenke ich das nicht mehr. Ich müßte ja jedes Jahr ein neues Buch hinterherschicken. Sogar die Schulbücher veralten doch heute schneller, als sie gedruckt werden. In Stuttgart gibt es einen Verlag, der produziert Schulatlanten. Die hatten 1989 einen neuen Atlas fertig und konnten ihn gerade wieder einstampfen. Ganze Länder und Blöcke haben aufgehört zu existieren oder formieren sich

neu. Wie sehen die Grenzen auf dem Balkan aus? Wo verlaufen die Trennlinien in der ehemaligen Sowjetunion? Wer wird zur NATO gehören? Welches Land kommt in die EU und welches nicht? Wie sollen die Schulbuchverleger bei dieser Dynamik noch einen Atlas für ein ganzes Schülerleben hinkriegen?

Herbert Henzler:
Die Welt wird zur Blackbox – sie läßt sich nicht mehr so ohne weiteres in Herrschaftssphären, Bedienungsanleitungen und Fahrpläne einordnen. Wer heute noch glaubt zu wissen, wie die Dinge genau ablaufen, der blamiert sich. Die Fragen nehmen schneller zu als die Antworten. Denken wir doch nur mal an das Internet: Wie funktioniert das? Wem gehört eigentlich dieser neue Marktplatz? Wer bestimmt, was da vor sich geht? Es kann ja noch nicht mal jemand sagen, wieviel Uhr es im Internet ist. Da ist nämlich immer Tag.

Lothar Späth:
Und immer Frühschicht und Spätschicht zugleich. In der Datenverarbeitung haben wir doch längst den globalen Arbeitsmarkt. Da interessiert keine deutsche Tarif- oder Arbeitszeitvereinbarung. Wir können das überhaupt nicht verhindern. Das, was man den realsozialistischen Ländern vorwarf – nämlich die Abschottung der eigenen Wirtschaftsräume mit dem Verlust an Wettbewerbsfähigkeit –, wird uns genauso treffen. Es sei denn, wir stellen uns darauf ein und lernen aus der ersten Wende.

Herbert Henzler:
Damals flüchteten die Menschen, und in der Folge implodierte das System. Heute machen sich nicht die Menschen davon, sondern ein Teil der gewohnten Arbeit. Sie löst sich auf, sie verändert sich, sie geht in den Export. Zehn Jahre

nach der ersten Wende stehen wir in einer zweiten Wende – und müssen sie gestalten.

Lothar Späth:
Für viele Menschen ist das eine Horrorvorstellung. Die Welt wird deshalb flugs wieder in gut und böse eingeteilt. Darauf reitet auch diese schwungvolle neue Kampfliteratur. Deren Fürsorge endet allerdings bei der Argumentationslinie: »So geht das nicht.«

Herbert Henzler:
Statt eines Buches mit dem Inhalt »Wie funktioniert das?« verschenken wir jetzt also Bestseller mit dem Inhalt: »So funktioniert das nicht.« Aber wem soll das helfen? Statt *How things work* müßte man heute eigentlich ein Buch mit dem Titel *How things change* machen: »Wie sich die Dinge ändern«.

Lothar Späth:
Da würden sicherlich noch zwei Aspekte reingehören. Erstens: Es gibt Dinge, die funktionieren ja durchaus. Auch in Deutschland. Der Wandel kommt oft auf leisen Sohlen. Und zweitens: Wir sollten viel mehr Dinge ausprobieren, um herauszufinden, ob sie funktionieren. Das wäre dann so eine Art Experimentierbuch.

Herbert Henzler:
Sollten wir das mal aufschreiben?

Erinnerungen an die Zukunft

Ich habe keinen Zweifel, daß die Zukunft in Wirklichkeit viel überraschender sein wird als alles, was ich mir vorstellen kann. Ich habe sogar den Verdacht, daß das Universum nicht nur sonderbarer ist, als wir vermuten, sondern viel sonderbarer, als wir vermuten können.

John Scott Haldane, Physiologe, 1927

Die Metamorphose der Arbeit

Hamburg, Stadtteil Barmbek, Anfang 1998. Verkäuferinnen, Angestellte und Hafenarbeiter strömen aus der S-Bahn-Station. Ein türkischer Händler bietet an seinem Stand Obst und Gemüse feil. Am Kiosk liegt die *Bild*-Zeitung aus. In zentimeterhohen Lettern zitiert sie einen Chefredakteur der Londoner *Times*: »Deutschland wird Europas Schrottgürtel.« Einen Steinwurf entfernt steht eine ehemalige Fabrikhalle der New York – Hamburger Gummi-Waren-Compagnie. Doch die ausgestellten Kautschukballen dienen nur noch der Anschauung – seit 1954 ruht hier die Arbeit.

Seit 1990 ist die Backsteinfabrik ein sehr symbolisches Gebäude: Sie beherbergt Hamburgs Museum der Arbeit. Seifenpressen, Bleilettern, Hartgummikämme und Kontoristinnenblusen künden von einer Arbeitswelt, die längst untergegangen ist. Obwohl die meisten Exponate kaum hundert Jahre alt sind, wirken sie auf uns fremd und beinahe kurios. Handwerk, Erfahrung und Know-how sind einfach verschluckt worden. Das Museum stellt, wie es im Ausstellungskatalog so schön heißt, ein »Deutungsangebot« dar.

Draußen vor der Tür sortiert der Besucher folgerichtig erst einmal seine Gedanken. Der wichtigste: Dieses Museum nimmt Ängste auf, aber es weckt keine Angst. Das hat verschiedene Gründe. Erstens: Revolutionen in der Wirtschafts- und Arbeitswelt sind prinzipiell nichts Neues. Und zweitens: Das Leben ging immer weiter. Vor der Problemlösung stand immer die Angst, und die besten Ideen kamen durchweg erst fünf Minuten vor zwölf. In der Not wächst das Rettende, und mit den Problemen wächst der Geist. Der Herausgeber des Wiener Wirtschaftsmagazins *trend*, Helmut A. Gansterer, mutmaßte einmal: »Vielleicht ist dies so eine Art anthropologisches Immunsystem.«

Alle Krisen brachten letztendlich immer sozialen Fortschritt hervor. »Hände weg von Heiligabend und Silvester«, heißt es auf einem ausgestellten Streikplakat noch. Das Museum dokumentiert zugleich das Implodieren von Arbeit und das Verschwinden ganzer Berufe, wie beispielsweise des Schriftsetzers. Der museale Zeitraffer verdeutlicht eben auch – gemessen an der jeweiligen Epoche – das Neue. Auf den Betrachter wirkt es plötzlich gar nicht mehr so resignativ, daß Arbeit Gegenstand musealer Betrachtung geworden ist. In einem Bericht über das Museum schreibt die Journalistin Monika Nadler: »So, wie die Dinge entstehen, verschwinden sie auch wieder, hinterlassen Platz für etwas Neues.«

Es gehört nicht viel Phantasie dazu, sich in dem dreistökkigen Bau einen vierten Stock vorzustellen mit den Exponaten von morgen – von der deutschen Mark (Ost) bis zur deutschen Mark (West), vom Bankschalter bis zur Videothek.

Die Informationstechnologie wird in den Bereichen Kommunikation, Information und Monitoring ganze Flure verschlucken und andere Fluchten öffnen. Um eine hochverzinsliche Anlage zu finden, mußte man vor nicht allzu langer Zeit noch am Telefon 25 Minuten aufwenden, heute läßt sich das in zehn Minuten im Internet erledigen. In Zukunft, so die McKinsey-Studie *A Revolution in Interaction*, wird diese Recherche ein spezialisierter Informationsbroker binnen 60 Sekunden auf den häuslichen Bildschirm liefern.

Börsenkurse sind Wetten auf die Zukunft, und die Wetten stehen eindeutig: Die Aktien der drei größten amerikanischen Konzerne auf dem Gebiet der Informationstechnologie sind fast dreimal soviel wert wie die der drei größten amerikanischen Autokonzerne. Und die Giganten der digitalen Revolution erreichen diese Wertschöpfung mit acht Prozent der Mitarbeiter der Automobilhersteller. Das wirft die Frage auf: Was kennzeichnet heute ein Großunternehmen?

Alte und neue »Giganten«

1997

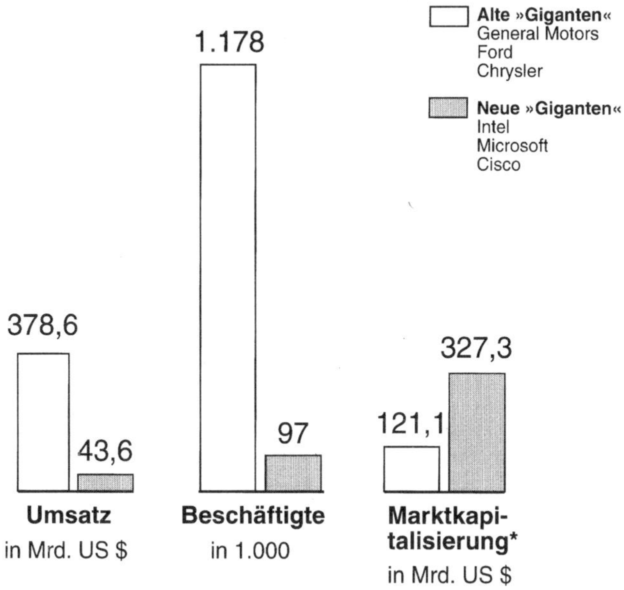

* Am 31.12.1997

Quelle: Geschäftsberichte 1997, Datastream

Nach der Mitarbeiterzahl sind die neuen Giganten gegenüber den traditionellen Konzernen eher Zwerge. Wird ein Großunternehmen also über den Umsatz definiert, die Rendite, den Börsenwert? Oder über seine Stellung in einem technologischen Schlüsselgebiet? Vielleicht auch über »softe« Faktoren wie den Bekanntheitsgrad, das Image, die Marke, die weltweite Verbreitung?

Während die Menschen bis in die siebziger Jahre hinein an Maschinen und Geräten arbeiteten, die sie ihr Arbeitsleben lang begleitet hatten, bringt der gegenwärtige technische Wandel einen beschleunigten Wechsel der Arbeitsmittel mit sich. Gerade die moderne Informationstechnologie macht in einem ganzen Arbeitsleben erworbene Fähigkeiten von einem auf den anderen Tag wertlos. Und sie schafft einen weltweiten Markt für Arbeit, auf dem wir uns vielen neuen Konkurrenten stellen müssen.

Es fällt schwer, den beschleunigten technischen und sozialen Wandel zu begreifen, aber er bedeutet keinen Weltuntergang. Wir werden den Wandel der Industriegesellschaft in eine Dienstleistungsgesellschaft, eine Informationsgesellschaft und eine Geistes- und Kulturgesellschaft schaffen – weil uns nichts anderes übrigbleibt. Es wird nicht schlimmer kommen als in vergangenen Epochen sozialen Wandels, es wird nur ganz anders sein.

Evolutionsbiologen arbeiten mitunter mit der Metapher des Parkhauses. Danach breitet sich das Leben zunächst auf der unteren Ebene aus, bis es dort keine Lücken und Nischen mehr gibt. Erste Pioniere kriechen nun die spiralförmige Rampe empor und erreichen das nächste »Parkdeck«. Dort tun sich plötzlich auf einem höheren Niveau völlig neue und beinahe unbegrenzte Lebensräume und Möglichkeiten auf.

In der Mitte des 18. Jahrhunderts verursachte der Zusammenbruch ein Massenelend, weil die Agrarwirtschaft zusammenbrach. Für die Millionen von Arbeitslosen, die damals hungernd in die Städte drängten, konnte sich niemand neue Arbeitsplätze vorstellen. Dann fanden die Menschen einen Weg auf die nächsthöhere Ebene: Die industrielle Revolution schuf mehr Arbeitsplätze, als es je zuvor gegeben hatte. Es tat sich ein weites Feld neuer Chancen auf. Niemand hatte zu Anfang eine Vorstellung davon, welche Existenzformen sich entwickeln würden: Flugzeugpiloten und Mechaniker, Filmschauspielerinnen und Beleuchter, Journalisten und Prospektverteiler, Politessen und Abschleppunternehmer, Talkmaster und Meinungsforscher.

Ganz besonders befremdlich hätte auf einen Menschen des 18. Jahrhunderts ein modernes Fitneßstudio gewirkt. Die Amerikaner sprechen, wenn sie dem Fitneßstudio zustreben, von einem *workout*. Das bedeutet, frei übersetzt, soviel wie »Arbeiten bis zum Umfallen«. Der Aufenthalt in einem Fitneßstudio ist im Grunde nichts anderes als simulierte Arbeit. Auch hierzulande kennen wir längst den Freizeitstreß. Die Freizeitgesellschaft ist ein Bote einer Gesellschaft der simulierten Arbeit. Daß dabei wieder eine neue Branche herauskommt mit Milliardenumsätzen an Geräten, Kleidung, Getränken und mit neuen »richtigen« Arbeitsplätzen für Trainer, Ernährungsberater, Orthopäden und Putzkolonnen – wer hätte das gedacht? In solchen Salti mortali vorwärts und rückwärts liegt das Tröstliche der Entwicklung. Die Innovationsfähigkeit menschlicher Tätigkeit scheint eine Endlosspirale zu sein.

Es spricht vieles dafür, daß die Menschen in den Industrienationen momentan wieder die Hälse recken und auf die schemenhaften Umrisse einer neuen Zivilisationsstufe blikken. Über kurz oder lang werden wir das zivilisatorische »Parkdeck« wechseln. Die neue Ebene wird eine veränderte Bewußtseinsebene miteinschließen, deren Hauptlinien sich allenfalls ahnen lassen. Wir werden auf die Herausforderungen nicht nur industrielle, sondern auch kulturelle Antworten finden (müssen).

Im Museumsshop des Hamburger Museums der Arbeit liegt eine Schwerpunktnummer der Schweizer Kulturzeitschrift *du* zum Thema Arbeit aus. Darin findet sich eine erstaunlich unaufgeregte Zukunftsdeutung. Ein (stark gekürzter) Auszug:

»Würde jemand aus dem Jahre 1997 zu uns ins Jahr 2020 katapultiert, so würde er sich trotz allem leicht zurechtfinden. Es gibt alles noch, was es damals gab. Nur ist heute klein, was damals groß war, groß, was klein war, und einiges ist dazugekommen. Er würde auch Vertrautes, wie zum Beispiel Fabriken, wiederfinden und damit auch Fabrikarbeit, Aktiengesellschaften, Profite. Aber er würde keine Fabrikarbeiterinnen und Fabrikarbeiter mehr antreffen, das heißt niemanden, der sich so definiert. Die Arbeit ist nicht verschwunden, schon gar nicht die Handarbeit. Schöne Tische und Stühle, auf die wir so viel Wert legen, lassen sich nur von Hand herstellen, bekommen nur dann ihren besonderen Charakter, ihre Wärme. Was passiert ist, ist eine große Auffächerung von Arbeitsarten, Entschädigungssystemen, Arbeitszeiten, Arbeitsorten. Die »Arbeit«, die lebenslängliche Verknüpfung einer Tätigkeit mit einem Lohn, gibt es nicht mehr. Was früher nicht als Arbeit galt und nicht entlohnt wurde, zum Beispiel Hausarbeit, ist voll anerkannt und Teil eines individuellen Kontos. Hingegen sind die Arbeitsplätze in dem, was früher die Wirtschaft hieß, auf ein Fünftel geschrumpft – niemand könnte mehr davon leben – Umverteilung hin oder her. Das sah ausweglos aus, doch wir schafften das ohne große Probleme.«

Zurücktreten vor dem Sprung

Wie sieht Deutschland in zwanzig Jahren wirklich aus?

»Prognosen sind schwierig«, hat der Physiker Niels Bohr einmal gesagt, »vor allem, wenn sie die Zukunft betreffen.« Lassen Sie uns deshalb erst einmal zwanzig Jahre zurückschauen. Hätten wir damals die Welt von 1998 treffend voraussagen können? Wohl kaum, die Entwicklung verlief aus damaliger Sicht geradezu unglaublich. Viele Prognosen, die allgemein als plausibel und seriös angesehen wurden, erwiesen sich als falsch. Andere, unwahrscheinliche oder gar scheinbar unsinnige, Annahmen kamen der Realität erheblich näher. Hier einige ganz willkürlich herausgegriffene Ereignisse von 1978 – und was daraus wurde.

1978: Die SKF-Kugellagerfabriken in Schweinfurt stellen die Produktion eines neuartigen Rollschuhs »Speedy« mit hintereinander angeordneten Rädern wieder ein. Begründung: Die Produktion von Konsumgütern passe nicht zu SKF. **1998:** Die Kugellager laufen anderswo heiß. Grund: Die amerikanischen Eishockeyprofis Scott und Brennan Olson griffen inzwischen die ungeschützte Idee des »Speedy« auf und kreierten mit amerikanischer Unbekümmertheit die Inline-Skates. Aus einem trendigen Kinderspielzeug wurde ein globales Milliardengeschäft. Dieser Fall war in unserem industriell geprägten Denkschema 1978 noch nicht vorgesehen. SKF meldet heute in seinem Kerngeschäft der industriellen Wälzlager stagnierende Umsätze. Die Freizeitindustrie fährt derweil im Sauseschritt.

31. Januar 1978: Im VW-Werk Emden läuft der letzte VW-Käfer vom Band. Das Symbol des Wirtschaftswunders mit über 21 Millionen produzierten Fahrzeugen war schlichtweg veraltet. Das Festhalten an der überholten Fahrzeugkonzeption hatte VW zuvor in eine schwere Krise gestürzt. **Januar 1998:** Fast auf den Tag genau zwanzig Jahre später ist der Käfer wieder da: VW legt ein völlig neues Krabbeltier mit dem Namen »New Beetle« auf und stellt es in Detroit vor. Der Motor liegt nicht mehr hinten, sondern vorn. Das Design entstand nicht in Deutschland, sondern in Kalifornien. Gebaut wird der Beetle nicht in Wolfsburg, sondern in Puebla/Mexiko. Verkauft wird der Käfer zuerst in den USA, die Deutschen sind später dran. Aus dem alten Symbol des Wirtschaftswunders wurde ein neues Symbol der Globalisierung. Und die läuft und läuft und läuft. Die Marke gilt jetzt als Qualitätssiegel, nicht mehr der Herkunftsort. Statt *Made in Germany* heißt es *Made by VW, Made by Siemens* oder *Made by Daimler-Benz*. Der in Tuscaloosa, Alabama, produzierte Mercedes »M«-Geländewagen wurde in den USA zum »besten *amerikanischen* Utility vehicle« gewählt.

1978: Im badischen Walldorf wurde ein kleiner Trupp von Exoten belächelt. Das kleine Unternehmen SAP nahm den Betrieb eines eigenen Computerzentrums auf. SAP ist das Kürzel für »Systemanalyse und Programmentwicklung«. Keiner hielt es für nötig, sich den Namen zu merken. **1998:** Heute kann dem Namen SAP niemand mehr entrinnen. Die Verrückten von damals avancierten zu Medienlieblingen: Als »Deutschlands erfolgreichste Unternehmer« präsentiert das Titelbild der *Wirtschaftswoche* (7/1998) die SAP-Chefs Dietmar Hopp und Hasso Plattner. Die beiden haben eines der florierendsten Software-Unternehmen der Welt mit rund 15000 Mitarbeitern geschaffen, die in mehr als fünfzig Ländern aktiv sind. Das »Wunder aus Walldorf« *(Der Stern)* rangiert im Börsenwert vor Daimler-Benz.

1978: Der Bundestag beschließt mit einer knappen SPD-geführten Mehrheit den Weiterbau des schnellen Brüters in Kalkar. **1998:** Zwanzig Jahre und rund zehn Milliarden Mark später ist das (niemals in Betrieb genommene) Vorzeigekraftwerk für ganze drei Millionen Mark an einen holländischen Unternehmer verkauft. Aus der High-Tech-Ruine wird ein Freizeitzentrum. Die Deutschen verarbeiten die Angst vor der High-Tech mit etwas wirklich Gefährlichem: Free climbing am Kühlturm.

1978: Die amerikanische Gesellschaft ist in Schwierigkeiten. Veraltete Industrien und hohe Arbeitslosigkeit prägen die Krise. Gegen die japanische Konkurrenz scheint kein Kraut gewachsen. Die meisten Experten preisen das erfolgreiche japanische Modell als Vorbild für die USA. **1998:** Die Amerikaner haben viele neue Arbeitsplätze geschaffen, und die Wirtschaft boomt. Japan steckt in der Krise und hat Angst vor einer Deflation.

1978: *Der Spiegel* veröffentlicht das Manifest eines »Bundes Demokratischer Kommunisten Deutschlands«. Nach einer schonungslosen, mit zahllosen Interna gespickten Analyse der Wirklichkeit in der DDR heißt es darin: »Die weltweite Tendenz in der internationalen Arbeiterbewegung läuft auf den Verfall moskowitischer Theorie und Praxis heraus. Es entwickelt sich ein schöpferischer, undogmatischer, demokratisch-humanistischer Reformkommunismus.« Das *Spiegel*-Büro in Ostberlin wird daraufhin geschlossen. **1998:** Die Bundesregierung und das Parlament ziehen nach Berlin um. Es gibt die DDR nicht mehr, es gibt die Mauer nicht mehr, und es gibt keinen Reformkommunismus. Die Diskussionen im wiedervereinigten Deutschland drehen sich stattdessen um einen undogmatischen, demokratisch-humanistischen Reform*kapitalismus*.

Der Amerikaner David Binder schreibt in der *Spiegel*-Ausgabe vom 5. Januar 1998 – genau zwanzig Jahre nach der Skandalnummer von einst: »Heutzutage ist Deutschland größer und stärker als jedes andere Land in Europa. Deutschland ist ein Riese – aber einer wie Gulliver, festgezurrt an zahllosen Stricken.« Dann fügt er hinzu: »Das beginnt mit den lächerlichen Ladenöffnungszeiten, schließt die Wochenarbeitszeit genauso ein wie die unflexiblen Arbeitsgesetze, die Heuern und Feuern erschweren – dazu kommt das ganze Arsenal des Wohlfahrtsstaates. Die Aussicht scheint gering, daß Gulliver, unbeweglich durch Erfolg (wenn auch nicht verkrüppelt), seine Fesseln abwerfen kann. Allerdings würde ich nicht meine Lebensversicherung darauf wetten.«

Bilanz aus zwanzig Jahren: Es gibt Gewinner und Verlierer, und es gibt Hoffnung. Zur moralischen Aufrüstung möchten wir auch anmerken: Die Welt von 1998 ist deutlich besser geraten, als 1978 allgemein befürchtet wurde. Immerhin sind die Blockkonfrontation, der kalte Krieg und die Bedrohung durch Atomraketen zwischen der ehemaligen Sowjetunion und den USA vom Tisch. Deutschland wurde nicht zur Atomwüste. Das könnte eigentlich einen angstfreien Raum für schöpferische Phantasie schaffen und die Frage aufwerfen: Werden die Dinge unter dem Strich womöglich immer besser statt immer schlechter?

Doch 1998 haben die Deutschen wieder neue Sorgen. Nach einer großen Allensbach-Umfrage zum Jahreswechsel 1998 fürchten die Deutschen die »Vertreibung aus dem Paradies«. Die Welt jenseits der Pforte erscheint ihnen »düster und abschreckend«. In zehn Jahren – davon ist die überwältigende Mehrheit überzeugt – wird die Gesellschaft kälter und egoistischer, die Arbeitslosigkeit höher und die Zukunft unsicherer sein als heute. Die sozialen Unterschiede werden zunehmen, so erfuhr Allensbach, und die Starken werden sich zu Lasten der Schwächeren durchsetzen. 71 Prozent der Bevölkerung sehen Egoismus und Rücksichtslosigkeit auf dem Vormarsch; 61 Prozent erwarten, daß die Berechenbarkeit der Zukunft immer mehr schwindet; 69 Prozent nehmen an, daß die Arbeitslosigkeit in einem Jahrzehnt größere Probleme aufwirft als heute.

Deutscher Zukunftspessimismus

Frage: »Wie stellen Sie sich unsere Gesellschaft in 10 Jahren vor, was von dieser Liste hier wird wohl in 10 Jahren auf unsere Gesellschaft zutreffen?«

in Prozent, Mehrfachnennung möglich

	Bevölkerung insgesamt
Die Reichen werden immer reicher, die Armen immer ärmer	78
Die Gesellschaft wird kälter, egoistischer	71
Es wird mehr Arbeitslose geben	69
Die Zukunft wird unsicherer werden	61
Nur die Starken werden sich durchsetzen	52
Es kommt zu sozialen Unruhen	48
Die Unterstützung für andere Länder, wie die Entwicklungshilfe, wird weniger werden	39
Es wird weniger Rücksicht auf Ausländer und Minderheiten genommen	39
Die Ansprüche, das Anspruchsdenken gehen zurück, man wird genügsamer	33
Es wird mehr Leute geben, die sich selbständig machen	29
Die Familie wird an Bedeutung zunehmen	27
Das Selbstbewußtsein steigt, die Leute trauen sich etwas zu	15
Es wird mehr Risikobereitschaft geben	15
Die Menschen werden wieder mehr in die Kirche gehen	14
Mit der Wirtschaft wird es aufwärts gehen	13
Die Hilfsbereitschaft der Menschen untereinander wird wachsen	11

Quelle: Institut für Demoskopie Allensbach, Januar 1998

Der Soziologe Max Weber hat die Hallen der großen Fabriken und Kombinate einmal als »eherne Gehäuse der Hörigkeit« bezeichnet. Karl Marx vertrat die Ansicht: »Das Reich der Freiheit beginnt in der Tat erst da, wo das Arbeiten, das durch Not und äußere Zweckmäßigkeiten bestimmt ist, aufhört; es liegt also in der Natur der Sache, jenseits der Sphäre der eigentlichen materiellen Produktion.« Zu Karl Marx' Lebzeiten betrug die Arbeitszeit in Deutschland 80 bis 85 Stunden, heute ist sie auf 38 Stunden geschrumpft. Und die Arbeit in den Fabriken wird immer weniger. Herbert Marcuse, Philosoph und Vater der neuen deutschen Linken, schrieb der 68er-Generation ins Stammbuch: »Vollständige Automation wäre die geschichtliche Transzendenz zu einer neuen Zivilisation.« Paradoxerweise geht also ein alter Menschheitstraum in Erfüllung. Nur ist die Gesellschaft nicht darauf eingerichtet – am allerwenigsten das linke politische Spektrum. Hier gilt ein Wort von Oscar Wilde, der sagte, es gebe nur zwei wirkliche Tragödien im Leben: Die eine sei die Nichterfüllung eines Herzenswunsches, die andere dessen Erfüllung.

Die meisten Menschen empfanden die Arbeit in den Fabriken als Hort der Sicherheit und Versorgung. Jetzt zerbrechen die Käfige, und die Menschen müssen ein neues Gleichgewicht aus Freiheit und Sicherheit finden. Dies ist auch eine Generationenfrage. »Die Suche nach dem ›guten Leben‹ jenseits der Karriere und vor allem jenseits der klassischen Angestelltenwelt hat zu einer ganz neuen Kultur der Arbeit geführt, die sich viel eher als Cluster sinnstiftender Aktivitäten verstehen läßt denn als arbeitsvertraglich geregelte Vollzeitbeschäftigung«, schreibt ein Student der Stadtplanung in der Berliner *tageszeitung (taz)*. Tatsächlich zeichnen sich im »Arbeitslosenmilieu« von Teilzeitselbständigen, McJobbern oder langzeitstudierenden Lebenskünstlern die Umrisse einer zivilen Arbeitsgesellschaft der Zukunft ab. »Hier entstehen die Jobs und Unternehmen von morgen«, meint der junge Mann und macht sich Luft: »Protestantisches Arbeitsethos aber, das Comeback von Disziplin, Ordnung und Sekundärtugenden, ist ein reichlich untauglicher Versuch, die Probleme von morgen mit Ideen von gestern zu lösen. Konzepte aus der Mottenkiste von New Deal und Arbeitsdienst taugen allenfalls für PDS-Veteranentreffen und sozialdemokratische Ortsvereine in der Provinz.«

Eine im ersten Halbjahr 1997 von EMND durchgeführte Befragung 14- bis 29jähriger Deutscher ergab, daß 58 Prozent der west- und 51 Prozent der ostdeutschen Befragten als Selbständige arbeiten wollen. Von den Autoren selbst erhobene Statistiken an der Universität München zeigen ebenfalls eine steigende Attraktivität selbständiger Lebensläufe. Viele Studenten müssen sich ihr Studium selbst finanzieren und arbeiten als Taxifahrer, Schaufenstereinrichter, Paketzusteller oder Pfleger. Sie studieren gleichsam nebenberuflich (vielleicht sind die Studienzeiten zum Teil auch deshalb so lang?) und trainieren gleichzeitig Flexibilität, Eigenverantwortung und Selbständigkeit – mithin Tugenden, die für alle immer wichtiger werden.

Der Soziologe Ulrich Beck nennt solche Versuche jenseits der Versorgungsmentalität das »eigene Leben«. Wir müssen uns darüber im klaren sein, daß es durch industrielles Wachstum keinen Weg zurück zur Vollbeschäftigung gibt. Wir müssen uns aber auch klarmachen, daß hinter dem Horizont gleichwohl eine Zukunft wartet, die verheißungsvoll sein kann.

Diese Zukunft wird nicht erlitten, sondern gestaltet. Nicht mühsame und fatalistische Anpassung an widrige Umstände bringt uns voran, sondern Zukunftsbegeisterung. Die fängt schon mit der Zielsetzung an: Es kann doch nicht allein darum gehen, die gegenwärtigen Zustände zu bewahren, oder nur darum aufzupassen, daß sie sich nicht allzusehr verschlechtern. Warum strengen wir uns nicht gleich richtig an und versuchen, eine fairere und bessere Welt zu schaffen? Wie sozial ist unser Sozialstaat überhaupt? Gibt es nicht vielleicht sogar ein Mehr an Freiheit, Gleichheit und Brüderlichkeit zu gewinnen? Was belegt denn, daß eine freie und auf Effizienz ausgerichtete Gesellschaft unmenschlich und kalt sein muß? Wer weiß denn, ob eine Renaissance der Selbständigkeit nicht unter dem Strich auch für die Mehrheit der Unselbständigen vielfältige Chancen birgt?

Übergangs- und Wendezeiten werden immer als krisenhaft erlebt. »Der Traum vom Weltwochenende«, wie es der Philosoph Peter Sloterdijk einmal nannte, wird für die Menschheit nie in Erfüllung gehen. Neue Lösungen bringen immer auch neue Probleme hervor. Dennoch gibt es eine wünschenswerte Zukunft, für die wir heute die richtigen Weichen stellen müssen. *Reculer pour mieux sauter* – zurücktreten, um besser springen zu können, sagen die Franzosen. Nehmen wir den Reformstau als Innehalten vor dem Sprung. Aber springen müssen wir. Es liegt an uns – und manches ist schon auf den Weg gebracht. Wir sind alles andere als ohnmächtig. Wir sollten jene Dinge verändern, die in unserer Macht stehen. Wir sollten aber nicht versuchen, Dinge aufzuhalten, die wir nicht aufhalten können.

Winds of Change

Zehn globale Entwicklungen, denen sich niemand entziehen kann

Es gibt verschiedene Möglichkeiten, auf eine mächtige Welle zu reagieren. Die einen schwimmen gegen sie an. Andere versuchen, mit geschlossenen Augen unter ihr hindurchzutauchen. Wieder andere steigen auf ein Surfbrett. Wer dabei genügend Geschwindigkeit erreicht, kann sogar steuern und geht nicht unter.

Ein Internetsurfer aus San Diego

1. Informationstechnologie: Die unbändige Kraft der Netze

In der Vergangenheit war die Unvermeidlichkeit neuer Entwicklungen oft leicht durchschaubar: Jemand, der Hufeisen für die Pferde der Postkutschen herstellte, mußte sich bei der Eröffnung neuer Eisenbahnlinien etwas anderes einfallen lassen. Das Dampfroß hat die Pferde verdrängt und Hufeisen schlichtweg überflüssig gemacht. Zur Entschädigung hat die Eisenbahn einen neuen Kontinent erschlossen: Sie ermöglichte die Urbarmachung und Eroberung Nordamerikas – kein schlechter Tausch. So zeigte sich schon damals: Gegen die Energie von Netzstrukturen läßt sich kaum ankommen (wenn überhaupt).

In Europa hatte das Eisenbahnnetz mit seinen vielfältigen Transportmöglichkeiten von Menschen und Waren einen ganz entscheidenden Einfluß auf die Industrialisierung und veränderte das Leben der Menschen von Grund auf. Darüber hinaus erforderte die Eisenbahn mit ihren Fahrplänen schon gegen Ende des 19. Jahrhunderts eine Feinabstimmung der Zeit. Dieses Koordinierungswissen war eine wichtige Voraussetzung für die Erfindung des Fließbandes mit seiner minutiösen Abstimmung von Material- und Menschenmassen in den Fabriken – und auch dies bewirkte einen tiefgreifenden Wandel im Leben der Menschen.

Mit der Installation des Telefonnetzes, also seit knapp hundert Jahren, vollzieht sich die Ablösung der Kommunikationsnetze von den Verkehrsnetzen. Nur aus rein praktischen Gründen laufen sie manchmal noch parallel. In Großbritannien werden die modernen Glasfaserkabel derzeit der Einfachheit halber im alten Kanalnetz der Binnenschiffahrt verlegt. Während die Kanäle allenfalls noch touristische Bedeutung haben, sind die Datenstränge die aktuellen Wirtschaftsrouten. In Frankreich übernahm der ehemalige

Wasserversorger Compagnie Générale des Eaux (CGE) die Verlagsgruppe HAVAS und wird damit zu einem neuen europäischen Netzriesen. »Alles aus einem Hahn: Wasser, Telefon, Fernsehen und Online-Dienste«, spottete ein Kommentator über das Unternehmen, das jetzt unter dem Namen Vivendi firmiert. Auch in der Bundesrepublik engagieren sich traditionelle Versorgungskonzerne wie RWE, VEBA und VIAG längst in den digitalen Netzen und der Telekommunikation.

»Noch zur Goethe-Zeit und weiter bis tief ins 19. Jahrhundert hinein war vom literarischen Briefwechsel über kaufmännische Bestellungs- und Verrechnungsvorgänge bis hin zum militärischen Befehl jeder raumüberwindende kommunikative Akt an Boten, an die Kutsche und dann an die Eisenbahn gebunden«, sagte der Philosoph Hermann Lübbe auf einer Veranstaltung der Hanns-Martin-Schleyer-Stiftung. Und er fügte hinzu: »Demgegenüber ist nun in den elektronisierten Kommunikationsnetzen die Kommunikation vom Faktor Zeit in der Raumüberwindung nahezu unabhängig geworden.« Daraus folgert der an der Universität Zürich lehrende Professor, daß dies »kulturrevolutionäre Auswirkungen« haben werde, die in ihren Dimensionen der Erfindung des Buchdrucks in nichts nachstünden.

Die Nachtschicht manches deutschen Unternehmens arbeitet heute schon am Tag: in Bangalore, Sydney oder Los Angeles. Tag und Nacht verlieren an Bedeutung, weil an der Datenautobahn stets irgendwo die Sonne aufgeht. Bei Volkswagen gibt es Überlegungen, einen weltumspannenden Entwicklungsverbund aufzubauen. Ziel sollte sein, Teile wie Getriebe, Motoren oder Fahrwerke via Computer auch auf anderen Kontinenten für den gesamten Konzern entwickeln zu lassen. Nach einer Konzeption von BMW-Entwicklungschef Wolfgang Reitzle könnte die Arbeit praktisch mit der Sonne um die Erde reisen und damit 24 Stunden laufen. Die Entwicklungszeiten der Modelle könnten so um bis zu zwei Drittel verkürzt werden.

Die Welt strebt einer Öffnungszeit von 24 Stunden an 365 Tagen im Jahr entgegen – und immer mehr Menschen nutzen sie. Das Internet verzeichnet weltweit über hundert Millionen Benutzer – und der Datenverkehr verdoppelt sich alle hundert Tage. Die Anzahl der *hosts* (Maschinenadressen im Netz) stieg von 1,3 Millionen 1993 auf 9,5 Millionen 1996.

Es entwickelt sich eine Art Weltgehirn, frei von Raum und Ortszeit. Davon macht eben nicht nur die Börse mit ihren Kapitalströmen Gebrauch. Wenn im Internet binnen einer Minute eine bestimmte Finanzdienstleistung auffindbar ist, dann wird künftig auch innerhalb kürzester Zeit eine ganz bestimmte Arbeitsqualifikation vermittelt werden. Suchen, finden und vergleichen: das Internet ist Arbeitsgerät und Arbeitsvermittlung in einem. Selbst für Landwirte finden sich im Internet heute bereits ergiebige Arbeitsplatzbörsen, auch international mit *links* für Agrarwissenschaftler oder verwandte Berufssparten.

Die Wettbewerbsfähigkeit einer Volkswirtschaft hängt entscheidend davon ab, wie viele Menschen Zugang zu den Daten haben und diese zu nutzen verstehen. Deutschland hat aufgrund seiner hervorragenden Kommunikationsinfrastruktur und der vorhandenen technischen Kompetenzen gute Chancen, den weltweiten Strukturwandel erfolgreich mitzugestalten. Wir verfügen über ein dichtgeknüpftes Telefonnetz mit 48 Millionen Anschlüssen, ein Glasfaserkabelnetz von über 170000 Kilometern Länge und flächendeckend verfügbares ISDN. »Doch leider wird dieser Standortvorteil nur unzureichend genutzt«, klagt Siemens-Chef Heinrich von Pierer, »denn eine intensive Nutzung der an sich vorbildlichen Infrastruktur erfordert auch eine weitere Verbreitung leistungsfähiger Endgeräte.« In Deutschland kommen auf 100 Einwohner 26 PCs, in den USA sind es 49. In den USA nutzen 18 Prozent der Bevölkerung digitale Netze, in Frankreich 12, in Großbritannien acht und in Deutschland fünf Prozent. Doch es scheint sich eine Trendwende zu vollziehen, denn im letzten Jahr hat sich die Zahl der Online-Abonnenten fast verdoppelt und steigt weiterhin schneller an als im Weltdurchschnitt. »Bei den Investitionen in die Informations- und Kommunikationstechnik steht die Wende hingegen noch aus«, resümiert Heinrich von Pierer. In den ohnehin führenden USA werden pro Kopf und Jahr 3000 Mark investiert, hierzulande 2300 Mark.

Die für jeden abrufbare Informationsmenge steigt extrem an, und die Zeit für ihre Übertragung wird immer kürzer: Bis 1995 sank sie innerhalb von zehn Jahren um 75 Prozent, bis 2005 wird sie sich noch einmal um 97 Prozent verringern.

Computertechnologie wird bei wachsender Kapazität preiswerter

Chipleistungsfähigkeit

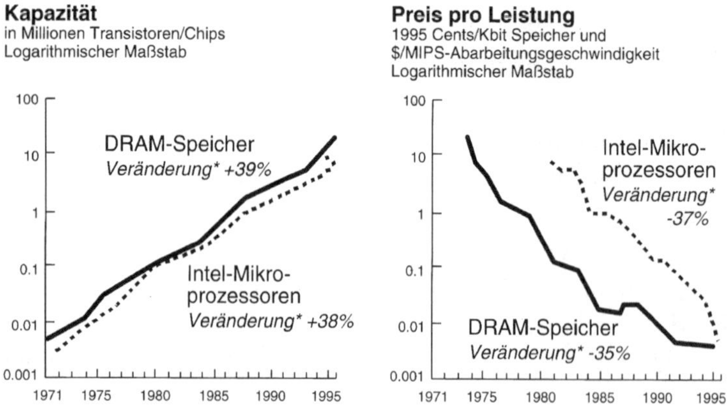

* Durchschnittliche Veränderungsrate pro Jahr

Quelle: McKinsey Quarterly 1/97

Anzahl der weltweiten Internet-Hosts

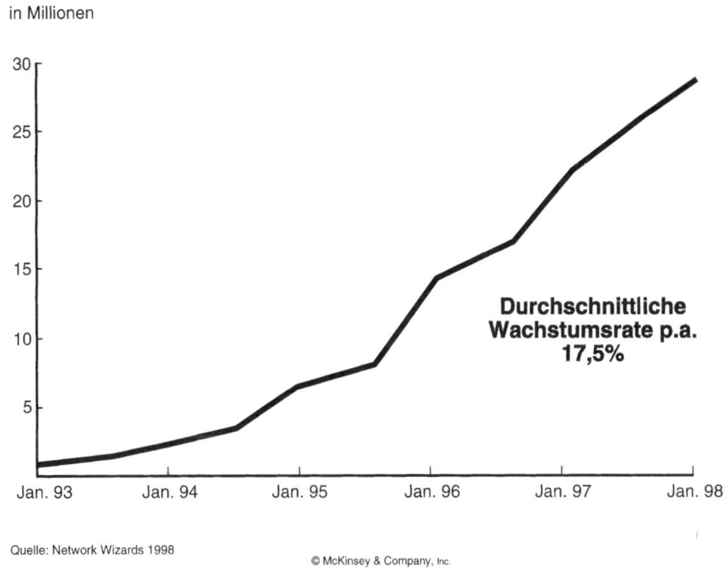

Hier entsteht kein Flaschenhals, ganz im Gegenteil: Die Schleusen werden erst richtig geöffnet.

Die schnell fortschreitende Vernetzung wirkt sich unmittelbar auf ein wenig verstandenes, aber entscheidendes Feld unserer wirtschaftlichen Tätigkeiten aus: auf die sogenannten Interaktionen. Alltägliche Interaktionen sind beispielsweise Treffen, Konferenzen, Telefonate, Brainstormings, Recherchen, Kontrollen, Reporte, Memoranden. Sie alle dienen dem Austausch zwischen Menschen, Institutionen und Unternehmen – und somit dem Austausch von Waren, Dienstleistungen und Ideen. Dies ist in Zukunft immer schneller und reibungsloser möglich. Die kumulative Entwicklung der Möglichkeiten auf diesem Gebiet faßt eine McKinsey-Studie von 1997 mit der Frage zusammen: »Was passiert, wenn wir Interaktionen in der Hälfte der Zeit erledigen können?«

In den USA machen Interaktionen 51 Prozent aller Arbeiten aus und erwirtschaften etwa ein Drittel des Bruttoinlandsprodukts. Selbst in weniger entwickelten Ländern wie Indien besteht die gesamte Arbeitswelt schon zu 36 Prozent aus Interaktionen. Wie es Unterschiede in der Interaktionsdichte zwischen Ländern gibt, so gibt es sie auch zwischen Branchen und Berufen. Grundsätzlich gilt: Je höher der Anteil der Interaktionen, desto deutlicher werden sich die neuen Datennetze auf eine Verkürzung des dafür notwendigen Arbeitsaufwandes auswirken. Im Handel liegt der Anteil der Interaktionen bei 57 Prozent, in der gesamten Dienstleistungsbranche im Schnitt bei gut 50 Prozent, selbst in der Landwirtschaft und im verarbeitenden Gewerbe sind es noch 35 Prozent (jeweils in den USA). Lehrer, Ärzte und Sekretärinnen sind mit 78 Prozent ihrer Tätigkeit Interaktionsweltmeister, es folgen Verwalter und Abteilungsleiter (77 Prozent), Manager (68 Prozent), Ingenieure, Wissenschaftler (42 Prozent); das Schlußlicht bilden Fernfahrer und Straßenarbeiter mit etwa 15 Prozent (jeweils bezogen auf die USA).

Bei Siemens stammt im Durchschnitt in allen Bereichen bereits mehr als die Hälfte der Wertschöpfung aus wissensintensiven Tätigkeiten. In den Abteilungen des Unternehmens, in denen Produktzyklen besonders kurz sind, wie in der Informationstechnik oder der Telekommunikation, liegt der Anteil sogar noch wesentlich höher.

Der Anteil der sogenannten *knowledge workers*, also der direkt oder indirekt mit der Verarbeitung, Vermarktung und dem Austausch von Wissen beschäftigten Berufe, steigt stetig. Betrug er in den USA zur Jahrhundertwende 17 Prozent, so liegt er heute bereits bei 62 Prozent. Und diesen Berufen kommt unmittelbar zugute, daß Datennetzwerke explosionsartig neue Interaktionsmöglichkeiten schaffen. »Eine gut ausgebaute und genutzte Informations- und Kommunikationslandschaft ist der Schrittmacher für wirtschaftliche Dynamik und den Ausbau der Wissensgesellschaft«, sagt Heinrich von Pierer. McKinsey geht trotz der erhöhten Effizienz unter dem Strich von einer wachsenden Zahl an Arbeitsplätzen aus. Genau wie verbesserte Verkehrsmittel den vorher unbekannten Massentourismus entstehen ließen, so werden die Netze neue Angebote und Nachfragen schaffen. Sie werden aber auch Strukturen völlig umkrempeln, beispielsweise den Handel. Während Zwischenhändler schwierigen Zeiten entgegensehen, dürfen sich die Kurierdienste freuen, denn die neuen Netze ermöglichen Unternehmen vielfach den Direktvertrieb ihrer Waren, und zwar über Grenzen und Länder hinweg.

Dabei werden auch Nationen ihre Chance nutzen, die derzeit erst in das digitale Zeitalter hineinwachsen. Die Wachstumsraten für neue Telekommunikationsdienste sind in den ärmeren Ländern zum Teil doppelt so hoch wie in den bereits engmaschig vernetzten Industrienationen. Die Neuein-

»Informationsarbeiter« in den USA im Laufe der Zeit

in Prozent der Erwerbstätigen

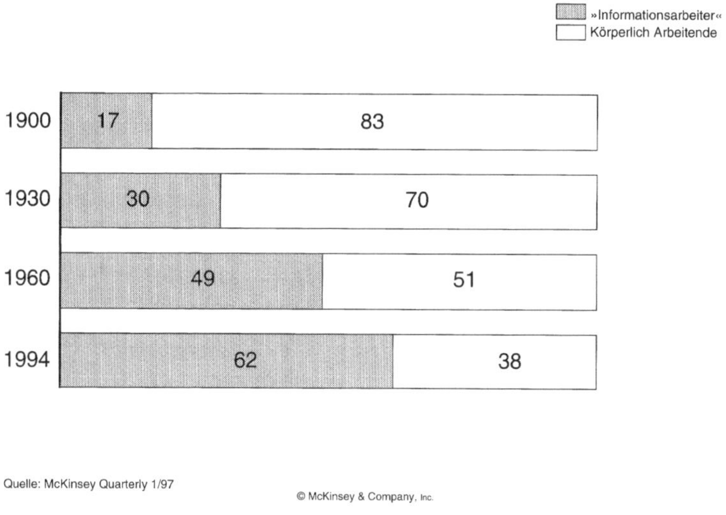

Quelle: McKinsey Quarterly 1/97

steiger überspringen ganze Technologiestadien, die hierzulande hintereinander durchlaufen wurden.

Die Kosten werden künftig niemanden mehr aus der globalen Arena ausschließen: Die Aufwendungen für die Übermittlung, Speicherung und Verarbeitung von Daten strebt schlichtweg gegen null. 1949 prophezeite das amerikanische Magazin *Popular Mechanics*, daß Computer in ferner Zukunft vielleicht nur noch 1,5 Tonnen wiegen würden – und man hielt diese Voraussage für besonders gewagt. 1993 wog eine gängige Computerfestplatte noch ein paar Gramm, verfügte über 20 Megabyte Speicherplatz und kostete den Endverbraucher 1500 Mark. Heute ist der 200fache Speicherplatz (4 Gigabyte) schon für 500 Mark erhältlich. Und die Aufwendungen für den Transport von Daten werden durch die rasante Entwicklung der Halbspeichertechnologie weiter minimiert. Die Kosten für sogenannte DRAM-Speicherchips werden bis zum Jahr 2005 um sage und schreibe 98,7 Prozent sinken (gegenüber 1995). In US-Cent ausgedrückt, heißt das: Ein Kilobyte kostet statt 31 Cents nur noch 0,004 Cents.

Die Chips der Zukunft – soviel ist sicher – werden abermals um Größenordnungen kleiner sein als die heutigen. In den Labors wird längst an der Realisierung elektronischer Schaltungen auf atomarer beziehungsweise molekularer Ebene geforscht – etwa bei IBM. Die Chips der Zukunft sollen mit Molekülen arbeiten, die lebenden Organismen abgeschaut sind. Grundlage dafür ist das sogenannte Molekular-Design. Professor Klaus Müllen vom Mainzer Max-Planck-Institut für Polymerforschung: »Im 21. Jahrhundert werden wir Schaltkreise aus Molekülen bauen.« Müllen, dem 1997 der Forschungspreis der Philip-Morris-Stiftung verliehen wurde, gilt als Exponent der neuen Design-Technik.

Wie Kleidungsstücke auf einem Schnittmusterbogen konstruiert Müllen mit Hilfe eines Rastertunnelmikroskops Bausteine für eine molekulare Elektronik. Nanometerkleine

Dioden, Drähte und Leiterbahnen (ein Nanometer ist der milliardste Teil eines Millimeters) werden die Speicherdichte herkömmlicher Chips noch einmal um den Faktor 1000 erhöhen und damit die Computertechnik weiter revolutionieren.

2. Arena Expansion: Die Welt wird größer

Bei den Olympischen Spielen gehören sie wie selbstverständlich dazu: Die Mannschaften von China und Mexiko, Indien und Indonesien marschieren selbstbewußt in die internationale Arena. Mag die eine oder andere in sportlicher Hinsicht noch ein Winzling sein, im wirtschaftlichen Wett-

Expansion der globalen Arena

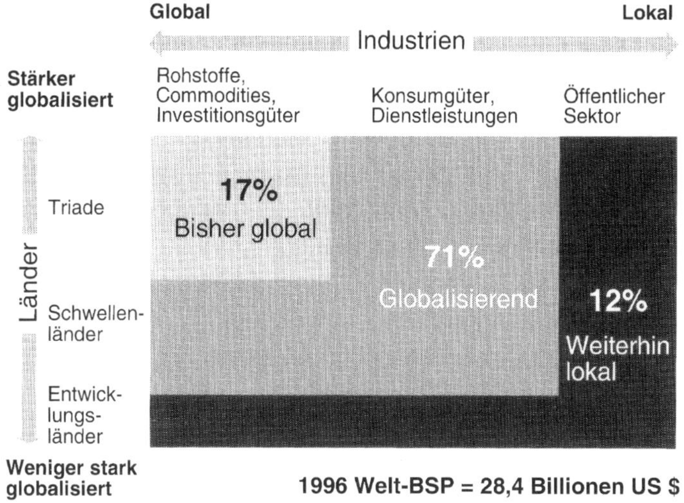

Quelle: McKinsey Quarterly 2/97, WEFA

© McKinsey & Company, Inc.

Die Lebenserwartung nimmt stetig zu

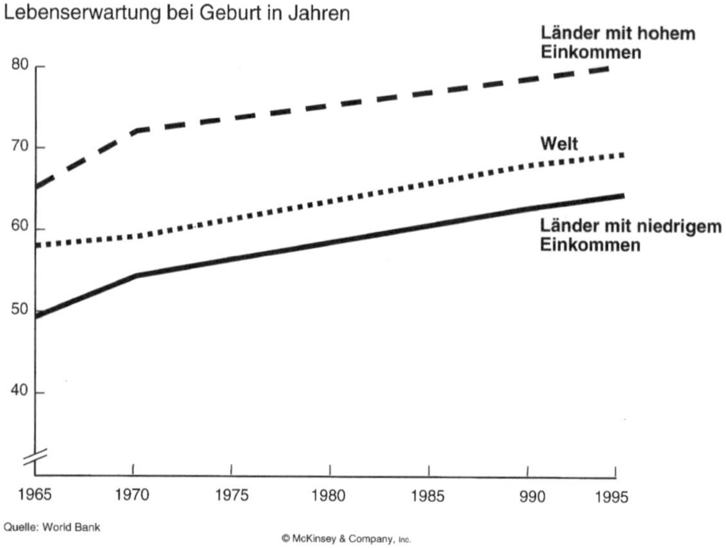

kampf wird bald nichts mehr ohne sie gehen. Wenn wir uns das Spielfeld des globalen Wettbewerbs heute als Fußballplatz vorstellen, so wird das Spielfeld bis zum Jahr 2015 viermal so groß sein. Statt heute 17 Prozent werden dann 88 Prozent der Märkte der Konkurrenz mehr oder weniger offenstehen. Das globale Marktvolumen steigt von fünf Billionen Dollar auf 50 Billionen Dollar.

Die Einkommen wachsen dabei nicht für alle Schichten gleichermaßen, sondern konzentrieren sich in einer schon immer existierenden Oberschicht und einer neu wachsenden Mittelschicht. Die Zahl der wohlhabenderen Menschen ist im Verhältnis zur Gesamteinwohnerzahl der Länder oft relativ klein, in absoluten Zahlen dennoch riesig. Global steigt die Anzahl der Verbraucher, die mehr als 10000 Dollar im Jahr verdienen, von 800 Millionen im Jahr 1995 auf 2,4 Milliarden im Jahr 2025.

Praktisch existieren – beispielsweise in Staaten wie China und Indien – die erste, zweite und dritte Welt zeitgleich nebeneinander. Unterhalb einer kleinen Oberschicht mit westlichem Lebensstandard entsteht zusehends ein breiter Mittelstand aus mehreren hundert Millionen Menschen mit beachtlicher Kaufkraft. Darunter rangiert große Armut, in die nur langsam etwas mehr Wohlstand hineinsickert. Dennoch enthalten beispielsweise die Statistiken der Weltgesundheitsorganisaton (WHO) Hinweise darauf, daß eine expandierende Wirtschaft auch den ganz Armen zugute kommt. So geht etwa die Kindersterblichkeit mit wachsender wirtschaftlicher Entwicklung der Länder eindeutig stark zurück. Dies liegt an einer verbesserten Ernährungssituation und einem vermehrten Zugang zu medizinischer Hilfe.

Als im letzten Jahrhundert die Menschen in Europa nicht mehr von der Landwirtschaft leben konnten, fanden sie schließlich massenhaft Industriearbeit. In den Schwellenlän-

Veränderung der Konsumgewohnheiten bei steigendem Einkommen am Beispiel der Nahrungsmittel in Indien

Phase	Jährliche Kaufkraft PPP US $	Produkte	Anzahl der indischen Haushalte		
			1995	2005*	Zunahme
			Millionen		Prozent
Subsistence	bis $ 1.000	Fette, Öle, Früchte, Gemüse, Getreide	15,9	18,1	14
Basic	$ 1.000 - 7.500	zusätzlich: Milch und Milchprodukte, Fleisch, Fisch, Eier	16,6	33,1	100
Premium	ab $ 7.500	zusätzlich: stärker prozessierte Nahrung (z.B. Fertiggerichte), höhere Qualität, exotischere Zutaten und Essen außer Haus	1	2,5	150

PPP. Purchasing Power Parity - Kaufkraftparität
* Prognose

Quelle: McKinsey Quarterly 1/97

Die fünf größten Städte der Welt gestern und morgen
Einwohner in Millionen

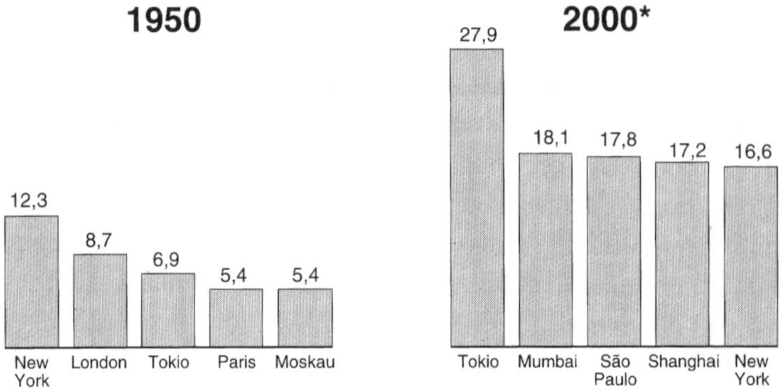

* Geschätzt

Quelle: United Nations 1995

© McKinsey & Company, Inc.

dern verzeichnen die Städte heute einen ähnlichen Zulauf, sie wachsen überall schneller als die Bevölkerung. Mit dem Unterschied, daß eine rationelle und effiziente Industrie die Arbeitskraft der Massen vielfach gar nicht mehr benötigen wird. Die goldene Vollbeschäftigungsära des europäischen und nordamerikanischen Industriearbeiters wird hier (wie vieles andere auch) kurzerhand übersprungen – eine soziale Herausforderung, zu der unsere eigenen Probleme vergleichsweise marginal erscheinen. (Die indische Regierung soll 53 Millionen Arbeitsplätze schaffen. Auch in Chinas Städten und Ballungsgebieten steigt die Arbeitslosigkeit.) Die Zukunftsfähigkeit der aufstrebenden Volkswirtschaften wird langfristig nicht zuletzt davon abhängen, wie sie mit ihren inneren Gegensätzen umgehen.

Die steigenden Einkommen des Mittelstandes in den Schwellenländern führen zu veränderten Konsumgewohnheiten und eröffnen unter anderem für Europa riesige neue Märkte. Da die Kaufkraft sich in erster Linie in den städtischen Ballungsräumen konzentriert, sind die Konsumenten für Anbieter aus aller Welt relativ gut zu erreichen. Sieben der zehn größten Städte der Welt liegen in den sich entwikkelnden Nationen.

Die wichtigsten Kunden und Konkurrenten formieren sich derzeit in Gestalt von Argentinien, Brasilien, China, Indien, Indonesien, Mexiko, Polen, Südafrika, Südkorea und der Türkei *(big ten)*. Indien und China werden die bedeutendsten Faktoren in der vergrößerten Wettbewerbsarena darstellen. Indien zählt derzeit etwa 900 Millionen Menschen, China 1,2 Milliarden.

China weist in den letzten Jahren (1981 bis 1996) ein durchschnittliches Wirtschaftswachstum von über zehn Prozent pro Jahr auf. Seit Beginn der Reformen der siebziger Jahre hat sich das Bruttoinlandsprodukt verfünffacht, und das Außenhandelsvolumen ist mit 300 Milliarden Dollar sogar um das 15fache gestiegen. Nach den Kaufkraftvergleichen der Weltbank und des Internationalen Währungsfonds hat China dank seiner Bevölkerungszahl bereits mit Deutschland gleichgezogen und liegt mit uns hinter den USA und Japan auf dem dritten Rang. Die weitere Entwicklung hängt letztendlich sehr stark davon ab, inwieweit und wann sich das Land tatsächlich den Märkten öffnet und Zölle, Importquoten und bürokratische Willkür abschafft. Während man derzeit beim Warenhandel wohl zu Zugeständnissen bereit ist, bleibt der Dienstleistungssektor abgeschottet. Banken, Börse oder Telekommunikation beispielsweise sind ausländischen Wettbewerbern vollständig verschlossen.

Die Bevölkerung wächst derzeit in Indien schneller als in China mit seiner relativ strikten Familienplanung. Experten schließen nicht aus, daß Indien hinsichtlich der Einwohnerzahl an China vorbeizieht. Die Wachstumsraten der indischen Wirtschaft sind auf dem Papier nicht ganz so eindrucksvoll wie die der chinesischen (wobei viele Fachleute die indischen Statistiken für vertrauenswürdiger halten).

In Indien bestreitet zum Beispiel die halbstaatliche Automobilindustrie den geschützten Markt zu 80 Prozent. Manch ein Modell gleicht einem Museum auf Rädern. Viele staatliche Betriebe machen – ähnlich wie in China – hohe Verluste. Das vorsichtige Umsteuern auf eine freie Marktwirtschaft, etwa im Bereich der Software, fällt Indien offenbar dennoch leichter als China. Die Inder haben trotz zahlreicher Staatsbetriebe das private Wirtschaften nie so gründlich verlernt wie die Chinesen, die über viele Jahre praktisch überhaupt keinen privaten Sektor mehr hatten. Derzeit bleibt abzuwarten, inwieweit die neue indische Regierung den Kurs der langsamen Öffnung fortsetzt.

Insgesamt verdichtet sich in Asien ein neuer, gigantischer Handelsblock. So wachsen Japans Importe aus China und einigen südostasiatischen Staaten seit geraumer Zeit um über 20 Prozent jährlich. Der innerasiatische Handel spielt für die Japaner heute schon eine größere Rolle als der mit den USA.

Ein Hindernis auf dem Weg zu schnellerer Entwicklung stellt in Indien und China die mangelhafte Infrastruktur dar. Straßen, Eisenbahnnetze und Energieversorgung bleiben weit hinter dem Bedarf zurück. Während in China monatlich zwei bis drei Kraftwerke eingeweiht werden, bleibt Indien chronisch unterversorgt. Der indische Bundesstaat Karnataka beispielsweise, in dem die Software-Metropole Bangalore liegt, lebt mit 20 Prozent Energieunterdeckung – und häufigen Stromausfällen.

Die erhebliche Umweltverschmutzung wird in den Entwicklungsländern von den Bewohnern mittlerweile zunehmend unwilliger hingenommen. Hier entsteht auch ein Markt für Kläranlagen, Chemieanlagen oder Kraftwerke, denen in den USA unter der Bezeichnung *Cleantech* eine große Zukunft vorausgesagt wird. (Ein Bereich, der zu den deutschen Stärken zählt.) Die amerikanische Regierung schätzt, daß in den aufstrebenden Zukunftsmärkten in den kommenden zehn Jahren Infrastrukturprojekte im Wert von über einer Billion Dollar realisiert werden.

Folglich kann die internationale Arbeitsteilung auch bei uns zur Sicherung des Wohlstandes beitragen. Software brauchen die Deutschen den Indern höchstwahrscheinlich nicht mehr zu verkaufen, aber hierzulande werden nach wie vor hervorragende Ingenieure, Verfahrenstechniker und Systemanalytiker ausgebildet. Im Aufbau von Infrastrukturen gehört Deutschland zur Weltspitze; dies müssen wir nutzen.

3. Globale Kapitalmärkte: Anstieg um Faktor 42

Parlamentswahl in Frankreich 1997. Die konservative Regierung verliert gegen ein neues Linksbündnis. Die neuen Regierungsmitglieder flimmern über die Bildschirme, und die Kommentatoren überschlagen sich. Welchen Kurs wird Frankreich in Zukunft steuern? Dies hätte in früheren Zeiten vermutlich deutliche Reaktionen an der Börse nach sich gezogen. Heute nicht mehr. Die Börse verarbeitete den Wechsel völlig ungerührt. Nach 48 Stunden herrscht *business as usual*.

Kapital- und Finanzmärkte reagieren immer weniger auf eng umrissene nationale politische Ereignisse. Europa gilt derzeit als viel zu stabil und ökonomisch verflochten, als daß nationale politische Entscheidungen für nachhaltige Beunruhigung sorgen könnten. Probleme bekommt allenfalls derjenige, der nicht voll integriert ist. England wird sich wohl seine Euro-Abstinenz nicht allzu lange leisten können: Japanische Investoren haben bereits erklärt, daß Großbritannien ohne den Euro nicht mehr als Standort für ihre Automobilfabriken in Frage käme. Die Kapitalmärkte beeinflussen die nationale Politik öfter als umgekehrt.

Die globalen Kapitalflüsse entwickelten in den letzten 25 Jahren eine starke Dynamik. Während der internationale Handel mit Produkten zwischen 1972 und 1996 um den Faktor 13 und die Direktinvestitionen um den Faktor 18 zugenommen haben, wuchs das international ausgetauschte Finanzkapital um den Faktor 42. Die grenzüberschreitenden Kapitalflüsse stiegen von 536 Milliarden Dollar um mehr als das Doppelte auf 1285 Milliarden Dollar. In Deutschland betrugen die grenzüberschreitenden Anleihe- und Aktientransaktionen im Vergleich zum Bruttoinlandsprodukt im Jahr 1975 nur fünf Prozent. 1997 waren es bereits 253 Prozent.

Die Tatsache, daß immer mehr Geld auf der Suche nach rentablen Anlagen um den Globus reist, hat verschiedene Ursachen:

- Die zunehmende Transparenz der Finanzmärkte aufgrund der technischen Möglichkeiten und entsprechender Software.
- Die weltweit steigende Staatsverschuldung und die daraus resultierende Suche nach Finanzierung. Die Staatsverschuldung in Deutschland stieg von 1980 bis 1997 um über 380 Prozent, in den USA um 500 Prozent, in Japan um 376 Prozent.
- Das Kapitalvolumen, das täglich angelegt wird, wächst ständig. Immer mehr institutionelle Anleger suchen nach lukrativen Anlagen für die wachsenden Nominalvermögen und Fondsbudgets.

Die potentiellen Anleger und ihre Scouts vergleichen weltweit die Wettbewerbsfähigkeit von Unternehmen. Zukunftsfähige Firmen mit einem hohen Marktwert können sich dadurch auf den internationalen Kapitalmärkten günstig mit Fremdkapital versorgen. Aus demselben Grund können sich

Staatsverschuldung im internationalen Vergleich

in Prozent des nominalen BIP

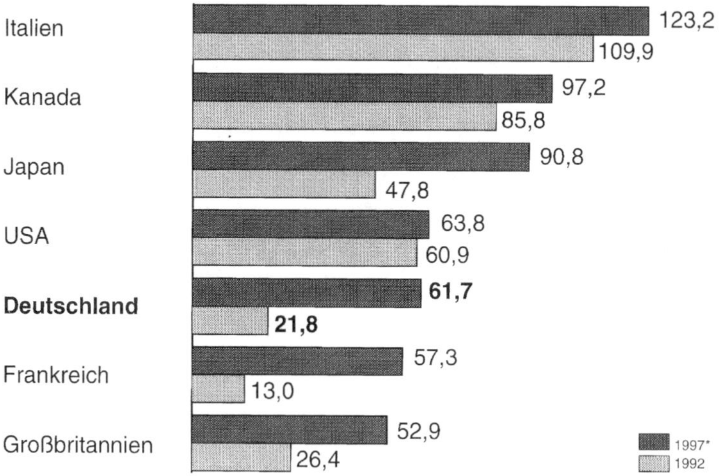

* Schätzungen

Quelle: Sachverständigenrat 1997/98, Institut der deutschen Wirtschaft 1998

© McKinsey & Company, Inc.

auch kleinere, aber von ihrem Potential her hoch eingeschätzte Unternehmen große Kapitalmengen beschaffen. Dies führt mitunter sogar dazu, daß größere Konkurrenten übernommen werden. Neben dem Muster »Hai frißt Hering« hat sich mittlerweile die Nahrungskette »Hering frißt Hai« etabliert. Dies war zum Beispiel bei der versuchten Übernahme des Telekommunikationskonzerns MCI durch den Netztechnikanbieter Cisco der Fall. Auch die gute alte Elefantenhochzeit erfreut sich anhaltender Beliebtheit – nicht nur in der Pharmaindustrie. Der weltweite Wettbewerbsdruck führt derzeit zu neuen Fusionsrekorden. 1996 wurden 22 279 Fusionen geschlossen, der Gesamtwert betrug 1 078 Milliarden Dollar.

Die Entwicklung neuer komplexer Produkte wie Halbleiter oder Medikamente erfordert ständig höhere finanzielle

Aufwendungen. In den USA betrug der durchschnittliche Aufwand für ein neues Produkt in diesem Bereich Mitte der neunziger Jahre bereits 560 Millionen Dollar. Pharmahersteller wie Hoechst rechnen heute – wenn sie ganz vorsichtig sind – mit Investitionen von mindestens 500 Millionen Mark, um einen neuen Wirkstoff aus der Forschung bis in die Apotheke zu bringen. Die neue DaimlerChrysler AG zeigt, daß eine internationale Aktionärsstruktur in relativ kurzer Zeit zur Realisierung der Wachstumsreserven und der Synergiepotentiale in Einkauf und Entwicklung ein transnationales Unternehmen mit einheitlicher Leitung schaffen konnte. Es bedarf keiner Prophetie, weitere Beispiele dieser Art vorauszusagen.

Der Kostendruck zwingt selbst direkte Konkurrenten, zumindest zeitweise zu kooperieren. So teilen sich am US-Standort East Fishkill (New York) die Konzerne IBM, Toshiba und Siemens die gigantischen Entwicklungskosten eines 256-Megabyte-Speicherchips (nachdem schon der

Fusionen in der Pharmaindustrie seit 1989

	Fusionspartner		Transaktionswert in Mrd. US $
1989	Bristol-Myers	/ Squibb	12,1
	Beecham	/ SmithKline	7,9
1994	American Home	/ American Cyanamid	9,6
1995	Glaxo	/ Wellcome	14,3
	Hoechst	/ Marion Merrell Dow	7,3
	Pharmacia	/ Upjohn	7,0
1996	Ciba-Geigy	/ Sandoz	30,1
1997	Roche	/ Boehringer Mannheim	11,0

Quelle: Neue Zürcher Zeitung 2.2.1998

16-M- und der 64-M-Speicherchip erfolgreich gemeinsam entwickelt wurden). Immer häufiger entstehen komplexe Angebote an Dienstleistungen und Technik aus netzartigen Verbindungen hochspezialisierter Anbieter: Intel-Prozessoren werden in Computer von Compaq eingebaut, die mit dem Betriebssystem von Microsoft arbeiten und in Cisco-Netzwerkumgebungen wirken.

Zugleich werden die Innovationszyklen von Produkten fortwährend kürzer und damit die Zeit, in der sie die Investitionen wieder einspielen müssen. Verfolger können immer rascher mit nachgeahmten Produkten aufschließen, weil die erforderlichen Informationen aufgrund der immer undurchschaubareren Vernetzung schnell beschafft werden können.

Globale Unternehmen sind gleichzeitig die Antreiber und Nutznießer der Globalisierung. Umsatz und Vermögen der multinationalen Unternehmen wachsen derzeit schneller als das Weltsozialprodukt. Ein stetig höherer Anteil der ausländischen Direktinvestitionen fließt dabei in Entwicklungsländer. Er steigerte sich von einem Fünftel gegen Ende der achtziger Jahre auf mittlerweile über ein Drittel. Im Jahr 1996 wurden von 349 Milliarden Dollar 129 Milliarden in Entwicklungsländer investiert.

Die Zahl der multinationalen Unternehmen wächst mit zunehmender Geschwindigkeit. Weltweit agieren etwa 44000 Konzerne. Rund die Hälfte stammt aus den fünf Nationen Frankreich, Deutschland, Japan, Großbritannien und USA. Die Bedeutung des konzerninternen Handels steigt. Mitte der neunziger Jahre entfiel bereits ein Drittel des Weltexports auf den Handel innerhalb von Firmen. Noch aufschlußreicher sind die Investitionen im Dienstleistungssektor: Entfielen 1973 etwa 25 Prozent der Direktinvestitionen auf Rohstoffe und 30 Prozent auf Dienstleistungen, machten 1996 die Rohstoffe nur noch neun Prozent und die Dienstleistungen bereits 56 Prozent aus.

4. Effizienzrevolution: Die Rationalisierung hat die Ökologie im Gepäck

Chemieregion Bitterfeld. Hier wurde Industriegeschichte geschrieben: 1936 erblickte der erste Agfa-Farbfilm das Licht der Welt, und 1938 gelang erstmals die großtechnische Herstellung des Massenkunststoffs PVC. In der abgeschotteten Wirtschaft der ehemaligen DDR produzierten die Chemiewerke riesige Mengen an chemischen Produkten (und damit einhergehend eine der verseuchtesten Regionen Europas). Nach der Wende und der Öffnung der Märkte 1989 blieb davon nur eine verlassene Welt aus Blech, Beton, Glas – als hätte jemand den Stecker herausgezogen. Inzwischen siedeln im Chemiepark Bitterfeld wieder neue Industrie- und Gewerbebetriebe. Doch die einstigen Massenarbeitsplätze wird die Chemie hier wohl nie wieder hergeben.

Szenenwechsel. Frankfurt-Höchst im Jahr 1998. Auch hier ist nichts mehr, wie es war. Mitten auf dem alten Fabrikgelände von Hoechst stand früher eine riesige Anlage zur Herstellung von Stickstoffdünger. Der aus ihrem Schlot quellende gelb-braune Rauch, im Volksmund bekannt als »gelbe Fahne«, war lange Zeit Wahrzeichen von Hoechst. Heute ist die qualmende Anlage verschwunden. Eine Gesellschaft der inzwischen in eine Management Holding umgewandelten Hoechst AG bietet die frei gewordene Fläche im Industriepark Kalle-Albert für andere gewerbliche Nutzungen an. Auch andere Chemieunternehmen siedeln sich an, sie sind aber viel kleiner, flexibler, effizienter als die alte Großstruktur. In der chemischen Industrie werden immer öfter Großanlagen stillgelegt. Rationalisierungsdruck und Weltmarktkonkurrenz zwingen die Unternehmen dazu.

Der technologische Rationalisierungsfortschritt verläuft rasant: Sofern neue Anlagen gebaut werden, sind sie oft bis zu zehnmal kleiner als ihre Vorgänger. Diese Miniaturisierung ist nur der Anfang eines Prozesses, dem sogenannte Mikroreaktoren zugrunde liegen. Diese produzieren Produkte, die um ein Vielfaches wirksamer sind.

Chemische Reaktoren sind im Prinzip das gleiche wie Reagenzgläser, in denen Stoffe durch Schütteln, Rühren, Erhitzen oder Destillieren zu chemischen Reaktionen bewegt werden. Im industriellen Maßstab liefen diese Reaktionen bislang in großen Kesseln und Rohrbündeln ab. Doch an deren Stelle werden künftig immer öfter Mikroreaktoren treten, die aus haarfeinen Kanälchen bestehen und deren Grundfläche nicht größer als ein Daumennagel ist.

Vorbild sind lebende Zellen – also Kraftwerke oder chemische Fabriken im Mikroformat. Auf kleinstem Raum werden Stoffe an- und abtransportiert und mit Hilfe von Enzymen, sogenannten Biokatalysatoren, mit geringstem Energieaufwand und mit höchstmöglicher Ausbeute zu Produkten umgewandelt. Ein Gramm eines Metallocen-Katalysators genügt für die Produktion einer Tonne des Kunststoffes Polyäthylen. Eines Tages wird eine ganze Chemiefabrik in einen Schuhkarton passen. Chemiemanager sprechen davon, daß die chemische Produktion der Zukunft »in einem Briefumschlag« verschickt werde.

Bei der Synthese von 100 Kilo eines Antibiotikum-Vorprodukts (7-ACS) bei Hoechst Marion Roussel (HMR) entstanden früher 3100 Kilo giftige Abfälle, heute fallen nur noch 30 Kilo an. Dadurch sinken allein die (früher horrenden) Umweltschutzkosten um 90 Prozent. Was ökologisch überaus effizient funktioniert, wirkt sich indes nicht minder auf die Arbeitsplätze aus: Die neuen Anlagen arbeiten weitgehend vollautomatisch und brauchen allenfalls einen Bruchteil der Belegschaft. Chemische Anlagen werden aufgrund der Miniaturisierung schon heute direkt beim Kunden aufgestellt und im Leasing betrieben. Kompakte Chemieanlagen werden mobil, wodurch freilich auch deutsche Umweltstandards in den weltweiten Export gelangen.

Immer kleiner und rationeller werden beispielsweise auch Automobilfabriken. Die im lothringischen Hambach errichtete Fabrik für den Kleinwagen »Smart« der zu Daimler-Benz gehörenden Micro Compact Car AG (MCC) zeigt, daß die Entwicklung noch lange nicht am Ende ist. Ein Kleinwagen soll hier künftig bei einer Fertigungstiefe von nur 28 Prozent in einer Rekordzeit von 4,5 Stunden produziert werden. Zum Vergleich: In Wolfsburg dauert es bisher mindestens 20 Stunden, bis ein VW-Golf zusammengebaut ist. Von den 2000 Beschäftigten werden nur 800 auf der Gehaltsliste von MCC stehen. Der Rest verdingt sich bei den im Rahmen einer kreuzförmigen Kernstruktur direkt am Fließband angesiedelten Zulieferern. Das Unternehmen arbeitet nur noch mit 40 Zulieferern und 12 Systempartnern zusammen. Dahinter steht ein nicht nur ökonomisch, sondern auch ökologisch richtungweisendes Logistikkonzept: Über zwei Drittel des Raum- und Gewichtsvolumens im Zusammenhang mit der Produktion werden in einem Umkreis von 50 Kilometern abgewickelt. Drei Viertel des PKW-Volumens werden direkt am Standort produziert. Statt Stoßfängern werden beispielsweise Kunststoffgranulate transportiert. Fünfzig Lastwagenfahrten werden so auf eine reduziert.

Jürgen Kluge von McKinsey & Company hat zusammen mit Professor Herbert Schulz von der Technischen Hochschule Darmstadt untersucht, welche Einsparungspotentiale bei der Automobilherstellung brachliegen. Nur ein Beispiel: Ein Vierzylindermotor hat heute mehr als 300 Teile. Damit er arbeitet, sind aber nur 60 unterschiedliche Teile notwendig. Eine Annäherung an diese »natürliche Grenze« der Vereinfachung und Rationalisierung würde also eine Teilereduzierung von 80 Prozent bringen.

In welchem Maß sich das wirtschaftliche Wachstum vom Ressourcenverbrauch bereits entkoppelt hat, zeigt die umweltökonomische Gesamtrechnung des Statistischen Bundesamtes. Wurden 1960 für 1000 Mark reales Bruttoinlandsprodukt noch 833 Kilo Materialien und Energieträger verbraucht, so lag dieser Wert 1995 nur noch bei 409 Kilogramm – eine Reduzierung um mehr als die Hälfte.

Besonders drastisch sind solche Dematerialisierungen naturgemäß im Bereich elektronischer Produkte. Ein Telefon wiegt heute einen Bruchteil seines Vorgängers aus den sechziger Jahren. Doch nicht nur das Gewicht, auch die Preise fallen: Die Siemens-Telefonfabriken in Bocholt und Kamp-Lintfort müssen derzeit einen jährlichen Preisverfall bei Endgeräten von 20 Prozent hinnehmen. Je rationeller die Produktion, desto weniger Menschen werden gebraucht. Der direkte Lohnkostenanteil bei Schnurlostelefonen (nach dem digitalen DECT-Standard) liegt deshalb gerade noch bei einem (!) Prozent.

Zunehmende Energieeffizienz

Primärenergieverbrauch pro BIP-Einheit
(1970 = 100)

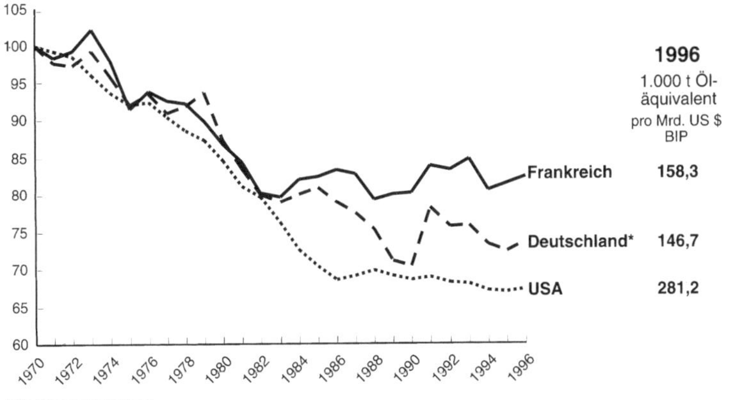

* Bis 1990 Westdeutschland

Quelle: BP, IMF

Entwicklung der realen Arbeitsproduktivität

Arbeitsproduktivität* pro Erwerbstätigen in 1993er US $

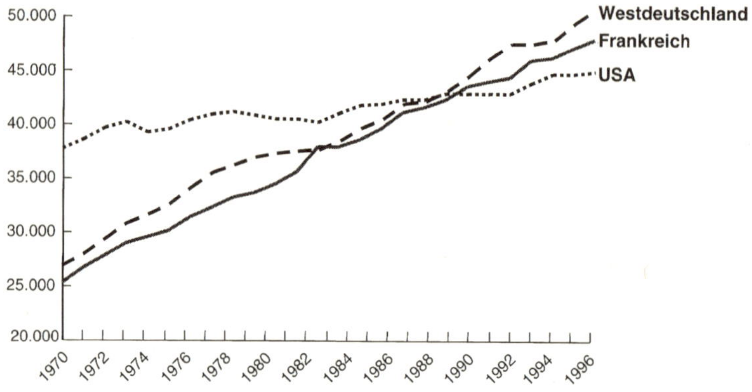

* Unter Berücksichtigung von Arbeitszeitunterschieden

Quelle: McKinsey Global Institute

© McKinsey & Company, Inc.

5. Menschliches Potential: Die Intelligenz der Habenichtse

Die Informationstechnologie generiert den entscheidenden Produktionsfaktor der digitalen Ära, das vernetzte Wissen. Im globalen Maßstab erhöht sie die Chancengleichheit. Die Menschen in den aufstrebenden Nationen sind arm, aber nicht dumm. In ihrem Buch *Reichtum von unten* bezeichnen die Berliner Wirtschaftswissenschaftler Günter Faltin und Jürgen Zimmer diesen Mythos als Teil einer »kolonialen Anthropologie, nach der draußen offensichtlich weniger intelligente Lebewesen dazu geneigt sind, als Wasserträger der Deutschen zu malochen«. Innerhalb weniger Jahre ist beispielsweise Indien, das Land der Armut, der Bauern und des Protektionismus, zu einem ernstzunehmenden Konkurrenten bei der Entwicklung und Wartung von Computerprogrammen über große Entfernungen hinweg geworden.

In Indien absolvieren jedes Jahr 176000 englischsprachige Graduierte wissenschaftlich-technische Institute – nur 3000 Studenten weniger als in den USA. Hier formiert sich die zweitgrößte Gemeinschaft englischsprachiger Wissenschaftler außerhalb der Vereinigten Staaten. Mehr als 360 Unternehmen mit 140000 Technikern bilden das Rückgrat der indischen Software-Institute.

Im Bundesstaat Karnataka liegt das unbestrittene Zentrum dieser Industrie: die Fünfmillionenstadt Bangalore. Wer die Mahatma Ghandi Road hinauffährt, landet auf der »Silicon-Hochebene«, wo sich auf wenigen Straßenzügen alles konzentriert, was in der Computerindustrie Rang und Namen hat: Texas Instruments, HP, IBM, Motorola, Intel, Sun Microsystems, DE, Microsoft, Oracle, Siemens.

»Die Welt gehört den Frühaufstehern. In Bangalore sind wir schon bei der Arbeit, bevor Sie überhaupt aufgewacht sind«, sagt Natajana Murthy, der temperamentvolle Direktor von Infosys, einem indischen Unternehmen für Computerdienstleistungen. Niedrige Gehälter und Sozialkosten ermöglichten der indischen Software-Branche in den letzten fünf Jahren ein jährliches Wachstum von 50 Prozent. Neben niedrigen Kosten und Steuervergünstigungen schätzen die ausländischen Investoren die starken technischen Fähigkeiten der Inder bei extrem innovativen neuen Technologien *(leading edge technology).* Hervorragende Leistungen auf dem Gebiet der Mathematik haben in Indien Tradition. Und so wird das Argument, der indische Erfolg beruhe auf Dumpinglöhnen, zusehends zweifelhaft.

»Niedrige Löhne? Das ist nicht das Problem«, sagt Anoop Garg, der Vizepräsident von Digital Equipment, »wir stellen schon jetzt für unsere Leistungen Weltmarktpreise in Rechnung, ohne daß das unsere Kunden abschreckt. Verstehen Sie mich richtig: Wir verkaufen pure Intelligenz und keine billigen Hilfskräfte.« Auch hier gilt es also, Argumente zu aktualisieren: Wir müssen im High-Tech-Bereich mit der indischen Ausbildung und Forschung konkurrieren, nicht mit den indischen Löhnen. In Indien werben mittlerweile 180 Software-Colleges um Studenten – in Deutschland keines.

Mit Deregulierungen und der vollen Konvertierbarkeit der Rupie unterstützt der indische Staat den Aufstieg seiner Software-Industrie. 1991 begannen die Inder nach langen Jahren des Protektionismus allmählich ihre Handelsschranken abzubauen und werden heute dafür belohnt (es gibt aber noch immer zahlreiche geschützte Industriezweige).

Steigende Löhne, Mieten und Abwanderungstendenzen machen inzwischen allerdings auch den indischen Unternehmen zu schaffen. Viele der besten Mitarbeiter gehen wegen der sehr viel höheren Löhne in die USA. Der Talentmarkt unter den sogenannten *high potentials* entwickelt sich zunehmend zu einem globalen Forum, und diese Talente werden auf der ganzen Welt knapp. Mehr als 100000 technisch versierte Inder, Chinesen, Israelis und Europäer arbeiten im Silicon Valley. Einer von vier US-Absolventen mit einem wissenschaftlichen Abschluß rekrutiert sich mittlerweile aus dem Kreis der Immigranten.

Auch die Abgänger der renommierten Business Schools werden heute international umworben und die Führungsebenen der Global Players entsprechend multikulturell besetzt. In Deutschland kommt bereits jeder vierte Direktor eines Max-Planck-Instituts aus dem Ausland. Hubert Markl, Präsident der Max-Planck-Gesellschaft, sagt: »Es stimmt, der Wettbewerb ist hart, und Institutionen wie das MIT in Boston oder die ETH Zürich lassen ihre Spitzenforscher nicht einfach gehen. Ich stoße tatsächlich immer öfter an finanzielle Grenzen, wenn ich die Besten gewinnen will.«

Die Datenautobahn ist zugleich das Einfallstor für einen Wandel der Einstellungen und Werte. Gleichsam im Rucksack transportiert die Informationstechnologie weltweit das

Wissen um höhere Löhne, höhere Sozial- oder Umweltstandards. »Alle modernen Gesellschaften mußten im Prozeß der Modernisierung Traditionen aufgeben, die mit dem Fortschritt nicht vereinbar waren – und oft war das kein Verlust«, sagt der südamerikanische Schriftsteller (und ehemalige peruanische Präsidentschaftskandidat) Mario Vargas Llosa, denn »wer, wie die Taliban in Afghanistan, Frauen für Menschen zweiter Klasse hält, kann sich nicht modernisieren«.

Bei der Diskussion über Segen oder Fluch der Datennetze wird gerne vergessen, daß sich zahlreiche Diktaturen und Oligarchien heute politisch kaum mehr abschotten können. Meinungsfreiheit, Menschenrechte, Demokratie sowie Gleichberechtigung der Rassen und der Geschlechter entfalten via Datenautobahn ihre ansteckende Wirkung. Im südafrikanischen Anti-Apartheidsmuseum auf der einstigen Gefangeneninsel Robben Island ist dies schon Geschichte: Dort sind die Computer eines ehedem konspirativen Kommunikationssystems ausgestellt.

Die eisernen Vorhänge auf der ganzen Welt werden löchrig, und es wächst die Menge der Individuen, vor allem Wissenschaftler, Manager und Ingenieure, denen man relativ freien Zugang zu den internationalen Quellen des Wissens gestatten muß. Die Datenautobahn unterminiert totalitäre Informationsmonopole – ganz im Gegensatz zu George Orwells Befürchtungen. Auch diese Entwicklung ist unaufhaltsam. Und das ist gut so.

6. Dienstleistungen: Strukturwandel auf leisen Sohlen

Der Übergang von der Industrie- in die Dienstleistungsgesellschaft läßt sich ganz einfach an der Telefonrechnung ablesen. Eine 19jährige Tochter, die einen neuen Freund und ein

Handy hat, verursacht in einem Monat Gesprächskosten, die den Anschaffungspreis des Gerätes bei weitem übertreffen. Morgen schon könnte es das Gerät als Werbegeschenk geben, wenn ein Nutzervertrag abgeschlossen wird.

Vor fünf Jahren wurde geschätzt, daß 1997 etwa 600000 Deutsche im Besitz eines Mobiltelefons wären, tatsächlich waren es neun Millionen. Es wird längst mehr Geld mit dem Telefonieren als mit der Herstellung von Telefonen verdient. In Deutschland gingen innerhalb von vier Jahren in der Produktion von Telefonen 10000 Arbeitsplätze verloren. Dagegen stehen 102000 neue Arbeitsplätze, die in der Telekommunikation selbst geschaffen wurden. Nach Angaben des Chefs der Telekom-Regulierungsbehörde, Klaus-Dieter Scheurle, werden in den nächsten Jahren weitere 91000 hinzukommen.

In den OECD-Staaten (Organisation für wirtschaftliche Zusammenarbeit und Entwicklung) tragen die Dienstleistungen heute mit über zwei Dritteln zum Sozialprodukt bei. Dies gilt auch im Weltmaßstab: Der Anteil der Dienstleistungen stieg seit 1970 kontinuierlich auf derzeit über 65 Prozent, das verarbeitende Gewerbe und die Landwirtschaft verlieren ebenso beständig an Bedeutung.

In der Bundesrepublik sind seit 1970 über sechs Millionen Arbeitsplätze im Bereich der Dienstleistungen entstanden. Der Zug fährt ab, aber so richtig in Fahrt kommt er nicht. Würde das Feld der Dienste am Kunden in Deutschland genauso intensiv beackert wie in den USA, so ergäben sich daraus sieben Millionen weitere Arbeitsplätze (McKinsey Global Institute »Employment Performance«).

Die könnten wir bald benötigen: Würde in Deutschland in allen Industrie- und Dienstleistungssparten der höchste Stand der Rationalisierung eingeführt, fielen umgekehrt neun Millionen Arbeitsplätze weg. Die derzeitige Entwicklung muß nicht zwangsläufig zu noch höherer Arbeitslosigkeit führen, wenn die Gesellschaft bereit ist, sich verstärkt im weiten Dienstleistungsbereich zu engagieren. Während die deutschen Exporte nur zu zehn Prozent aus Dienstleistungen bestehen, liegt dieser Anteil in den Vereinigten Staaten bereits bei 24 Prozent.

Daher verwundert es auch nicht, daß der Markt für anspruchsvolle Dienstleistungen in Deutschland von internationalen Unternehmen beherrscht wird. Auf der Hitliste der führenden Werbeagenturen stehen sechs ausländische Unternehmen oben, bei den Wirtschaftsprüfungsgesellschaften sind es die ersten vier, und von den Top-Ten der Unternehmensberatung sind neun ausländischen Ursprungs.

Der innovationsstarke Wal-Mart-Konzern hat zum Jahreswechsel 1997/98 die deutsche Wertkauf-Kette übernommen. Mit 105 Milliarden Dollar Umsatz (1995) ist Wal-Mart der weltweit größte Handelskonzern und fast doppelt so umsatzstark wie die Metro. Wal-Mart ist bereits mit einem Riesensortiment im Internet vertreten. Der Konzern nutzt es auch als elektronische Vernetzung zu seinen Geschäften und Lieferanten, um möglichst schnell auf ein verändertes Kaufverhalten reagieren zu können. Supermärkte und Warenhäuser müssen sich auf einen verschärften Dienstleistungsdruck einstellen.

Die deutsche Zurückhaltung auf diesem Gebiet hat historische Gründe. Schon in der altdeutschen Zunftlandschaft war die Handwerksproduktion stets das Maß aller Dinge. Was Meister und Gesellen ehrlich und im stillen Kämmerlein anfertigten, hatte den Kunden zu gefallen – oder eben nicht. »Wer sich bei seiner Arbeit mit lebenden und daher lästigen Menschen herumschlagen mußte, der galt als armer Tropf«, analysiert die *Frankfurter Allgemeine Zeitung*. Schon die Bedeutung des germanischen Wortes »Dienst« beweist, daß es hier um Ausnahmezustände geht und nicht um Alltagsgebräuche. Das altdeutsche *dionost* bezeichnet die Schuldigkeit gegenüber den Göttern. »Mitmenschen kommen«, so die *FAZ*, »in diesem metaphysischen Servicekonzept nicht vor.«

Menschen aus anderen Kulturkreisen verwundert das mitunter sehr. Die Deutschen tun sich nämlich nicht nur schwer damit, Dienstleistungen auszuführen, es fällt ihnen auch nicht leicht, sie anzunehmen. »Finger weg«, maulten Kunden in einem Supermarkt, als helfende Hände wie in den USA hinter der Kasse die erstandenen Waren verstauen wollten. Ein ägyptischer Schuhputzer, der sich in der Düsseldorfer Kö-Galerie eine bescheidene Existenz aufbauen wollte, gab nach drei Wochen entnervt auf: »Die Deutschen schämen sich.«

Den Deutschen fällt der ingenieursmäßige Zugang zu den Dingen leicht. Die Idee zu einer Dienstleistung ist oft nur Nebeneffekt einer neuen Ingenieurseingebung. In anderen Ländern ist der Denkansatz genau umgekehrt: Erst kommt die Idee zur Dienstleistung, dann wird überlegt, welche technischen Hilfsmittel dafür notwendig sind. Doch die Dinge sind im Fluß. Frische Brötchen am Sonntagmorgen gibt es mittlerweile fast überall in Deutschland (obwohl wir viel lieber neue Backöfen erfinden).

Fast 90 Prozent der Existenzgründungen finden im Bereich der Dienstleistungen statt. Peter Dussmann, Chef des größten deutschen Servicekonzerns, begann seine Karriere 1963 mit 2000 Mark Kredit und einer kleinen Putzkolonne in München. Mittlerweile beschäftigt der gelernte Buchhändler 37000 Menschen in 22 Ländern und setzt 1,6 Milliarden Mark um. Zu Dussmanns Dienstleistungskatalog gehören über 250 Berufe. Putzkolonnen, Wachdienste, Werksfeuerwehren, Catering, aber auch komplette Altenheime und Kliniken werden von seinen Mitarbeitern geführt.

Personenbezogene Dienstleistungen wie Hometrainer, Masseure, Catering, Musiktherapeuten, Gesangslehrer, Spielgruppen und persönliche Pflegedienste sind stark im Kommen und existieren vielfach bereits jetzt.

Arbeitsplätze im Dienstleistungssektor entstehen ohnehin keineswegs nur in den unteren Lohngruppen. Das belegen klassische Dienstleister wie das Bank- und Versicherungsgewerbe. Wobei sich hier das Anforderungsprofil durch die neuen Technologien zusehends verschiebt: Die physische Anwesenheit des Kunden am Schalter tritt in den Hintergrund und wird durch den Informationsaustausch via Datennetz ersetzt.

Globalisierung, Informationstechnologie und Dienstleistung ergeben in ihrer Gesamtheit mehr als die Summe ihrer Einzelteile: Aus immer neuen Fortschreibungen und Dominoeffekten erwächst eine neue Welt mit neuen Möglichkeiten. Die Hauptlinien dieser Entwicklung sind bereits zu erkennen. Teleshopping, Telemedizin oder Telehandwerk gibt es bereits. Es läßt sich durchaus ausmalen, daß ein Patient im Ausland in einer Klinik liegt, während ein Spezialist in Deutschland diagnostiziert oder gar operiert (und umgekehrt). Beim Maßschneider der Zukunft erfaßt eine Spezialkamera die Maße des Kunden und überträgt sie online in die Fabrik – wo auch immer diese zu Hause ist. Industrie, Handwerk und Service sind nur noch schwer auseinanderzuhalten und verschmelzen zu einem neuen Wachstumssektor.

Siemens erzielt heute schon mehr als die Hälfte der Wertschöpfung durch Dienstleistungen. Längerfristige Service- und Betreiberverträge machen den Verkauf einer Anlage zum permanenten Anschlußauftrag. Der Betrieb eines Verwaltungsgebäudes *(facility management)* erzielt über die gesamte Lebensdauer fünfmal soviel Wertschöpfung wie der Bau. Große Bauunternehmen sind bereits dazu übergegangen, nicht nur die Finanzierung eines Bauvorhabens, sondern auch den späteren Betrieb der Infrastruktur zu organisieren.

Ob Bürogebäude, Flughäfen, Dienstwagenflotten, Mautstraßen, Kanalisationssysteme oder Kraftwerke: immer öfter übernehmen die Herstellerfirmen den Betrieb *from the cradle to the grave* – von der Wiege bis zur Bahre. Die Rheinischen Kliniken in Bonn übertrugen ihren kompletten Energiehaushalt der Firma ROM-Contracting und sparen dadurch jährlich 400000 Mark.

1996 übertrug IBM das gesamte Facility Management seiner Gebäude an die inzwischen zur Jenoptik gehörende Zander AG in Nürnberg. Der amerikanische Chiphersteller AMD beauftragte nicht nur die Jenoptik-Gruppe und ihre Tochtergesellschaft Meissner+Wurst mit der Erstellung der kompletten Chipfabrik in Dresden, sondern bestellte dazu noch ein kleines, mit Gas betriebenes Kraftwerk, das die Anbieter bauen, finanzieren und betreiben müssen und für das AMD eine Abnahmegarantie gibt. Große Energieversorger wie RWE gründen ebenfalls Tochterunternehmen, die eine warme Stube verkaufen und nicht möglichst viel Strom. Hieran zeigt sich die nicht nur ökonomisch, sondern auch ökologisch sinnvolle Hinwendung zu einer Dienstleistungsgesellschaft.

Das Chemieunternehmen Dow Chemical gründete zusammen mit dem Recycling-Unternehmen RCN das Joint venture SafeChem. Die Dienstleister verfolgen die Marketingstrategie *rent a chemical*. Das Chemieunternehmen übernimmt für die gesamte Lebensdauer die Verantwortung für die ökologisch problematischen Lösungsmittel (zum Beispiel Chlorkohlenwasserstoffe), sorgt für sichere Lagerung, Transport, Rücknahme und Recycling. Die Benutzer delegieren den problematischen und von hohen Auflagen begleiteten Umgang mit der Chemikalie an den Hersteller, der sich besser damit auskennt. Die gleichen Moleküle kommen jetzt über hundertmal zum Einsatz. Mittlerweile wird die Vermietung weiterer Chemikalien geprüft.

7. Selbstorganisation: Das Wunder der Zellteilung

Fahrt im ICE von Frankfurt nach Stuttgart. Es ist 15 Uhr, und der Mann vom freundlichen ICE-Team (stimmt wirklich!) bringt die kostenlose Nachmittagszeitung. *ICE-Press* heißt das farbige Blatt, das gemeinsam vom *Spiegel*-Verlag und der Deutschen Bahn AG herausgegeben wird. Die Redaktion sitzt in Hamburg, und die Daten werden über Funk direkt ins ICE-Dienstabteil verschickt. Dort druckt ein Farbdrucker die Seiten aus. Die Zeitung kommt ganz harmlos daher, und der Fahrgast fragt sich verwundert, was das Ganze überhaupt soll. Schließlich haben die meisten Reisenden die *FAZ*, die *Süddeutsche Zeitung (SZ)* oder *Bild* im Gepäck.

Anfang 1998 wurde die Absicht dahinter klarer: Der *Spiegel*-Verlag brachte eine Nachmittagszeitung auf den Markt, die weltweit zur gleichen Zeit beim Leser ankommt. Das, was zuerst im ICE erprobt wurde, bewährt sich jetzt auch im TUI-Hotel in der Dominikanischen Republik oder auf dem Kreuzfahrtschiff in der Südsee. Aus einem Drucker vor Ort kommt für die deutschen Urlauber die deutsche Tageszeitung (mit dem heimatlichen Wetterbericht, damit der Leser auch weiß, warum er verreist ist). Wenn hierzulande der späte Nachmittag anbricht, stehen die Urlauber in der Dominikanischen Republik bald auf und bekommen somit eine Morgenzeitung. Die konventionellen Konkurrenten, die mit dem täglichen Charterflug eintreffen, hinken einen Tag hinterher.

Das Muster könnte bald Nachahmer finden. Zum Beispiel mit einer neuen Sonntagszeitung. Derzeit gibt es ja schon viele Leute, die am Sonntag Zeitungen austragen oder verkaufen. Das würden sie auch weiterhin tun. Nur ganz anders – und auf eigene Rechnung. Am frühen Morgen drucken sie das von einem Verlag per Datenleitung angelieferte Blatt zu Hause frisch aus. Dafür zahlt der Kleinverleger eine Lizenzgebühr. Dann fügt er noch eine eigene lokale Seite bei: mit den Fußballergebnissen und den Sonntagsveranstaltungen. Das Möbelhaus am Ort wirbt mit einem Tag der offenen Tür und bessert die Kasse mit dieser Anzeige auf. Plötzlich hätte Deutschland tausend oder auch zehntausend engagierte selbständige Verleger. Es würden neue Informationsanbieter und Mischformen auftreten. Im Grunde entstünde ein sich selbst organisierender Großverlag. Der Differenzierungseffekt der Massenmedien wird sich weiter steigern. Eine hochkonzentrierte Branche könnte eines Tages auf wundersame Weise wieder in die Gesellschaft diffundieren.

So weit hergeholt ist das Szenario nicht: »Netzverdichtung bewirkt Dezentralisierung, kulturell und politisch«, sagt der Philosoph Hermann Lübbe. Und, so möchten wir hinzufügen: wirtschaftlich und sozial. Tendenziell werden sich immer mehr Großunternehmen, aber auch soziale Einrichtungen in Netzwerke aus mehr oder weniger selbständigen Individuen und Einheiten auflösen. Diese Selbstauflösung gehört gleichermaßen zur Überlebensstrategie des 21. Jahrhunderts. »Die sogenannte Massengesellschaft ist in Wahrheit die Gesellschaft der massenhaft freigesetzten Individualismen«, sagt Hermann Lübbe.

»Planwirtschaften haben genau deshalb abgewirtschaftet«, erklärt BMW-Vorstand Pischetsrieder, »weil sie diesen Vorgang der Selbstorganisation im Gegensatz zur freien Marktwirtschaft eben nicht zuließen.« Es gibt keinen einzigen überzeugenden Grund, warum arbeitsteilige, zentral gesteuerte Planwirtschaften in Industrieunternehmen erfolgreicher wirtschaften sollten. Beim Zusammenbruch von Zeiss wurden Firmen von zwei bis 200 Mitarbeitern ausgegründet. Sie könnten die Kernzellen zukünftiger Innovationen werden.

Immer häufiger werden Entscheidungen von den Unternehmenszentralen in selbständige dezentrale Einheiten delegiert. Diese wiederum können direkt miteinander interagieren. Die Synthese von Wissen und Waren über Distanzen wird immer einfacher und gebiert Netzwerke, lockere Partnerschaften und Formationen, Kleinunternehmen, Einmannfirmen.

In Deutschland ist dies für viele eine traumatische Vorstellung. Der Vorwurf der »Scheinselbständigkeit« macht die Runde und wird vor den Arbeitsgerichten ausgetragen. Doch diese Gefechte verkennen die grundsätzliche und weltweite Dynamik dieser Entwicklung. Denn in Netzsystemen glimmt immanent die Lunte zur Selbstorganisation. BMW-Chef Bernd Pischetsrieder bringt die Entwicklung auf den Punkt: »Die Strukturierung der Arbeitsweise von Rechnern und von Menschen in der Industrie entwickelt sich gleichgerichtet und parallel.« Hierarchie und Zentralismus sind Auslaufmodelle. Tradierte Organisationen haben zum Ziel, Selbstorganisation zu vermeiden – und werden deshalb scheitern. In Zukunft muß ein Gesamtsystem so gestaltet sein, daß Subsysteme sich – dauerhaft oder temporär – selbst organisieren können.

»Alte Denkmuster, Gewohnheiten und Hierarchien müssen abgebaut und statt dessen neue Werte und Leistungsmaßstäbe, ein neues Führungs- und Kommunikationsverhalten verankert werden«, sagt Siemens-Chef Heinrich von Pierer. »Ziel ist es dabei, sich selbst organisierende, schlagkräftige Netzwerke aufzubauen. Das erfordert dezentrale Organisationsstrukturen, hierarchiefreie Kommunikation und schnelle Informationsflüsse.«

Es gehört mittlerweile zum Standard, daß Firmen neue Wachstumszweige in eigenständige Unternehmen ausgründen *(spin-off/outsourcing)*. Dazu gehören sowohl innovative Neugeschäfte als auch Dienstleistungen wie Werkschutz, Werksarzt, Instandhaltung, Werkstätten, Immobilienmanagement, Kantinen oder der Fuhrpark. Aus Kostenstellen werden Profit-Center, das Angebotsmonopol steht plötzlich in Konkurrenz zu anderen Anbietern, und häufig wird das Profit-Center auch betriebsfremde Nachfrager bedienen. Völlig unerwartete Innovationen und rasantes Wachstum sind nicht selten die Folge.

Als erste deutsche Ausgründung gilt die ICT GmbH (Integrated Circuit Testing Gesellschaft für Halbleiterprüfungstechnik mbH) von Siemens aus dem Jahre 1984. Siemens (Programmieraufgaben), Daimler-Benz (Reinigungsservice), Krupp-Thyssen (Wachdienst), Hoechst (Labors) und eine ganze Reihe anderer Unternehmen gründen zunehmend interne Dienstleistungen aus. Häufig wird dem neuen Unternehmen für eine Übergangszeit eine bestimmte Grundlast von 40 bis 50 Prozent zugesichert. Aus solchen Maßnahmen ergibt sich zwangsläufig eine geringere Fertigungstiefe. Und die Medaille hat stets eine zweite (erfreuliche) Seite: Wird in der Automobilindustrie die Fertigungstiefe von 50 auf 40 Prozent reduziert, so resultieren daraus Tausende von neuen Unternehmensgründungen. Ohne diese Zulieferer- und Dienstleistungsstruktur könnte ein Airbus oder ein Kraftwerk heute schon nicht mehr gebaut werden.

8. Deregulierung: Die alten Spielregeln taugen nicht mehr

Eine kleine Bäckerei am Rande von München-Schwabing. Das kleine Geschäft bietet einem Bäckermeister, einem Gesellen und einer Verkäuferin einen Arbeitsplatz. Vor dem Ladenlokal erstreckt sich ein schöner und verkehrsfreier Platz. Die Kunden mögen das kleine, freundliche Geschäft und bestürmen den Bäckermeister, doch im Sommer ein paar Stühle hinauszustellen und Kaffee und Kuchen zu servieren. Der

Bäcker würde diese Chance gerne wahrnehmen: Er möchte seinen Gewinn steigern, die vorhandenen Arbeitsplätze sicherer machen und einen weiteren für eine Serviererin schaffen. Leider darf er das nicht. Nach Konsultation der diversen Behörden und Auflagen ergab eine bescheidene Überschlagsrechnung: Bevor er die erste Tasse Kaffee verkaufen darf, muß der Bäcker über 100000 Mark investieren. Darunter sind beispielsweise hohe Ablösesummen für Parkplätze, die seine Kunden überhaupt nicht brauchen. Sie wohnen in der Nachbarschaft und kommen alle zu Fuß.

Dies ist nicht die Ausnahme, sondern nach wie vor die Regel. Unternehmer und Unternehmensgründer müssen in Deutschland gute Hürdenläufer sein. Wir werden zum Glück nie erfahren, welche Talente dabei frühzeitig auf der Strecke blieben. Bundespräsident Roman Herzog hat dies auf den treffenden Nenner gebracht: »Bill Gates wäre bei uns schon an der Gewerbeaufsicht gescheitert.« Weil hierzulande in einer Garage kein Unternehmen gegründet werden darf. Tags darauf gab es für Herzogs Rede allgemeinen Beifall – auch aus Politik, Verbänden und Institutionen. Ansonsten blieb sie erschütternd folgenlos. Warum dürfen deutsche Jungunternehmer immer noch nicht in Garagen anfangen? Wo war der deutsche Politiker, der stehenden Fußes einen entsprechenden Antrag im Bundestag einbrachte? Ein politisches Talent darf sich eigentlich eine solche Steilvorlage des Bundespräsidenten nicht entgehen lassen. Politik ist nicht nur das Bohren dicker Bretter, sie besteht auch aus Phantasie und etwas Chuzpe.

Eine der Kernbotschaften von Herzogs Rede ist jedenfalls hinlänglich bekannt: Der Dschungel staatlicher Vorschriften muß gelichtet werden, wenn unternehmerische Initiative nicht erdrosselt werden soll. Schon vor sieben Jahren sorgte eine Deregulierungskommission unter dem Wirtschaftswissenschaftler Jürgen B. Donges in Bonn für Aufsehen. Ganze

Kataloge von Sondervorschriften, Subventionen, versteckten Steuern und Marktbeschränkungen, die stets mit der Gefahr des Marktversagens begründet werden, dienen nach Ansicht der Kommission vor allem einem Zweck: Sie schützen etablierte Anbieter vor mißliebiger Konkurrenz und sind damit zugleich eine zentrale Ursache für Unterbeschäftigung und Arbeitslosigkeit.

Welche Erfolge Deregulierung möglich macht, zeigt ein Beispiel aus Chile: Hier wurde der Markt für Telekommunikation seit 1994 vollkommen liberalisiert. Einerseits verlor der ehemalige Monopolist für Fern- und Auslandsgespräche bis zu zwei Drittel seines Marktanteils, andererseits explodierte der Gesamtmarkt, weil die Preise um 50 Prozent sanken. Der Sektor wuchs jährlich um durchschnittlich 14 Prozent, derzeit wird eine weitere Zunahme um jährlich 20 bis 25 Prozent vorausgesagt. Das Gemeinwesen als Ganzes profitiert in jedem Fall. Deregulierungen in Japan erhöhten das Einkommen der Konsumenten allein durch Preissenkungen jährlich um geschätzte 36 Milliarden Dollar, in den USA liegen die Schätzungen zwischen 42 und 54 Milliarden Dollar. Inzwischen sind die Dinge auch in Deutschland in Gang gekommen. Die Liberalisierung der Telekommunikation mit einer konsequenten Wettbewerbsorientierung dürfte während der nächsten fünf Jahre in ein jährliches Wachstum des Marktes in Höhe von sieben Prozent münden.

Diese Reform war noch aus einem anderen Grund geboten. Das Internet und der Mobilfunk setzen die etablierten Telekomanbieter auch mit neuen technischen Lösungen unter Druck, die sich staatlichen Monopolen ohnehin mehr und mehr entziehen. Bis vor knapp zwei Jahren wurde das qualitativ noch minderwertige Telefonieren via Internet als »Aldi-Telefonie« verspottet. Inzwischen lacht keiner mehr: Dank neuer Endgeräte und Sprachcomputer wird das Telefonieren über das Datennetz immer konkurrenzfähiger. Der

Telefonriese AT&T ist in das neue System eingestiegen und bietet Gespräche im Internet 50 Prozent billiger an als in seinen normalen Tarifen.

Deutsche Städte und Landkreise subventionierten 1995 den öffentlichen Personennahverkehr mit rund sieben Milliarden Mark. Hier liegt ein riesiges Einsparungspotential: Ausländische Verkehrsbetriebe arbeiten teilweise 30 bis 40 Prozent kostengünstiger. In Schweden hat die Deregulierung des Nahverkehrs Kostenersparnisse von 20 bis 25 Prozent, in ländlichen Räumen von zehn bis 15 Prozent erbracht. Die Liberalisierung von Infrastrukturen wie Telefon, Briefpost oder Nahverkehr, auch das lehren internationale Beispiele, muß dabei ein Problem durch gewisse Bestandsgarantien austarieren: die Konzentration auf umsatzstarke Ballungsräume und – damit einhergehend – eine tendenzielle Verschlechterung für wenig lukrative ländliche Räume.

Defizitäre Verkehrsbetriebe müssen sich seit Anfang 1996 auch in Deutschland dem Wettbewerb stellen. Hier soll der günstigste Anbieter die vom Gesetz vorgeschriebene ausreichende Verkehrsbedienung gewährleisten. Da es in Deutschland praktisch keinen kostendeckenden öffentlichen Nahverkehr gibt, müßten sich im Grunde alle Betriebe dem Wettbewerb öffnen.

Das Gesetz hält jedoch eine Hintertür offen: Verluste dürfen innerhalb der kommunalen Versorgung mit kostendekkenden Bereichen wie der Energieerzeugung verrechnet werden, auch sogenannte freiwillige Zuzahlungen der Kommunen entziehen die Verkehrsbetriebe dem Wettbewerb. Doch ausländische Bus- und Bahnbetriebe aus Frankreich, Schweden und den USA drängen nach Deutschland. Der schwedische Verkehrsbetrieb Swebus versucht in Norddeutschland Fuß zu fassen. In Bad Homburg übernahm das schwedische Unternehmen Linjebus die Mehrheit bei der Busfirma Auto-Legner, die bereits die städtischen Buslinien betreibt.

Die Hannoverschen Verkehrsbetriebe üstra (»Überlandwerke und Straßenbahnen«) haben sich frühzeitig den Herausforderungen gestellt. Nach einer umfangreichen Analyse der Fahrgewohnheiten und des Fahraufkommens wurde ein völlig neues Nahverkehrskonzept erarbeitet. Neue Fahrpläne und Fahrtrouten, ein neues Tarifsystem und ein Kostensenkungsprogramm führten innerhalb kurzer Zeit zu erstaunlichen Erfolgen. Bereits im Geschäftsjahr 1996 beförderte der Verkehrsbetrieb etwa drei Millionen Menschen mehr als im Jahr vor der Reform (143 Millionen) und reduzierte gleichzeitig den kommunalen Zuschuß von 125 Millionen auf 109 Millionen Mark.

Werden durch eine faire Änderung der Spielregeln Unternehmen entlastet und wird die Transparenz bestehender Regulierungen erhöht, so stimuliert dies Unternehmensneugründungen und schafft Arbeitsplätze. Gleichzeitig zwingen die Maßnahmen bestehende Unternehmen dazu, effizienter und innovativer zu werden, was letztendlich dem Verbraucher zugute kommt. Nur eine produktive, innovative und flexible Volkswirtschaft ist langfristig in der Lage, öffentliche Interessen zu wahren und die drängendsten Probleme wie soziale Ungleichheit, Umweltzerstörung und Altersversorgung zu lösen.

Doch das Bundesgesetzblatt nimmt – ungeachtet prominenter Ermahnungen – jährlich um mehrere hundert Seiten zu. Derzeit gibt es beim Bund 4874 Gesetze und Rechtsverordnungen mit über 84900 Einzelbestimmungen. Die deutsche Ausbildungsverordnung für Gärtner ist allein 74 Seiten lang. Im Steuerrecht kommen jedes Jahr 40 neue Erlasse, 200 Bundesfinanzhofurteile, 1000 Durchführungsverordnungen und 3000 Finanzgerichtsurteile hinzu – also etwa ein Urteil pro (Arbeits-)Stunde.

Die staatliche Bürokratie kostet ein Industrieunternehmen im Jahr durchschnittlich 93000 Mark, eine Dienstleistungsfirma etwa 75000 und einen Handelsbetrieb 56000 Mark. Am schlimmsten dran sind die Kleinunternehmen mit bis zu zehn Mitarbeitern, die pro Jahr und Mitarbeiter 6800 Mark dafür ausgeben müssen, daß man ihnen das Leben schwermacht (Großbetriebe über 500 Mitarbeiter ca. 300 Mark pro Mitarbeiter). Einige aufschlußreiche Zahlen hierzu: Von 1000 Deutschen sind nur 47 selbständig, das ist nach Luxemburg die niedrigste Quote in Europa. Dafür sind wir an anderer Stelle an der Spitze: Auf 1000 Deutsche kommen 40 Staatsdiener. Wir haben somit fast genauso viele Staatsdiener wie Selbständige. Auf den Punkt gebracht: Einer fährt in Deutschland die Schubkarre, und einer paßt auf ihn auf. Es leuchtet unmittelbar ein, daß eine solchermaßen organisierte Gesellschaft Schwierigkeiten hat.

Immerhin: Im Mai 1997 legte der von der Bundesregierung eingesetzte Sachverständigenrat »Schlanker Staat« Vorschläge zu einer Reform der öffentlichen Verwaltung vor. Spielregeln sind in einem Gemeinwesen in einem bestimmten Umfang notwendig. Die Freiheit des Wolfes ist der Tod der Lämmer, also müssen sie beschützt werden. Doch es kann keine absolute Sicherheit geben. Der Autor Richard Herzinger schreibt dazu in der *Zeit*: »Wer die Freiheit gegen Risiken immunisieren will, indem er sie unter Kuratel stellt, schlägt nichts anderes vor als Selbstmord aus Angst vorm Tod.«

Regulierungen sind zunächst einmal das Zusammenspiel staatlicher oder anderer körperschaftlicher Instrumente wie Gesetze, formelle oder informelle Anweisungen, die Unternehmern und Bürgern ein bestimmtes Verhalten auferlegen. Es existieren drei Kategorien von Regulierungen. Erstens: Wirtschaftliche Regulierungen greifen direkt in das Marktgeschehen ein, legen Preise fest, beschränken den Zutritt zu einem Markt oder den Austritt. Zweitens: Soziale Regulierungen sollen öffentliche Interessen wie Gesundheit, Sicherheit,

Umwelt und sozialen Frieden schützen. Drittens: Verwaltungsvorschriften regeln das direkte Eingreifen in das individuelle Handeln der Bürger.

Doch aus einstmals gutgemeinten Spielregeln sind heute wahre Festungswälle nach innen und nach außen geworden. Ursprünglich als Garant eines erträglichen Miteinanders und guten Auskommens der Bürger gedacht, erreichen sie oft das Gegenteil. Jetzt ist der Zeitpunkt gekommen, da nationale Regulierungen früher oder später von außen dereguliert werden. Wir sollten es selbst tun, und wir sollten ein Konzept dafür haben. Der globale Wettbewerb erzwingt eine ordnungspolitische Entrümpelung.

Beispiel Genehmigung von Bauvorhaben: In den USA gibt es für die Dauer von Genehmigungsverfahren verbindliche Fristen. Kleinere Anlagen müssen innerhalb von 45 Tagen bearbeitet sein. Das Verfahren für große Anlagen, die eine öffentliche Anhörung erfordern, ist innerhalb von maximal 50 Tagen abzuschließen. In Deutschland verstreichen laut einer Untersuchung des Deutschen Industrie- und Handelstages (DIHT) für die Erstellung der Antragsunterlagen sechs Monate bis ein Jahr. Danach zieht sich die Genehmigung einer Industrieanlage durchschnittlich noch einmal sechs bis acht Monate hin. Die Genehmigung für den Bau von Chemieanlagen dauert nach einer Untersuchung der BASF damit in Deutschland etwa doppelt so lange wie in Frankreich oder Großbritannien. Ein Investor in London produziert also bereits, während er in Frankfurt noch Unterlagen sortiert und einreicht.

Als besonders problematisch erweist es sich, wenn gesellschaftliche Auseinandersetzungen oder Wertentscheidungen nicht direkt in den demokratischen Institutionen, sondern statt dessen indirekt auf dem Rücken von Genehmigungsentscheidungen für industrielle Anlagen ausgetragen werden. Die Genehmigung einer industriellen Anlage oder eines Verfahrens und die Risikobewertung der Gentechnik beispielsweise sind zwei Paar Schuhe. Wer sie vermischt, delegiert demokratische Wertentscheidungen letztendlich an Behörden und Richter.

In einer Demokratie ist die Auseinandersetzung mit den Erwartungen und Wertvorstellungen der Gesellschaft eine Selbstverständlichkeit. Die Verständigung über die modernen Technologien und ihre Chancen und Risiken ist ein wesentliches Element der Standortdiskussion und für Industrie, Forschung und Lehre in Deutschland existentiell. Die Moderation eines mehrheitsfähigen Konsenses ist deshalb eine vorrangige Aufgabe der Politik. Wenn lokale Sankt-Florians-Vereine unliebsame Parlamentsbeschlüsse auf dem Instanzenweg außer Kraft setzen können, dann ist das mitnichten ein Zeichen für das gute Funktionieren der Demokratie – sondern für das Gegenteil.

Eine alles in allem heilsame Wirkung darf den Vorgängen um das Genehmigungsverfahren zur Produktion von Humaninsulin bei dem Chemieunternehmen Hoechst attestiert werden. Die Genehmigung einer Anlage zur Produktion von gentechnisch manipuliertem Humaninsulin wurde in den Jahren 1985 und 1987 vom hessischen Regierungspräsidium erteilt.

Aufgrund zahlreicher Klagen und Einsprüche von Anwohnern und Umweltverbänden wurde der Bau der Anlage jedoch um über zehn Jahre verzögert. Hoechst wurde auf dem internationalen Markt stark zurückgeworfen. Ausländische Investoren in dieser Sparte machten vorsorglich einen weiten Bogen um Deutschland. Deutsche Studenten, die zum Examen im Bereich der Biotechnologie zugelassen wurden, erkundigten sich sicherheitshalber nach einer Arbeitserlaubnis in den USA. Durch die Ereignisse aufgeschreckt, baute eine Novellierung des Gentechnikgesetzes 1993 einige der bürokratischen Hürden ab. Seit 1996 gilt außerdem ein

Gesetzespaket, das die Genehmigung von Investitionsvorhaben beschleunigen soll.

Mitte März 1998 wurde in Frankfurt-Höchst schließlich die weltweit modernste Anlage zur Produktion von Humaninsulin eingeweiht. Dafür wurden 100 Millionen Mark investiert. Die Produktion soll dem Unternehmen Hoechst Marion Roussel allein in Deutschland einen jährlichen Umsatz von 300 Millionen Mark einbringen. Rund 125 Millionen Diabetiker auf der Welt benötigen jährlich fünf bis sechs Tonnen Insulin. Die bisherige aufwendige Produktion von Humaninsulin auf der Basis von Schweineinsulin aus der Bauchspeicheldrüse der Tiere wird über kurz oder lang auslaufen. Die neue Anlage arbeitet erheblich rohstoff- und abfallärmer als die herkömmlichen Methoden.

Es spricht sich allmählich herum: Viele Jahre andauernde politische Blockaden schaffen neue Risiken, unter anderem die Vernichtung von Arbeitsplätzen, die Verzögerung von Forschungen im Interesse der Gesundheit oder sogar die Verschlechterung ökologischer Probleme. Wie sinnvoll es ist, auch hier die nationale Augenbinde abzunehmen, zeigt ein Beispiel aus der Energieversorgung. Kein Land der Welt würde sich den Luxus leisten, ein voll funktionstüchtiges und sehr sicheres Atomkraftwerk wie Mülheim-Kärlich stillzulegen und über Jahre hinweg unfruchtbaren juristischen Streitereien preiszugeben. Währenddessen wird Atomstrom aus Frankreich importiert, produziert von Anlagen, deren Sicherheit wir hochnäsig geringschätzen. Dies mag die seelisch-moralische Gemütslage eines Teiles der Bevölkerung stabilisieren, mit Umweltschutz oder gar der Sorge um künftige Generationen hat es nichts zu tun.

Es steht nicht in der Macht von Unternehmen, einen tragfähigen gesellschaftlichen Konsens über Fragen der Gentechnik oder Kernenergie in der Bundesrepublik herbeizuführen. Daher bleibt ihnen nichts anderes übrig, als sich ihren Standort dort zu suchen, wo Gesellschaften in der Lage sind, einen solchen Konsens zu diesen Themen zu finden. Es existieren im Grunde zwei extrem unterschiedliche gesellschaftliche und politische Sichtweisen, wie eine Gesellschaft Fortschritten in Wissenschaft und Technik gegenüberstehen kann.

- In den angelsächsisch geprägten Ländern lautet die Betrachtungsweise: Alles, was nicht verboten ist, ist erlaubt.
- In Deutschland hat eine andere Sichtweise Tradition: Alles, was nicht erlaubt ist, ist verboten.

Der globale Wettbewerb in den Schlüsseltechnologien wird sich nicht der deutschen Philosophie anschließen. Wir werden daher zwischen hohen deutschen Umweltstandards (die ja niemand abschaffen will) und der Akzeptanz von klar definierten Restrisiken (die es immer geben wird) einen Weg finden müssen. Selbstverständlich müssen uns technische Katastrophen wie Tschernobyl eine Warnung sein. Andererseits dürfen wir nicht, wie Karl Kraus formulierte, »aus Schaden dumm werden«. Wer einen absoluten Ausschluß von Risiken fordert, verlangt, daß sich die Menschheit von einem Gutteil der Zukunftstechnologien verabschiedet. Dies aber ist in einer globalisierten Welt schlichtes Wunschdenken und angesichts ihrer Herausforderungen auch menschenfeindlich.

Die Abgrenzung von Sicherheit und Gefahr wird nie ein naturwissenschaftlich exakter, sondern immer ein gesellschaftlicher, politischer und dynamischer Vorgang sein. Der Zürcher Philosophieprofessor Hermann Lübbe hat über die Gründe schwindender Risikoakzeptanz 1994 folgende These formuliert: »Ganz unabhängig vom möglicherweise vermeßbaren Grad der realen Gefährdungen, denen wir ausgesetzt sein mögen, intensiviert sich in der modernen Zivilisation die Gefährdungswahrnehmung, und komplementär dazu schwindet zugleich die Bereitschaft zur Akzeptanz von Lebensrisiken.«

Die Lebensrisiken der Menschen in den Entwicklungsländern beispielsweise sind andere als die unseren. Dies wird oft vergessen und hat mitunter sogar fatale Folgen. Darüber berichtete Anfang 1998 das angesehene britische Wissenschaftsmagazin *New Scientist.* So hat der Verdacht ökologischer Schäden durch das Insektizid DDT zu der an und für sich vernünftigen Entscheidung geführt, dieses Mittel zu ächten. Was in Deutschland und anderen Industrienationen sinnvoll war, verursachte in den armen Ländern jedoch eine Katastrophe: Die durch den Einsatz von DDT fast besiegte Malaria breitete sich wieder dramatisch aus. Die Weltgesundheitsorganisation befürwortet den Einsatz des Spritzmittels zur Malariabekämpfung – schlichtweg, um Menschenleben zu retten. Der *New Scientist* resümiert: »Der DDT-Bann war auf der Nordhalbkugel eine gute Idee, aber in den Tropen gibt es bis jetzt kein besseres Mittel zur Malariabekämpfung als DDT.«

Doch damit nicht genug: In einem undifferenzierten Rundumschlag bekämpfen die Akteure der Umweltbewegung Chemie, Pharmazie und Biotechnologie, die für harmlosere Spritzmittel sorgen könnten. Mit klammheimlicher Freude wird verfolgt, wie gentechnisch veränderte Versuchspflanzen, die einen Einsatz von Spritzmitteln überflüssig machen könnten, in Nacht- und Nebelaktionen zerstört werden. Gentechnische Methoden, die bei der Suche nach einem Malaria-Impfstoff behilflich sein könnten, sollen nach dem Parteitagsprogramm der Grünen mit Forschungsverbot belegt werden. Dies ist ein schwerer Fall von geistiger Abschottung. Auch für eine Deregulierung in den Köpfen wird es höchste Zeit.

Der Abbau von Grenzen, Schranken, Sonderrechten und Verboten folgt im Grunde einer ganzen Deregulierungskette:

Was global ausgelöst wird, wirkt sich in Wirtschaftsblöcken aus, sickert in Nationen, bedrängt die Bürokratie, verändert die Führungskultur in Unternehmen. Und schließlich – das ist dann der größte Erfolg – fallen die Mauern in unseren Köpfen.

Die Globalisierung wird nicht zuletzt die ökologische Zielsetzung aktualisieren und unsere Sinne wieder für die potentiell erfolgreichsten Lösungsstrategien schärfen. »Die Menschenwelt ist technisch, sie war es immer, weshalb sie kluge Techniker braucht«, schreibt Gero von Randow in der *Zeit*. Junge Menschen, die eine bessere und gesündere Welt wollen, werden wieder zu dem Schluß kommen, daß sie zu diesem Ziel als Ingenieur oder Biotechnologe sehr unmittelbar beitragen können.

9. Europa: Der Härtetest kommt

Zum Jahreswechsel 1997/98 sollte Volkswagen wegen Verstoßes gegen die europäischen Wettbewerbsbestimmungen ein Bußgeld von 200 Millionen Mark bezahlen. Abgesehen von der in Deutschland teilweise spürbaren wohlfeilen Schadenfreude, setzte der Fall einen ganz erstaunlichen Bewußtseinswandel in Gang. Die deutsche Öffentlichkeit begriff im Hinblick auf Europa erstmals drei wichtige Dinge. Erstens: In anderen europäischen Staaten, etwa in Dänemark oder Italien, sind die gleichen Waren oft billiger als bei uns. Bei einem VW-Golf beispielsweise sollen sich dabei ein paar tausend Mark sparen lassen. Zweitens: Wenn ich das Auto als europäischer Bürger dort kaufen will, wo es am billigsten ist, dann werde ich offensichtlich daran gehindert. Dies ist unrecht und unfair. Drittens: Damit soll jetzt Schluß sein. Mit der Einführung des Euro werden die Preise sogar noch transparenter. Eine großartige Botschaft, wenn man bedenkt, daß für viele Artikel des europäischen Warenkorbs heute noch Preisunterschiede von bis zu 40 Prozent zwischen den verschiedenen Ländern existieren.

Die in allen Medien durchscheinende Grundbotschaft war somit für viele Menschen völlig neu: Europa ist *gut* für etwas. »Diese Bürokratie und dieser Wasserkopf in Brüssel«, so sprach der verblüffte Bürger, »tun etwas für *mich*!« Keine Werbeagentur hätte eine genialere Europakampagne erfinden können. Der Verkaufspreis eines Volkswagens Golf wird als europäische Sinnstiftung zwar nicht ausreichen, um sie anzustoßen, ist er aber gar nicht schlecht.

Die europäische Währungsunion ist auf dem Weg und nimmt für die Bürger allmählich Gestalt an. Je mehr der private Buchgeld-Zahlungsverkehr ab Anfang 1999 in Euro abgewickelt und auch Anlagen in dieser Währung getätigt werden, desto geringer wird die Gefahr einer instabilen Währung. Die institutionellen Voraussetzungen dafür sind jedenfalls gegeben.

Während der kurzfristige Nutzen der gemeinsamen Währung von ihrer Akzeptanz und diese wiederum von vielen eher psychologischen Faktoren abhängt, gilt der langfristige Nutzen als unbestritten. Er liegt vor allem in sinkenden Transaktionskosten, die durch Umrechnung und Umtausch der nationalen Währungen entstehen. Die Vorteile des Euro entfalten sich in dem Maße, in dem Integration und Verflechtung der nationalen Ökonomien zunehmen. Die Märkte erwarten derzeit einen stabilen Euro, das zeigt das niedrige Niveau der langfristigen Zinsen in allen elf Teilnehmerstaaten. Trotz aller Tricks und Seiltänze bei der Erfüllung der Konvergenzkriterien dürften diese auch langfristig die Marschroute für eine Konsolidierung der Staatshaushalte in Europa festlegen.

Unternehmen und Verbraucher werden von der Einführung des Euro profitieren. Die derzeitige Diskussion könnte man mit der Einführung der Datenverarbeitung in einem Betrieb vergleichen: Alle schimpfen und machen es doch. Und warum machen sie es? Weil es irgendwann, wenn das Ende abzusehen ist, besser funktioniert als vorher. Während einige deutsche Ökonomieprofessoren in Sachen Euro noch das Verfassungsgericht anrufen, haben Software-Hersteller wie SAP bereits Hunderte von Millionen Mark in Programme zur Umstellung auf den Euro investiert. Daimler-Benz kündigt an, daß das Unternehmen ab 1999 in Euro bilanzieren werde.

Der Euro wird die derzeit noch bestehenden Preisunterschiede bei Konsumgütern zwischen einzelnen EU-Ländern enttarnen und dadurch ihren Abbau begünstigen. Der europäische Binnenmarkt, der viele nationale Regulierungen durch europäische ersetzt hat, steigerte das europäische Bruttoinlandsprodukt nach Schätzungen der OECD um bis zu 1,5 Prozent als Einmaleffekt. Bei vermehrter Konkurrenz in der Stromwirtschaft, der Telekommunikation, beim Straßengüterverkehr, im Handel und in der Luftfahrt können die Deutschen nach Ansicht der OECD nur gewinnen: Das Bruttoinlandsprodukt würde um weitere 1,5 Prozent oder zirka 50 Milliarden Mark ansteigen.

Auch über die EU hinaus sollten Zölle und Handelsbeschränkungen weiter fallen, um den freien Austausch von Gütern, Dienstleistungen, Investitionskapital und Technologie zum Vorteil aller zu gewährleisten. Doch die Europäer haben vielfach Angst vor dem Weltmarkt. Um die Situation zu verdeutlichen, sei folgendes Bild erlaubt: Die meisten Tiere in Europa sind im Wohlfahrtszoo geboren worden. Deshalb wissen sie, daß der wichtigste Termin am Tag morgens um acht ist, wenn der Wärter das Futter bringt. Daran haben sich alle gewöhnt. Sie haben vergessen oder nie gelernt, daß man auf die Jagd gehen muß, um Futter zu finden. Die Europäer werden sich aber wundern, wenn plötzlich die kleinen und großen Tiger über die Zäune springen und nicht das Futter, sondern den Wärter fressen. Wieder in der freien Wildbahn, werden die Europäer selbst auf sich aufpassen müssen. Derzeit beschäftigen wir uns unermüdlich mit dem Ausbessern des Zaunes und trachten danach, ihn immer höher zu machen. Außerdem beraten wir ununterbrochen über neue Zoo-Betriebsordnungen. Das wird uns alles nicht weiterhelfen. Wir müssen uns Gedanken darüber machen, wie wir leben wollen, wenn der Zaun nicht mehr da ist, denn dann hilft auch die schönste Zoo-Ordnung nichts.

Die Klage über »Sozial-« oder »Ökodumping« verbindet bretonische Fischer und deutsche Stahlbosse, Textilunternehmer und Baugewerkschaft, Bauernverband und den Bund für Umwelt- und Naturschutz. In Brüssel beschäftigen wir ganze Bataillone von Zaunbauern. Sie leben davon, bis ins kleinste Detail festzulegen, welche Waren gar nicht oder nur unter verschärften Bedingungen wie hohen Zöllen oder Quotenregelungen nach Europa hineindürfen. Und immer mehr große und kleine Tiger rütteln am Zaun. Durften sich die Schwellen- und Entwicklungsländer früher zumindest unserer verbalen Solidarität sicher sein, so hat sich dies grundlegend geändert. In dem Moment, wo aus einem Bittsteller ein Hersteller wird, hört der Spaß auf. Will ein indonesischer Batikhersteller seine Stoffe bei uns verkaufen, so lernt er sehr schnell, daß sein buntes Tuch in Wahrheit eine handelspolitische und soziale Handgranate ist. Und diese unterliegt der Waffenscheinpflicht, nur daß wir die in diesem Fall Quotenregelung nennen.

»Nehmen wir einmal an, die Festung Europa würde nicht nach und nach, sondern von heute auf morgen geschleift, Schutzzölle würden abgeschafft, Importbeschränkungen und Quotenregelungen außer Kraft gesetzt, Waren aus dem Süden frei zugelassen, es würde wirklich den allgemein zugänglichen Markt geben, was dann?« fragen die Berliner Wirtschaftswissenschaftler Günter Faltin und Jürgen Zimmer. Antwort: »Es würde aussehen wie nach einem Atomblitz.«

Denken wir nur an die subventionierte Landwirtschaft oder Teile der Stahlindustrie – von deutscher Steinkohle gar nicht zu reden. Doch der Topf kann nur einmal ausgelöffelt werden: Die Aufrechterhaltung überkommener Strukturen frißt jene Mittel auf, die auf der anderen Seite dringend für den Aufbau des Neuen benötigt werden.

Der wahre Härtetest für den Euro steht jedoch an, wenn größere wirtschaftliche Ungleichgewichte zwischen den Mitgliedsstaaten auftreten, die dann nicht mehr durch Auf- oder Abwertung der Nationalwährungen ausgeglichen werden können. Sie werden sich eben nicht nur auf den Preis eines neuen Autos auswirken, sondern vielfach auch auf den Preis der Arbeit: auf die Löhne.

»Beschäftigte, die im Zuge der Rationalisierung um den Job und ihre künftigen Chancen am Arbeitsmarkt bangen, werden kaum mit der Aussicht auf billige Flugtickets und Ferngespräche zu überzeugen sein«, schreibt die *Zeit*. Es liegt an uns, einen Übergang zu schaffen, der nicht in einem Programm sozialer Kälte endet. Wobei argumentativ oft mit gezinkten Karten gespielt wird: So manches, was im Gewande sozialpolitischer Ziele daherkommt, wird in Wahrheit von Klientelwirtschaft und saturiertem Lobbyismus vorgeschoben. Beschränkungen müssen daher einem kontinuierlichen Überprüfungsprozeß ausgesetzt und den sich verändernden technischen und gesellschaftlichen Entwicklungen angepaßt werden. Am besten sind dazu zeitlich befristete Regulierungen geeignet, die entweder ersatzlos auslaufen oder neu formuliert werden sollten.

Nicht Gleichmacherei, sondern Wettbewerb der Standorte und Regionen muß die wirtschaftliche Integration der Europäischen Union vorantreiben. Länder mit niedrigeren Löhnen oder Steuern müssen sich, mit diesen Pfunden wuchernd, Wettbewerbsvorteile verschaffen können, die ihre Nachteile, beispielsweise beim Ausbildungsniveau, ausgleichen.

Der Bedarf an Lösungen auf europäischer Ebene ist groß: ökologische Herausforderungen, wachsendes Verkehrsaufkommen, steigender Migrationsdruck oder organisierte Kriminalität – um nur einige zu nennen – machen nicht an den Grenzen der europäischen Nationalstaaten halt. Es gibt hier durchaus bemerkenswerte Fortschritte, etwa bei der Vereinheitlichung der Asyl- und Einwanderungspolitik oder bei der Bekämpfung von Drogenhandel und Kriminalität durch die Gründung von Europol. Auch Verkehrsnetze und Infrastrukturen, wie etwa die Eisenbahnen oder die Energieversorgung, müssen im wahrsten Sinne des Wortes auf eine gemeinsame Schiene gesetzt werden. Der Thalys, ein gemeinsames Bahnprojekt der französischen, belgischen, niederländischen und deutschen Bahn, benötigt nur noch vier Stunden Fahrzeit von Köln nach Paris.

Wer glaubt, die europäische Dynamik verlangsamen oder gar zurückschrauben zu können, wird vom globalen Druck überrollt werden. Die vier Freiheiten des Binnenmarktes für Waren, Personen, Dienstleistungen und Kapital sind unumkehrbar. Dennoch gibt es sträfliche Versuche, sie auszuhebeln. »Die Deutschen sind nie die ersten, wenn es darum geht, Wettbewerb einzuführen, aber immer die ersten beim Erfinden von Gründen fürs Verhindern«, sagt Carl Christian von Weizsäcker, Mitglied der Monopolkommission und Leiter des Energiewirtschaftlichen Instituts in Köln.

Ein weiteres Beispiel: die Forderung nach einheitlichen Löhnen im deutschen Baugewerbe. Zwar hat jeder Europäer das Recht, in jedem Land der EU zu arbeiten, doch soll er das am deutschen Bau nur ausüben können, wenn er sich dafür zum deutschen Tarif entlohnen läßt. Das heißt im Ergebnis, daß er das Recht praktisch nicht wahrnehmen kann. Die deutsche Textilwirtschaft muß damit leben, daß Textilien aus europäischen Billiglohnländern hierzulande Arbeitsplätze verdrängen. Beim Bau kommt nun keine Ware an, sondern der Bauarbeiter aus Portugal oder Griechenland höchstpersönlich. Da soll die Freiheit nun aufhören – mit welchem Recht? Die Deutschen zahlen lieber in bewährter Manier Ausgleichsgelder in diverse Brüsseler Fonds, wenn nur die Portugiesen in Portugal bleiben. Dies ist die teuerste Art, den Kopf in den Sand zu stecken.

Nach einer Osterweiterung der Europäischen Union wird es unweigerlich zu neuen Forderungen kommen, dem Unvermeidlichen doch bitteschön nicht ins Auge zu sehen, sondern diese fest zu schließen. Nehmen wir folgenden Fakt: Die wirtschaftlich reichsten Regionen werden plötzlich direkt an wesentlich ärmere angrenzen: etwa Bayern an Tschechien. Da helfen keine Transferzahlungen mehr – sie sind schlicht nicht bezahlbar. Das Ifo-Institut hat errechnet: Wären im Jahre 1990 Polen, Ungarn, Tschechien und die Slowakei (die sogenannten Visegrad-Staaten) Mitglied in der EG gewesen, so hätte der gemeinsame Haushalt um 44,5 Prozent aufgestockt werden müssen. Angefangen mit der Landwirtschaft, führt deshalb kein Weg an einer Reform der europäischen Struktur- und Subventionspolitik vorbei.

Der derzeitige Stand der Handelsliberalisierung reicht nicht aus. Die europäische Politik hat entgegen früheren Verlautbarungen ihre Märkte nicht ohne Bedingungen für die osteuropäischen Staaten geöffnet. Freihandel wurde gepredigt und Protektionismus praktiziert. In zähen bilateralen Verhandlungen wurden für weite Bereiche des Handels Sonderregelungen eingeführt, und das »Europaabkommen« mit den Visegrad-Staaten wurde ausgehebelt oder abgeschwächt.

Kein Wunder, daß dies die öffentliche Meinung über Europa in den betroffenen Staaten nicht eben befördert: Waren im Jahr 1990 noch knapp die Hälfte der Osteuropäer Europa gegenüber positiv eingestellt, teilten 1993 noch 37 Prozent diese Ansicht, Tendenz weiter fallend. Dies kann für Europa wesentlich teurer werden als die Konkurrenz tschechischer Autoarbeiter oder ungarischer Landwirte. Denn es beeinflußt auch die Einstellung gegenüber der Marktwirtschaft und dem westlichen Demokratiemodell, sie wird skeptischer. Die glaubwürdige Aussicht auf Verbesserung der eigenen Lage durch freie wirtschaftliche Betätigung ist der beste Garant gegen übertriebenen Nationalismus und für eine stabile demokratische Entwicklung. Wenn wir den Menschen in Osteuropa eine glaubwürdige Zukunftsperspektive geben wollen, müssen wir ihre Konkurrenz ertragen.

Die inneren Reformen, die eine Integration Osteuropas notwendig macht, sind für Europa angesichts der Globalisierung ohnehin unausweichlich. Wie so oft kommt es auf den Blickwinkel an: Was vielen aus der europäischen Binnensicht derzeit als Bedrohung erscheint, entpuppt sich, mit etwas größerem Abstand betrachtet, als Chance. Osteuropa könnte für Europa in jene Rolle hineinwachsen, die Südostasien für Japan und Mexiko für die USA spielen.

Doch es geht nicht nur um wirtschaftliche Vorteile. »Ich bin überzeugt, daß man mit politischer Intelligenz, Enthusiasmus und mit Unterstützung der besten Künstler, Architekten, Geistesschaffenden einen kulturellen Elan in Gang setzen kann, der die Europäer mitreißt«, meint ermunternd der ehemalige französische Kultusminister Jack Lang. Kein anderer Wirtschaftsraum verbindet ein derart hohes Entwicklungs- und Integrationsniveau mit einer vergleichbaren Vielfalt von Sprachen und kulturellen Eigenarten auf so kleinem Raum. Diese Vielfalt ist eine Quelle, aus der sich Kreativität und Vernetztheit des europäischen Denkens speisen, Eigenschaften also, die in einer komplexen Welt immer wichtiger werden.

Wer wirklich etwas für die Zukunft des Kontinents tun will, muß jungen Menschen daher hinreichend Gelegenheit geben, im europäischen Ausland Erfahrungen zu sammeln. Der deutsche Student, der heute wirklich an den europäischen Hochschulen studieren will, um sich mit Sprach- und Standortkenntnissen zum europäischen Manager, Ingenieur oder Lehrer zu qualifizieren, wird nach deutschem Hochschulrecht Schiffbruch erleiden. Wo bleibt die Europäisierung der Hochschulen, Akademien und Forschungseinrichtungen? Was ist aus der Idee eines einjährigen obligatorischen Studienaufenthalts im europäischen Ausland geworden? Mit Kleinstaaterei kann Europa der Konkurrenz der amerikanischen Spitzenuniversitäten und Forschungseinrichtungen auf Dauer nicht Paroli bieten.

Die Verwirklichung einer gemeinsamen Außen- und Sicherheitspolitik, einer gemeinsamen Umwelt-, Gesundheits- und Verbraucherpolitik, ein eigener Menschenrechtskatalog, die Einführung einer europäischen Staatsbürgerschaft – all dies konnte in den vergangenen europäischen Konferenzen nicht substantiell vorangebracht werden. Europäer würden doch nicht aufhören, Deutsche, Franzosen oder Italiener zu sein. Wir werden uns dennoch weiterhin der Heimat auf der Schwäbischen Alb, in Katalanien oder der Bretagne verbunden fühlen. Europäer zu sein bedeutet ein Gefühl der Zusammengehörigkeit, das der sich gegenseitig befruchtenden und verstärkenden Vielfalt entspringt. In den USA weiß der Reisende beim Blick aus dem Hotelfenster oft nicht, in welchem Landesteil er sich gerade befindet. Im abwechslungsreichen Europa weiß er es meist sofort. Und diese kulturelle Vielfalt ist ein Standortvorteil.

10. Weltkultur: Die Verschmelzung von Technologie, Kultur und Politik

In den globalen Kulturindustrien des 21. Jahrhunderts wird alles anders sein. »Mit der Konvergenz von Computertechnik, Unterhaltung und Telekommunikation verschmelzen Technologie und Kultur«, schreibt der britische Soziologe Scott Lash in der *Zeit*. Der Markenwert von Firmen wie Nike, Swatch oder Coca-Cola basiert auf ihrem Stellenwert innerhalb der zeitgenössischen Medienkultur. Sie werden mit Sport oder Entertainment verbunden. Aus Sportveranstaltungen werden Aktiengesellschaften. Fußballvereine und die Formel 1 gehen heute an die Börse – morgen könnten es Tenöre und Geiger sein.

Satelliten und Kabelerträge – etwa der neue Vertrag zwischen dem britischen Sky-Kanal und der Premiers League – liegen in Milliarden-Dollar-Regionen. Die Ereignisse werden nicht mehr aktiv von Athleten und passiv von Zuschauern bestritten, sondern sie sind interaktiv. Beim Formel-1-Rennen entscheidet der Pay-TV-Zuschauer heute schon, ob er bei Schumacher oder Coulthard über die Schulter schauen will. Sportereignisse werden von Hunderten von Millionen Zuschauern gleichzeitig verfolgt.

Die Turnschuhfirma Nike hat die komplette brasilianische Fußballmannschaft für 400 Millionen Dollar eingekauft. Nike erfindet neue Veranstaltungen und verkauft deren TV-Rechte. Nike-Gründer Phil Knight sagt: »Unser Geschäft lebt von Emotionen, von der Leidenschaft, die der Sport entfacht. Und wenn er an Glanz verlieren sollte, sind wir die ersten, die Schaden nehmen.« Nike veranstaltet Fußballspiele und Golfturniere, weil sie ein ideales Vehikel sind, um die Marke zu stärken. In den Kaufhäusern liegen die alten Turnschuhe seiner Helden wie Reliquien unter Glas.

Produkte und kulturelle Botschaften sind dabei immer

schwieriger auseinanderzuhalten. Die Rolling Stones haben sich 25 Jahre nach ihrem Aufstieg von Verkündern eines neuen Zeitalters in Unterhaltungsartikel verwandelt. Volkswagen sponsert die Rolling Stones, BMW James Bond und Daimler-Benz Jurassic Park. Die Leistungsdichte technischer Produkte erzwingt immer öfter eine zusätzliche kulturelle Botschaft. Es kommt auch auf die Erlebnisse an, die ein Produkt verspricht, und nicht nur auf die Hardware oder Ingenieursleistung selbst. »Marken«, so sagt Alexander Deichsel, Soziologe und Direktor des Instituts für Markentechnik in Genf, »sind Energieräume der kollektiven Erinnerung.«

Die Existenz von Weltmarken wird nun oft mit globaler Gleichmacherei verwechselt. Doch die weltweite Verfügbarkeit von Coca-Cola darf nicht mit kultureller Hegemonie (»Amerikanisierung«) gleichgesetzt werden. Auch »McWorld« ist eine Minderheitenveranstaltung, denn von sechs Milliarden Menschen essen nur 20 Millionen täglich bei McDonald's. Im »Kampf der Kulturen« schlägt das Heer der türkischen Kebab-Stände zahlenmäßig überlegen zurück, und auch die weltweite Verbreitung des Frühstücksmüslis (»Verschweizerung«), der Pizza (»Italisierung«) oder der Ikea-Möbelkultur (»Skandinavisierung«) kann sich sehen lassen. Im Bereich der gehobenen Genüsse sind die Franzosen mit Champagner und Cognac gar Monopolisten. Bei genauem Hinsehen ist noch nicht einmal die Populär- und Fastfood-Kultur ein so hegemonialer Eintopf, wie oft behauptet.

Eine Kultur, die sich jenseits des Kommerzes in Nischen entwickelt, muß und wird es weiterhin geben. »Künstler können keine Leitbilder für Lebensstil, allenfalls Abbilder für Lebenssinn abgeben«, sagt der Stuttgarter Kunstprofessor Kurt Weidemann. Kunst gedeiht im Reich der Vorstellungen und nicht im Reich der Besitzstände. Wir sollten sie deshalb fördern, wo wir nur können. Gerade wenn wir dies uneigennützig tun, wird es uns paradoxerweise am nützlichsten sein. Denn gerade das Nichtkommerzielle, das Nichtmehrheitsfähige, das Nichtangepaßte setzen Selbständigkeit und Würde frei – und bilden damit langfristig auch die Wurzeln für unser wirtschaftliches Handeln. Der ehemalige französische Kultusminister Jack Lang meint: »Kultur schwebt nicht über den Wolken. Sie ist letztendlich der Hebel der wirtschaftlichen Entwicklung. Kultur ist der Reichtum der Zukunft, unser Sauerstoff von morgen.«

Cultural heritage, wie die Amerikaner sagen, ist das Pfund, mit dem Europa wuchern kann. Europa, eine kulturelle Schatzkammer. Die größte Buchmesse der Welt findet in Frankfurt statt und nicht in Los Angeles. Die Vielfalt und die Langlebigkeit unserer Traditionen stehen gegenüber den Medienindustrien der USA keineswegs auf verlorenem Posten. »Europa hat die Chance, kraft seiner Vorteile beim Inhalt auf den globalen Märkten des zweiten Medienzeitalters zu konkurrieren«, schreibt der bereits zitierte Soziologe Scott Lash. »Wer anders ist, wer den Unterschied herausarbeitet, wer vom ideenarmen ›me too‹ abweicht, der wird langfristig vom Markt belohnt werden.«

Kultur ist immer auch Selbstorganisation. Und diese wird durch die neuen Netzwerke eher erleichtert. Sicherlich: Wer will 500 Fernsehprogramme sehen? Aber gemacht werden sie, und es könnte etwas Umwälzendes herauskommen, was wir einfach noch nicht erkennen können. Unter dem Dach der Multimediafirmen treffen sich Absolventen der Kunsthochschulen, Grafiker, Designer, Werbefachleute und Techniker. In diesen kulturellen Schmelztiegeln entsteht Neues und Überraschendes. »Die Tasten des Konzertflügels stiften mehr Sinn als die Tasten des Computers«, hat der bereits zitierte Kurt Weidemann einmal gesagt. Doch die Tasten des Konzertflügels und die Tasten des Computers verschmelzen – sie werden gemeinsam Sinn stiften.

Wie mit allem Neuen, so werden wir auch mit der Netz-

und Medienkultur zwiespältige Erfahrungen machen. Schon heute kreieren Medienmacher und Mediennutzer in einem sich selbst verstärkenden Prozeß mitunter unheimliche Phänomene. »Die kommunikativen Netze setzen Prozesse der Selbstorganisation in Gang, eine Art gigantisches Mediencloning, das wir manchmal belächeln«, sagt der Präsident der Max-Planck-Gesellschaft, Hubert Markl, »vor dem wir aber zum Teil auch schaudernd zurückschrecken.« Und er fügt hinzu: »Früher kannten wir das nur von Miniröcke-Moden, die um die Welt liefen. Jetzt können die Medien die Menschheit in Massenerregung versetzen, wie etwa beim Tod von Diana. Da steigern sich Milliarden Menschen angesichts eines Autounfalls in eine kollektive Trauerbegeisterung hinein.«

Weltpolitik und *soap opera* verschmelzen zur wundersamen Staatsaffäre, wenn vermeintliche oder tatsächliche Seitensprünge eines amerikanischen Präsidenten wochenlang die Topnachrichten prägen. Auch für global operierende Unternehmen resultieren daraus neue Situationen. Sie sehen sich schwer kalkulierbaren kollektiven Reflexen ausgesetzt, die sich in den medialen Netzwerken rasant verstärken; Hoechst verschenkt die Rechte an einer Abtreibungspille, (auch) weil amerikanische Fundamentalisten das Unternehmen ins Visier nehmen könnten. Shell stoppt nach einem Krieg der Bilder die Versenkung einer Ölplattform und beugt sich dem Reinheitsgebot selbsternannter Weltenretter. Eine Kartellauseinandersetzung zwischen Microsoft, seinen Konkurrenten und dem US-Justizministerium um Zugangssysteme zum Internet rückt 1997 zum erstenmal einen Multi des virtuellen Zeitalters in den Brennpunkt der Empörung. Windows wird in der öffentlichen Berichterstattung zeitweise zum Reich des Bösen, und Bill Gates zum Dämon des 21. Jahrhunderts.

In politischen Auseinandersetzungen – beispielsweise um Menschenrechte und Demokratisierung – werden immer häufiger multinationale Unternehmen für Stellvertreterkriege auserkoren, so als gäbe es die verantwortlichen Regierungen überhaupt nicht. Das Schicksal der Ogoni-Minderheit in Nigeria und die Hinrichtung des Schriftstellers Ken Saro-Wiwa wurden in der Bundesrepublik nur deshalb ein Thema, weil Shell in Nigeria Öl fördert.

Die Kommunikationswissenschaftler Wolfgang Donsbach und Dietmar Gattwinkel von der Universität Dresden schreiben dazu: »Der Zynismus der Situation bestand gerade darin, daß ohne die Skandalisierung von Shell Nigeria wahrscheinlich nie zu einem Thema geworden wäre, andererseits aber diese Focussierung Aufmerksamkeit von den politischen Verhältnissen abgezogen und damit zur Stabilisierung des Unrechtsregimes beigetragen hat.«

Bedrängte Menschen in aller Welt haben offensichtlich erst dann eine Chance, wahrgenommen zu werden, wenn dort zufällig ein Multi investiert. Bei den Protesten in den Industrienationen geht es den Kritikern oft gar nicht vorrangig um das Schicksal der Menschen in den betreffenden Ländern, sondern um den Kampf gegen bestehende Wertsysteme hierzulande. Eine neue Art von Beschaffungswesen transportiert Konflikte aus der zweiten und dritten Welt in die Industrienationen; in der Substanz richtet sich die Anklage aber statt gegen die dortigen Parteien und Regime paradoxerweise gegen die westlichen Demokratien und Wohlstandsgesellschaften. Die Kommunikationswissenschaftler Donsbach und Gattwinkel räumen Deutschland für solche Vorhaben einen echten Standortvorteil ein: »Es ist als sozialwissenschaftliche und politische Tatsache unbestritten, daß Deutschland ein besonders geeignetes Terrain ist, um moralische Feldzüge gegen politische, soziale oder technologische Sachverhalte zu führen.« Auch mit diesem kulturellen Phänomen müssen wir wohl leben.

Minds of Change

Man gibt immer den Verhältnissen die Schuld für das, was man ist. Ich glaube nicht an die Verhältnisse. Diejenigen, die in der Welt vorankommen, gehen hin und suchen sich die Verhältnisse, die sie wollen, und wenn sie sie nicht finden können, schaffen sie sie selbst.

George Bernhard Shaw, Schriftsteller

Die Schwalben vor dem Sommer: Ganz unterschiedliche Menschen, die den Wandel bereits zu ihrer Sache gemacht haben

Dieses Kapitel ist jenen gewidmet, die der Maxime huldigen: »Geht nicht« gibt's nicht. Personen und Projekte sind völlig unterschiedlich, aber sie eint der Mut zum Risiko und der Wille, etwas Neues zu gestalten. Bedenkenträgerfreie Zonen sind in Deutschland möglich, und sie bringen vielfach schon große Erfolge hervor. Wir brauchen nur mehr davon.

Neues Fahrwasser

Alle haben ihn gewarnt: die Freunde, die Kollegen, die Familie. Doch Peter Heinrich meint, er sei halt »ein bißchen verrückt«. Die meisten Mitmenschen dürften ihm dies auch sofort bestätigen: Der Mann kündigt einen gutdotierten Job beim Münchner Chemieunternehmen Wacker, tauscht 70 Mitarbeiter, viel Geld und viele Kunden gegen das Prinzip Hoffnung ein.

Zusammen mit drei Forschern der Ludwig-Maximilians-Universität machte er sich vor vier Jahren selbständig und gründete eine neue Biotechnologiefirma namens Medigene. Aus der winzigen Keimzelle von damals ist inzwischen eine Aktiengesellschaft mit 34 Mitarbeitern geworden, die unter anderem mit dem Pharmagiganten Hoechst Marion Roussel einen Kooperationsvertrag abgeschlossen hat. Medigene soll auf der Basis der Enzymforschungsergebnisse einen Impfstoff gegen Hautkrebs entwickeln.

»Notgedrungen betreibt die neue Garde der Biotechniker

ein riskantes Geschäft mit der Zukunft«, schreibt der *Spiegel*, »sie setzt auf die Hoffnung von Kranken, die auf Heilung warten – und auf die Geldgier der Börsianer, die die Entwicklung eines Medikaments vorfinanzieren, um im Erfolgsfall ihren Einsatz zu vervielfachen.« (Wobei hier die Randbemerkung gestattet sei, daß Risikokapital kein Wucher ist, sondern einen echten Dienst an der Volkswirtschaft darstellt.)

Peter Heinrichs Unternehmen ist in Martinsried bei München ansässig. Dort hat sich inzwischen mit Unterstützung des Freistaates Bayern ein ganzer Cluster von kleinen Biotechnologiefirmen, Ablegern großer Konzerne und von Forschungs- sowie Universitätseinrichtungen gebildet: das Innovations- und Gründerzentrum Biotechnologie Martinsried mbH (IZB). Eingeweihte sprechen verheißungsvoll vom »Isar Valley« (s. a. Biotechnologie im Kapitel »Katalog der Hoffnung«).

Auch Olaf Wilhelm, ehemaliger Oberarzt im Bereich Gynäkologie und Onkologie an der Uniklinik der TU München, wagt im Umfeld der Münchner Biotechnologieszene einen neuen Aufbruch. Die Suche nach einer neuen Herausforderung mit 36 Jahren, Interesse an der Forschung und eine gute Geschäftsidee gaben den Ausschlag für den Sprung heraus aus der gesicherten Arztkarriere und hinein in die Selbständigkeit. Der Vater von zwei Kindern gründete zusammen mit zwei kompetenten Kollegen, Professor Schmitt und Doktor Magdolen aus der klinischen Forschungsgruppe, die Wilex Biotechnology. Geschäftsziel ist die Entwicklung von Medikamenten für neuartige Methoden der Krebstherapie. Kurzfristig werden in dem neuen Unternehmen zwölf Arbeitsplätze entstehen. Olaf Wilhelm gewann den McKinsey-Busineßplan-Wettbewerb, mit dem besonders durchdachte Geschäftsideen gefördert werden. (s. a. Busineßplan im Kapitel »Katalog der Hoffnung«). »Wichtig ist die richtige Mischung aus Risikobereitschaft auf der einen Seite und die Vermeidung unnötig hoher Risiken auf der anderen Seite«, sagt der Mediziner. Wesentlich für das Überleben der jungen Firma ist, mehrere Eisen im Feuer zu haben. Wer nur ein einzelnes Projekt verfolgt, kommt schnell in Schwierigkeiten. Wilhelm: »Auf unserem Gebiet kann sich ein wirksames Medikament schnell als unverträglich für den Einsatz am Menschen herausstellen.« Doch in fünf bis sechs Jahren erwarten die Forscher einen Durchbruch für ihre neuen Therapeutika. Das mittelfristige Ziel des Gründers: »Ich möchte unser Unternehmen bis zur Börsennotierung bringen.«

Der Mut der mittleren Generation hat ansteckende Wirkung. Prominentestes Beispiel: Peter Stadler, »Biotechnik-Guru« *(Wirtschaftswoche)* der Bayer AG, warf seinen Job als Leiter des Bereichs Pharma-Biotechnologie hin, um mit 52 Jahren die Artemis Pharmaceuticals AG zu gründen. Mit im Boot: die lebenserfahrenen Wissenschaftler Medizin-Nobelpreisträgerin Christiane Nüsslein-Volhard und der Genetiker Klaus Rajewsky, ein Nobelpreis-Kandidat.

Ulrich Aldag, einst Leiter des Boehringer Diagnoselabors, verabschiedete sich 1986 ebenfalls von 600 Mitarbeitern und ließ sich von drei visionären Wissenschaftlern als Finanzmanager für ihre StartUp-Company abwerben. Daraus entstand die Hildener Qiagen GmbH, die einzige börsennotierte deutsche Biotech-Firma mit 600 Mitarbeitern. Sie ist inzwischen zum Weltmarktführer bei der Reinigung und Analyse von Nukleinsäuren aufgestiegen (s. a. »Katalog der Hoffnung«). Doch Ulrich Aldag ist längst wieder zu neuen Ufern aufgebrochen: Als Spin-off aus der Qiagen GmbH entstand die Evotec BioSystems GmbH mit inzwischen schon wieder 70 Mitarbeitern und Kooperationsverträgen mit Pharmariesen wie Novartis und SmithKline Beecham.

Alles wird gut

Als Hamburgs Umweltbehörde das marode Stadtgut Wulksfelde 1989 an ein Team junger Biobauern verpachtete, stieß der Schritt bei Bürokraten, Politikern und Journalisten auf heftige Bedenken. Die Tonlage der Kritiker läßt sich mit einer *Bild*-Schlagzeile vom Frühjahr 1989 zusammenfassen: »Chaoten aufs Staatsgut Wulksfelde?« Doch die damals als Landchaoten Verdächtigten werden heute als vorbildliche Unternehmer gepriesen. Sie haben den baufälligen Zuschußbetrieb, in dem zuvor jährlich eine halbe Million Mark versickerte, in ein florierendes Biogut verwandelt, das der Stadtkasse jährlich 50000 Mark Pacht überweist und 22 Mitarbeiter beschäftigt. Modernes Management, neue Technik und neue Ideen sowie ein geschicktes Marketing stellen die herkömmliche Sicht der Landwirtschaft auf den Kopf. Hier hat sich ein Team junger, bestens ausgebildeter Agraringenieure, Landschaftsarchitekten, Landwirte und Umwelttechniker zusammengetan, das seine Vision vom Arbeiten auf und Leben von dem Lande verwirklicht. Der 267-Hektar-Betrieb, am nördlichen Stadtrand von Hamburg gelegen, beliefert mittlerweile die Firmenrestaurants renommierter Konzerne wie Lufthansa und Volksfürsorge. Doch ein Gutteil der Ernte wird weiterhin über den eigenen Hofladen vertrieben. Der gleicht freilich mehr einem Feinkostsupermarkt als dem herkömmlichen Körnerlädchen mit selbstgestricktem Öko-Appeal.

Im weißen Herrenhaus, das einer TV-Vorabendserie über Landadel-Intrigen als Kulisse dienen könnte, brüten die Pächter über Büchern, Bilanzen und Planskizzen. Mit ihrer Eco Region GmbH stehen Andreas Brandt und Uwe Westebbe Landwirten, Umweltverbänden und staatlichen Institutionen in Planungsfragen beratend zur Seite. Gut Wulksfelde ist die beste Werbung für ihre Kompetenz, besonders bei den Kunden, die den Hof noch aus früheren Zeiten kennen. Als Senioradviser dient ein pensionierter Marketingfachmann dem Unternehmen und weiß, wie man Bioware am besten verkaufen kann. Nicht nur über effiziente Arbeit und Verläßlichkeit gegenüber den Kunden. »Wir«, sagt der ehrenamtliche Helfer verschmitzt, »verkaufen auch eine Idee.«

Und die überzeugte inzwischen auch den ehemaligen Seniorchef des Hamburger Diamantwerkzeugherstellers Georg Winter. Nach dem Verkauf seines Unternehmens hat er seinen Beschäftigten eine Million Mark in Form von Anteilsscheinen an dem Hamburger Biogut vermacht. Die Industriearbeiter werden dadurch zu Miteigentümern des Biogutes. Als Gegenleistung für ihre Kapitalbeteiligung erhalten sie eine Rendite in Form von landwirtschaftlichen Produkten. Sie können in ihrer Freizeit den Hof besuchen oder sogar mit anpacken. Andreas Brandt hofft, daß die qualifizierten Maschinenbauer sich bei der Reparatur oder dem Neubau von Anlagen auf dem Gut engagieren. Das Experiment erschließt der Landwirtschaft eine neue Form der Kapitalbeschaffung, verbindet höchst erfolgreich bäuerliche und industrielle Kultur, schafft neue Formen sinnvoller ehrenamtlicher Tätigkeit – und verdient auch noch Geld. Auch dies galt unter den sogenannten Fachleuten als völlig unmöglich.

Nicht in die Röhre geschaut

Werner Dieter, Chef des mit Röhren- und Anlagenbau groß gewordenen Mischkonzerns Mannesmann, sondierte Ende der achtziger Jahre bei den »Amtsbaufirmen« der deutschen Bundespost, ob dort Interesse am künftigen Mobilfunkmarkt bestünde. Ergebnis: eigentlich nicht. Auch in einem von der Bundespost separaten Netzbetrieb schien keines der

Unternehmen künftige Geschäftsmöglichkeiten für sich zu erkennen. Ganz anders Dieter, für ihn war das strategische Ziel klar: Er wollte mit einem Mobilfunknetz am seiner Ansicht nach stark steigenden Geschäft mit Mobilfunktelefonen teilhaben. Mit Hilfe erfahrener amerikanischer Partner und USA-erfahrener Manager wagte er den Einstieg. Und beinahe hätte den frühen Vogel die Katze gefangen: Als Software-Ingenieure aus aller Herren Länder zu Spitzengehältern eingekauft werden mußten, wuchs der Widerstand in den Reihen alter Mannesmannkämpfer. Der Vorwurf eines »strategischen Fehlers« verstummte erst, als der Handyboom in Deutschland den Markt explodieren ließ. Mannesmann erzielte mit seinem D2-Netz gigantische Zuwächse und ungeahnte Erträge. 1995 trug Mannesmann Mobilfunk zum Ergebnis der Konzernmutter bereits mit über 90 Prozent (!) bei und erzielte 1996 einen Gewinn von 1,15 Milliarden Mark. Inzwischen ist allen klar, welch weitsichtige unternehmerische Entscheidung hier Anfang der neunziger Jahre getroffen und unter Dieters Nachfolger Jochen Funk kraftvoll weiterentwickelt wurde. Die Abrundung der Position durch den Kauf des Festnetzes der Deutschen Bundesbahn (ARCOR) war nur die logische Folge. Mannesmann stellt sich heute mit seinen Telekom-Interessen weit besser dar als viele andere europäische Anbieter. Der traditionelle Röhren- und Anlagenbauer hat sich durch sein Telekom-Engagement eine ungewöhnlich positive strategische Position gesichert.

Auf der jüngsten Hauptversammlung im Mai 1998 wurde das Vorstandsteam Funk und sein Nachfolger Esser – ebenso wie der Telekom-Vorstand Mihatsch – ob dieser weitsichtigen strategischen Geschäftspolitik mit Lob überschüttet.

Zwei kamen durch

Am 18. Januar 1993 erschien die erste Ausgabe von *Focus*. Mehr oder weniger die gesamte Branche wünschte dem Projekt einen fröhlichen Untergang. Ein zweites Nachrichtenmagazin in Deutschland galt als nicht durchsetzbar. Selbst der Verlag Gruner und Jahr hatte Überlegungen verworfen. Das Unterfangen von Verleger Hubert Burda und seinem Chefredakteur Helmut Markwort galt als glatter Selbstmord. Ein Angriff auf die *Spiegel*-Leserschaft schien nahezu aussichtslos. Das Hamburger Flaggschiff segelte unangefochten mit 1,1 bis 1,2 Millionen Lesern Woche für Woche. Viele Branchendienste und Fachjournalisten wiesen nach, daß *Focus* zweifelsfrei zum Scheitern verurteilt sei.

»Garantien für den Erfolg gibt es nicht«, schrieb die *Frankfurter Allgemeine* zum Erscheinen. Außer einigen Getreuen gab es eigentlich kaum jemanden, der Hubert Burda Mut gemacht hätte (und die Redaktion war damit beschäftigt, sich selbst Mut zu machen). Trotz gelegentlicher Selbstzweifel und anfangs eher spärlich eintreffender Anzeigenzusagen hielt Burda Kurs. Er ließ Helmut Markwort bei der Gestaltung des Magazins völlig freie Hand und ging mit teurer Technik voll ins Risiko: Graphisch und informationstechnisch war nichts gut genug. *Focus* wurde von Anfang an ins digitale Zeitalter eingebunden und hat weltweit Zugriff zu Netzen, Archiven und Übertragungsmöglichkeiten.

»Deutschland braucht kein zweites Nachrichtenmagazin«: diese Antiparole aus den ersten Lebenswochen von *Focus*, in meterhohen Lettern an eine Münchner Mauer gepinselt, erwies sich als der wohl größte Irrtum in der deutschen Pressegeschichte nach dem Kriege. Die Branche mäkelte (»Häppchen-Journalismus«, »Gedrucktes Fernsehen«), doch den Lesern gefiel das neue Magazin. Von Woche zu Woche stieg die Auflage auf heute über 800000 verkaufte Hefte (Ende

1997). Einzelne Ausgaben erzielten schon Verkäufe von 955 000 Exemplaren.

Das redaktionelle Konzept mit kurzen Geschichten, vielen übersichtlichen Grafiken und einer Menge Nutzwert – vom Börsentip bis zum Ärztevergleich – kommt an. Die geschickte Fernsehwerbung »Fakten, Fakten, Fakten« schaffte es gar zum geflügelten Wort. Ein Teil der Leser wurde dem *Spiegel* abgenommen, ein Teil kommt vom *Stern* und anderen Magazinen. Daneben stieß *Focus* aber offensichtlich auf einen neuen Lesertypus, der vorher keine Heimat hatte – und von dem folglich auch keiner etwas ahnte. Hubert Burda stellte einen scheinbar zementierten Markt auf den Kopf und bewies, daß selbst mächtige Reiche mit dem Mut der Furchtlosen angreifbar sind. Als er kürzlich seinen 58. Geburtstag feierte, bedankte er sich noch einmal ausdrücklich bei Helmut Markwort und seinem Team. Das größte Kompliment machen Burda und Markwort aber die Wettbewerber. Erst wurde *Focus* belächelt, dann bekämpft – und inzwischen vielfach nachgeahmt.

Volldampf fürs Vakuum

Weltklimakonferenz im japanischen Kyoto Ende 1997. Das große Treffen von Politik, Wirtschaft, Wissenschaft und Umweltschützern wird begleitet von einem Markt der Zukunftsmöglichkeiten. Forscher, Ingenieure und Techniker haben hier ihren Auftritt. Sie zeigen, was man könnte, wenn man nur wollte. Darunter ist auch ein kleines Unternehmen aus Erlensee bei Hanau vertreten.

ALD Vacuum Technologies GmbH stellt seine Vakuum-Thermische Recyclinganlage (VTR) vor. Aus Sondermüll wie Batterien oder öl- und schwermetallhaltigen Schleifschlämmen gewinnen die findigen Deutschen Wertstoffe wieder. Allein in Deutschland fallen 70000 Tonnen solcher Schleifschlämme an. Schwermetalle wie Zink, Blei, Cadmium oder Quecksilber sind wertvolle Rohstoffe – aber sie gehören aufgrund ihrer Giftigkeit nicht in die Umwelt. Was früher als gefährlicher Müll auf Deponien endete, kann heute in den Produktionskreislauf zurückgeführt werden.

Politiker, Staatsbeamte und Wirtschaftsfachleute hören in Kyoto staunend den Ausführungen der Erfinder zu. Albrecht Melber, Sprecher des fünfköpfigen Teams, gilt in der Entsorgungsbranche als der Schatzsucher vom Dienst – und ist entsprechend gefragt. Angefangen hat das alles klein, bescheiden, im häuslichen Keller mit ersten Experimenten. Niemand hat damals geglaubt, was aus der hartnäckigen Heimarbeit werden sollte, bis das Projekt 1996 eine erfolgreiche Dynamik bekam: Für ihr intelligentes Vakuum-Recyclingverfahren erhielten Melber und Kollegen den Philip Morris-Forschungspreis. »Der Preis«, so erinnert sich Melber, »hat uns aufgrund der Publicity den Durchbruch ermöglicht.«

BDI-Chef Hans Olaf Henkel läßt sich im Trubel von Kyoto interessiert die Erfindung erläutern. Die Sache hat etwas Genialisches. »Sie beruht auf einem Phänomen«, so erklärt Melber, »von dem viele irgendwann einmal im Physikunterricht gehört haben.« Das Naturgesetz dahinter: Je niedriger der herrschende Umgebungsdruck, um so niedriger ist auch die Temperatur, bei der eine Substanz verdampft. Auf dem Mount Everest beispielsweise, wo der Luftdruck nur noch rund ein Drittel des normalen Wertes beträgt, siedet Wasser bereits bei deutlich unter hundert Grad. Albrecht Melber und seine Miterfinder haben dieses Prinzip dem Recycling erschlossen.

Die Grundüberlegung ist folgende: Man nehme einen Joghurtbecher, stelle ihn unter eine Glasglocke und pumpe die Luft auf einen Druck unterhalb einer hundertstel Atmosphäre ab. In diesem Vakuum wird der Joghurtbecher schon bei 150 Grad vollständig in Gas umgesetzt. Als Feststoff bleibt lediglich ein wenig Titanoxidpulver übrig, mit dem der Becher eingefärbt worden ist. Und was mit einem Joghurtbecher funktioniert, klappt vom Prinzip her auch mit Sondermüll wie alten Batterien. Mit Hilfe des Vakuums wird das umweltgefährdende Quecksilber kontrolliert aus den Akkus verdampft und über einen kalten Abscheider zur Wiederverwendung gesammelt. Eigentlich ganz einfach, man muß nur darauf kommen.

Nachdem seine Erfindung dank dem Preisgewinn endlich in der Zeitung stand, bekam Albrecht Melber Post aus Japan. Von dort machte sich eine vielköpfige Delegation von Staatsbeamten, Universitätsprofessoren und Stahlproduzenten auf ins kleine Erlensee. »Wir forschen seit zehn Jahren an einer solchen Anlage«, sprachen die Reisenden aus dem Land der aufgehenden Sonne zu Melber. Dann verneigten sie sich in Ehrfurcht: »Hier steht sie plötzlich.« Inzwischen steht sie auch in Japan: In einem Gemeinschaftsunternehmen mit Partnern aus Fernost entsorgt ALD dort als Dienstleister Altbatterien.

Wir nehmen erfreut drei Dinge zur Kenntnis. Erstens: Mit Ökologie läßt sich Geld verdienen. Zweitens: Richtig verstanden und nach vorne gedacht, begünstigt Ökologie Neugründungen und schafft Arbeitsplätze. Drittens: Dies alles ist am Standort Deutschland möglich. Inzwischen findet das Vakuum-thermische Recyclingverfahren weltweit Anwendung. Melbers Arbeitgeber ALD Vacuum Technologies installierte in Europa, Nordamerika, Kanada und Japan solche Anlagen. Auch Malaysia steht bereits auf der Liste mit den Auftragseingängen.

Anfang 1998 lieferte ALD die bislang größte Vakuum-Recyclinganlage der Welt aus. Bei der Gesellschaft für Metallrecycling GMR in Leipzig können jetzt drei Tonnen Problemstoffe pro Charge verarbeitet werden. Darunter werden sein: quecksilberkontaminierte Rohre aus der Gasindustrie, Zellen aus der Chlorchemie, Quecksilberbatterien sowie quecksilberkontaminierte Gleichrichter. Als Schwerpunkt für das Verfahren hat sich insgesamt das Recycling von Batterien und Schleifschlämmen herauskristallisiert, daneben sind viele weitere Anwendungen denkbar. Albrecht Melber: »Der Markt ist riesig.«

Das mußte auch internationalen Kapitalanlegern ins Auge stechen. Ergebnis: Das Unternehmen ALD wanderte inzwischen aus dem Portfolio der Degussa in den Besitz des amerikanischen Rentenfonds Safeguard International. Die Amerikaner entdecken zusehends ihr Herz für kleine und eher vernachlässigte deutsche High-Tech-Unternehmen und sind bereit, Risikokapital in die lukrativen Zukunftsmärkte zu investieren.

ALD erzielt mit der Produktion von schmelzmetallurgischen Anlagen und 280 Mitarbeitern einen Umsatz von 140 Millionen Mark, das hoffnungsvolle Pflänzchen Vakuum-Recycling soll sich von derzeit etwa sechs Millionen Mark mittelfristig auf 20 Millionen steigern.

Die kapitalstarken Amerikaner ermöglichen den jungen Erfindern aus Erlensee (alle fünf Preisträger sind noch im Team beisammen) eine unternehmerische Doppelstrategie: Sie setzen sowohl auf den Verkauf kompletter Anlagen als auch auf den Betrieb eigener Recyclingöfen als weltweiter Entsorgungsdienstleister. »Wir haben auf unserem Gebiet einen Know-how-Vorsprung von mehreren Jahren«, freut sich Albrecht Melber auf die Zukunft.

Frivole Idee

»Eigentlich war es eine frivole Idee, sich 1972 mit null Kapital auf dem Gebiet der Datenverarbeitung selbständig zu machen«, erzählt Dietmar Hopp, einer der Gründer von SAP (Systemanalyse und Programmentwicklung). Die Szene wurde damals von IBM und Siemens beherrscht. Die Idee, standardisierte Software-Pakete zu entwickeln, hatte Hopp und seinen Kollegen Hasso Plattner schon als Angestellte bei IBM umgetrieben. Ihre Vision: Würden alle Geschäftsvorgänge in einer Art Dialog mit dem Computer prompt und möglichst vollständig bearbeitet und stünden die neuen Informationen sofort allen Mitarbeitern zur Verfügung, ließe sich damit die Voraussetzung für völlig neue Formen der Integration von Geschäftsprozessen schaffen. Was heute selbstverständlich klingt, war damals revolutionär. Doch IBM erkannte das Potential nicht. Plattner, der unübertroffene Technikspezialist, und Hopp, der geniale Kaufmann, wagten den Absprung. Hopp: »Wir waren besessen von der Idee der Entwicklung einer Standardsoftware, nahmen keine üblichen Programmarbeiten an. Reichtümer erstrebten wir nicht, und die Familien konnten wir allemal ernähren.« Für viele Jahre sollte die kleine SAP der einzige Hersteller von integrierten Echtzeitsystemen im Bereich der kaufmännischen Verwaltung bleiben. Dem Nischenanbieter räumte man allenfalls eine zeitweise Chance ein.

Heute hat sich die SAP zu einem global orientierten Unternehmen entwickelt und ist in über fünfzig Ländern mit rund 15000 Mitarbeitern präsent. Im Jahr 1997 wurden mit der Businеß-Software sechs Milliarden Mark Umsatz und 924 Millionen Mark Gewinn erwirtschaftet. Der Börsenwert der Neugründung von 1972 übersteigt 1998 den von Daimler-Benz. Wer sich vor zehn Jahren für 15000 Mark statt einem alten Opel SAP-Aktien gekauft hat, nennt heute ein

SAPs stürmisches Wachstum

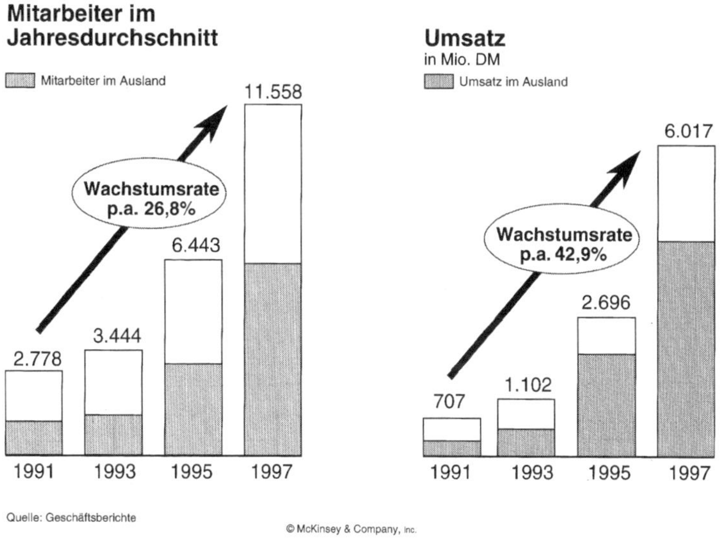

Vermögen von 700000 Mark sein eigen. SAP ist ein Lehrbeispiel dafür, wie eine Marktlücke rechtzeitig entdeckt, besetzt und ausgebaut werden kann.

Wenn man Dieter Hopp, der sich inzwischen aus dem operativen Geschäft zurückzieht, nach den Gründen des Erfolgs befragt, kann er diese sehr genau beschreiben: »In der Software-Industrie gelten andere Gesetze. Mit Kapital und beliebig vielen Köpfen kann man gute Software-Systeme nicht erzwingen. Wichtiger ist es, die richtige Kombination von Köpfen zu finden, dann kann auch ein David einen Goliath schlagen.« Heute ist man in dem Schlüsselgebiet der Informations- und Kommunikationsbranche absolute Weltspitze und hat mit über 65 Prozent Weltmarktanteil eine mehr als doppelt so starke Position wie die drei nachfolgenden Anbieter BAAN, Oracle und Peoplesoft.

Wer in Walldorf das SAP-Gebäude betritt und in den sechsten Stock hinauffährt, dem weht mitten im Badischen ein Stück Silicon Valley entgegen. Die Besucher werden auf Bildschirmen begrüßt, jeder im Haus weiß, wer zu Besuch ist, die Informationen sind allgemein zugänglich, und die Türen stehen offen. Hier treffen Erfahrungen aus Palo Alto und Stockholm, aus Ohio und Paris zusammen und generieren stets eine neue Lösung und einen neuen Wandel. »Vor allem in den siebziger Jahren hat der David SAP von dem bedingungslosen Einsatz der Mitarbeiter und Gründer profitiert«, erinnert sich Dietmar Hopp, »ohne störende Bürokratie erkannten wir, wie effizient und innovativ informelles Teamwork sein kann.« Diese Leistungskultur auch morgen noch zu halten mit 20000, ja 30000 Beschäftigten und stets der Konkurrenz die berühmte Nasenlänge voraus zu sein nannten Dietmar Hopp und Hasso Plattner *die* Herausforderung schlechthin anläßlich ihrer Aufnahme in die deutsche »Business-Hall of Fame« im Mai 1998.

Auf die Frage, was ein Unternehmen tun muß, um den gleichen Erfolg wie SAP zu haben, erklärt Hasso Plattner: »Visionen, Ideen, Mut, Können und Ausdauer sind notwendig, um eine neue Firma zu gründen. Nötig ist aber auch ein Finanzierungssystem wie in den USA, wo andere, die das Geld schon gemacht haben, bereit sind, wieder Risiko zu tragen, indem sie einen Teil dieses Geldes in die jungen Firmen investieren. Das Wirtschaftswunder in den USA, zumindest in der High-Tech-Industrie, wäre ohne die Milliarden an *venture capital* nicht denkbar.«

Stimulierendes Umfeld

Wolfgang Huhn, fast zehn Jahre Mitarbeiter und zuletzt wohlbestallter Partner von McKinsey & Company, wagte den Absprung in die Selbständigkeit. »Wichtig ist es, eine neue Problemlösung anzubieten«, betont der Physiker, der mittlerweile zehn Mitarbeiter beschäftigt. Sein Unternehmen Colloid Surface Technologies (CST) entwickelt Oberflächenbeschichtungen, die Hauswände gegen Graffiti oder Autos auf dem Transport schützen. Neue Beschichtungen sollen auch das Enteisen von Flugzeugen überflüssig machen. Huhn war im Rahmen eines Busineßplan-Wettbewerbs auf die Erfinder der Basistechnologie dieser neuen Schutzschichten gestoßen. Er war fasziniert von den Möglichkeiten und hatte gleichzeitig das Gefühl: »Wenn ich mich nicht darum kümmere, dann wird diese Technologie in absehbarer Zeit nicht verwertet.«

Dem Ex-Berater von McKinsey gelang rasch das, woran viele scheitern: Risikokapital für Entwicklung und Markteinführung zu beschaffen. »Banken wollen immer Sicherheiten – und wenn es das Einfamilienhäuschen ist«, rät er von dem Versuch, eine Neugründung mit Bankengeld zu finanzieren, ab. In Gründerzeiten bewegen sich die Kreditangebote der Geldhäuser in Größenordnungen um 40000 Mark, soviel braucht ein neugegründetes Chemieunternehmen aber pro Woche.

Doch die Banken sind nicht das einzige Hindernis, gegen das der Jungunternehmer kämpfen muß. Die staatlichen Genehmigungsverfahren beschreibt er immer noch als teilweise »unglaublich«.

So entstehen in seinem Unternehmen Abwässer, für die es strenge Umweltauflagen gibt. Die Werte müssen zunächst vier Wochen lang auf ihre Abbaubarkeit hin untersucht, das heißt gemessen werden. Während die Abbaubarkeit schon nach sieben Tagen wissenschaftlich nachgewiesen ist, liegen die Ergebnisse drei bis vier Monate beim zuständigen Regierungspräsidium, bis die Genehmigung schließlich erteilt wird. Das macht eine aufwendige Lagerung der Abwässer erforderlich. Nach Wolfgang Huhns Ansicht »sollte eine solche Genehmigung innerhalb von einem Tag da sein, denn entweder hält man die Grenzwerte ein, oder man tut es nicht«.

Dabei hat das junge Unternehmen noch ein ausgesprochen günstiges Umfeld. CST befindet sich auf dem Gelände des Industrieparks Kalle-Albert. Der Hausherr InfraServ stellt eine ausgezeichnete Infrastruktur zur Verfügung und hilft auch bei den komplizierten Anträgen für Abwasser und Immissionsschutz.

Für Wolfgang Huhn ist CST ein Projekt und kein idealistisches Lebensziel. Dennoch »schläft er etwas schlechter«, seit er den Sprung ins unternehmerische Risiko gewagt hat. Bei Beamten oder Bankern hat er mitunter das Gefühl, »ein wenig mitleidig« betrachtet zu werden. Die Aufgabe eines sicheren Arbeitsplatzes wird nicht als »Mut« gewertet, sondern eher mit einem achselzuckenden »selbst schuld« abgetan.

Ein richtiges lebendiges Vorbild besitzt der Physiker nicht. In Deutschland faszinieren ihn schon die legendären Gründer aus dem 19. Jahrhundert. Heute bewundert er dagegen Unternehmen wie Sun oder Cisco in Silicon Valley, die Tausende von Arbeitsplätzen geschaffen haben: »Das würde ich als sehr zufriedenstellend empfinden.«

Ideen für deutsche Arbeitsplätze sprudeln aus Wolfgang Huhn nur so heraus: »Wie müssen unser Bildungsystem vermarkten, wie es in den USA mit den Business Schools vorgemacht wird.« Und dann fügt er hinzu: »Warum gründen wir nicht in Wolfsburg eine Automotive School, wo die Welt lernen kann, wie man gute Autos entwickelt?« Auch im deutschen Gesundheitssystem steckt nach seiner Meinung ein Potential, das wiederentdeckt und wiederbelebt werden muß: »Früher kamen ausländische Patienten nach Deutschland in die Krankenhäuser, das muß wieder so werden.«

»Die Unkräuter im Getreide sind nicht so schön«, befindet Herr Pahl, »dafür sind die Ställe wieder in Schuß.« Ansonsten habe sich nicht viel geändert. »Ich mache im Prinzip das gleiche wie vorher: Technik, Werkstatt, Maschinen.« Gerhard Pahl ist Traktorist. Nach vierzig Jahren Planerfüllung und Produktionsschlacht ist er plötzlich auf einem Ökogutshof gelandet, und das, ohne den Arbeitsplatz zu wechseln.

Die vier neuen Pächter aus dem Westen haben auf dem Rügener Hofgut Bisdamitz eine marktwirtschaftliche Bestleistung vollbracht. In nur drei Jahren verwandelten sie die Ruine in einen florierenden Biobetrieb, der bereits schwarze Zahlen schreibt. »Ich hatte Zweifel, ob die wissen, worauf sie sich da einlassen«, sagt Manfred Köhler, Chef eines benachbarten Milchbetriebes mit 2200 Rindern. Eine Rügener Lokalzeitung beschrieb Bisdamitz 1994 so: »Der Anblick ist alles andere als einladend, marode Bausubstanz, abgedeckte Dächer. Kaum vorstellbar, daß hier Leute wohnen.«

Damals wohnten »die Neuen« erst ein paar Wochen in dem alten Herrenhaus neben der Blutbuche. Und sie wußten, worauf sie sich eingelassen hatten. Bevor sie die Ställe und Scheunen kauften und die 220 Hektar Land pachteten, hatten sie gezählt, wie viele Autos pro Tag am Hofgut vorbeifuhren. Sie waren fest davon überzeugt, daß in diesen Autos ihre Kunden saßen.

Bisdamitz liegt an der Allee zum Nationalpark Jasmund. Zu Tausenden jagen Rügenurlauber dort einem Mythos nach. An sommerlichen Wochenenden drängeln sie sich auf dem Königsstuhl, Deutschlands beliebtester Klippe. Doch den Anblick, den die Inselpilger suchen, gibt es gar nicht. Er existiert nur in Öl auf Leinwand. Caspar David Friedrichs berühmtes Gemälde vom Kreidefelsen zeigt nicht den

Königsstuhl, sondern ist eine Komposition aus verschiedenen Impressionen, die der romantische Maler auf Rügen skizzierte.

Aber das macht nichts. Es bleiben der Blick auf die stahlblaue Ostsee, ein Spaziergang durch den urwüchsigen Buchenwald und das Gefühl, einmal dort gewesen zu sein. Und es bleiben Hunger und Durst, die sich besonders auf dem Rückweg unangenehm bemerkbar machen. »Eine wunderbare Lage, um unsere Produkte selbst zu vermarkten«, dachte Rolf Haug, auf Bisdamitz zuständig für Schafe und Finanzen. Die vier Gutsherrinnen und -herren beschlossen, einen kleinen Verkaufskiosk vor ihre Hofauffahrt zu stellen. Dort könnten sie die Touristen mit selbstgemachten Käsen, Würsten, Brot, Marmelade und Getränken versorgen. Ihre Rechnung ging auf: Die Bude macht an sommerlichen Spitzentagen 2500 Mark Umsatz. So schufen die Neu-Insulaner ihr kleines Wirtschaftswunder und bauten es sogleich zu einem Jobwunder aus.

Brigitte Haug, zuständig für Weiterverarbeitung und Vermarktung, betrieb einst eine Gaststätte auf der Hallig Hooge. Die Schweizerin Barbara Oertli kümmert sich um die Milchkühe. Sie wuchs in Kalifornien auf, arbeitete in einem Drogenprojekt und betreute Kinder beim therapeutischen Reiten. Ihren Freund Christoph Winterling, der auf Bidamitz für Ackerbau und Weiterverarbeitung verantwortlich ist, lernte sie an der Eidgenössischen Technischen Hochschule in Zürich kennen. Beide erforschten dort neue, tierfreundliche Haltungsformen für Rinder. Die wissenschaftlichen Ergebnisse der beiden Agrarakademiker kommen jetzt den rotbunten Bisdamitzer Kühen zugute.

»Die haben sich nicht einfach mit einem Batzen Geld hier reingesetzt, um zu warten, bis die Grundstückspreise steigen«, anerkennt Nachbar Manfred Köhler. Auf dem Hofgut Bisdamitz gibt es heute mehr Arbeitsplätze als zu DDR-

Zeiten. Außer den Pächtern arbeiten 14 Menschen in den Werkstätten und Ställen, auf den Äckern, in der Käserei und im Verkauf. Wer Arbeitsplätze schafft, überzeugt in Mecklenburg-Vorpommern mehr Menschen vom Biolandbau als jede Diskussion um Bodenverseuchung, Fabrikställe oder die Vorzüge von Frischkornmüsli. »Ich habe hohen Respekt vor dem, was die geleistet haben«, sagt Nachbar Köhler, der auf seiner Ex-LPG 120 von 150 Landarbeitern entlassen mußte.

Eine Erhebung der Münchner Schweisfurth-Stiftung für ökologischen Landbau (sie wurde von dem ehemaligen Herta-Inhaber Karl Ludwig Schweisfurth gegründet) ergab, daß auf Ökobetrieben rund ein Drittel mehr Menschen arbeitet als auf konventionellen Höfen. Dieser positive Nebeneffekt der ökologischen Landwirtschaft hat verschiedene Gründe: Die Tiere werden besser betreut und die Böden sorgfältiger gepflegt. Das kostet Zeit und macht Arbeit. Außerdem kümmern sich Biobetriebe viel häufiger selbst um die Veredelung und Vermarktung ihrer Produkte, zwei Bereiche, die ebenfalls sehr arbeitsintensiv sind. Konventionelle Höfe erzielen dagegen mit immer weniger Menschen immer höhere Erträge: 1952 gab es fast 3,5 Millionen volle Stellen in der Landwirtschaft (in Westdeutschland). 1995 waren es nur noch 571000 (in ganz Deutschland). Während die Zahl der konventionellen Bauernhöfe stetig abnimmt, verzeichneten die Biobauern 1997 ein Plus von fünf Prozent auf mittlerweile 6800 Höfe.

Die Schweisfurth-Stiftung würdigt die »mutige Aufbauleistung« der vier Betriebsleiter mit ihrem Agrar-Kultur-Preis 1998. Und auch der Käse hat kürzlich höhere Weihen bekommen. Stephan von Heinen, Rügens renommierter Spitzenkoch, setzte Bisdamitzer Milchprodukte auf seine Einkaufsliste.

Reduce to the Max

Im Herbst 1998 ist es soweit: Die ersten kleinen Smart-Mobile der zum Daimler-Benz-Konzern gehörenden Firma MCC werden Deutschlands Innenstädte erfreuen. Das erstaunlichste an dem radikalen Konzept ist die Tatsache, daß der Großkonzern Daimler-Benz den Mut hatte, es umzusetzen. Die Bremser haben bei diesem Projekt verloren.

Das kleine, nur 2,50 Meter lange, zweisitzige Stadtauto gilt in jeder Beziehung als revolutionäre Entwicklung. Im Hinblick auf Verkehrsraum, Umweltschutz und Sicherheit geht es völlig neue Wege. Mit dem Smart wird zugleich die Automobilfertigung der Zukunft probegefahren. Doch nicht nur das: Ein völlig neuer Vertrieb verkauft die bunten »Smarties« in den Ballungsräumen aus hohen Glastürmen heraus. Anschauen, Farbe wählen, mitnehmen heißt die Devise. Multimedia und Informationstechnologie werden in das System integriert. Wer will, kann an einem Verkaufsstand im Kaufhaus seinen virtuellen Smart zusammenstellen, am Schirm probefahren und gleich bestellen.

Und wer keinen Smart kaufen will, der kann ihn leihen, leasen oder teilen. Das Unternehmen wird Car-Sharing-Konzepte genauso erproben wie Kombinationen von Bahn-Card- und Smart-Kilometern. Der Schritt vom Autohersteller zum Mobilitätsdienstleister wird mit dem Smart erstmals greifbar. Die schicke Werbung *(reduce to the max)* ist dazu angetan, den Smart zum zeitgemäßen Fortbewegungsmittel in den großen Metropolen zu machen.

Und wie wird dieses innovative Projekt in Deutschland bislang aufgenommen? Mit erstaunlich viel Unkenrufen und Häme. Da wagt ein Unternehmen endlich einmal eine profunde Innovation, bricht Strukturen auf, versucht einen neuen Markt zu schaffen. Und was tun die Wirtschaftsanalytiker und Motorjournalisten? Sie melden Bedenken an.

Credo: Für den Smart sei einfach kein Markt da (vgl. oben, *Focus*).

Die Bedenkenträger seien daran erinnert: Für das Telefax war ebensowenig ein Markt da wie für die CD-ROM, ganz zu schweigen vom Walkman. Deshalb wurden diese Innovationen auch allesamt von den Japanern vermarktet. Japanische Techniker und Marketing-Fachleute fielen auf der Frankfurter Autoausstellung wie die Ameisen über den Smart her. Ein Stoßtrupp baute sogar ungeniert eine optische Vermessungsanlage auf. Der Smart ist eben etwas wirklich Neues, nämlich das, wovon in den Sonntagsreden immer gesprochen wird. Wir wünschen dem Smart jedenfalls von Herzen Erfolg.

Die Wegweiser

Man könnte sich lange über den hochinteressanten Begriff des Komplexitätsverminderers unterhalten. Damit sind Interventionen in komplexen Problemsituationen gemeint, die die Komplexität nicht zerstören, aber dennoch eine raschere Lösung von Problemen ermöglichen. In unserer unmittelbaren Vergangenheit kam so etwas Ähnliches zustande, allerdings wußte, glaube ich, niemand zu jenem Zeitpunkt, daß das Ergebnis derart problemlösende Wirkung haben würde. Ich meine die Installation des 120 Kilometer langen und rostigen Stacheldrahtes durch die ungarische Regierung an der österreichischen Grenze. Ich glaube, auch der genialste Problemlöser wäre nicht auf diese Idee gekommen. Rollen wir den Stacheldraht auf und betrachten wir einmal, was dann passiert. Das Ergebnis kennen wir alle, etwas, das in anderer Form ohne Blutvergießen wahrscheinlich völlig unmöglich gewesen wäre.

Paul Watzlawick, Psychotherapeut und Schriftsteller, 1992

Von der ersten Wende lernen

Die erste Wende lehrt uns viel. Das Wichtigste: Systeme kippen nicht allmählich, sondern schlagartig. Veränderungen kündigen sich lange an, ohne daß großartig etwas geschieht. Und dann schlägt plötzlich die Qualität um. Wenn die Körpertemperatur eines Menschen von 36,5 Grad auf 39 Grad Celsius ansteigt, dann ist der Mensch krank. Steigt die Temperatur um weitere 2,5 Grad, ist der Mensch nicht einfach kränker, sondern tot. So war das auch mit der ehemaligen DDR.

Nichts blieb, wie es war, und es gab praktisch keine Prognose, die dies voraussah. Daß in der Hektik dieser weltgeschichtlich völlig neuen Situation Fehler gemacht wurden, ist nachvollziehbar. Dennoch fallen sie jetzt, da in Deutschland eine zweite Wende ansteht, mit doppelter Wucht auf uns zurück. Erste und zweite Wende sind ein sich selbst verstärkender Prozeß. Fehler zu machen ist menschlich. Die gleichen Fehler ein zweites Mal zu machen wäre allerdings unverzeihlich.

Aus dem Prozeß der Wiedervereinigung können wir vor allem lernen, daß wir mit gewaltigen Fehleinschätzungen an die ökonomische Bewältigung dieser Wiedervereinigung gegangen sind und so ziemlich alles falsch eingeordnet haben.

Wir haben die einmalige Chance versäumt, in einer Phase, in der die Grenzen des kapitalistischen Wohlfahrtsstaates erreicht waren, ein Experimentierfeld zu nutzen, um den durch die Globalisierung eingetretenen Wandel experimentell zu erproben und Antworten auf die neuen Herausforderungen zu suchen.

Wir hätten als einziges Industrieland in der Welt diese Chance gehabt, doch wir haben geglaubt, mit vier politischen Grundentscheidungen das Problem bewältigen zu können.

Erstens: Der Umtauschkurs eins zu eins, um prinzipielle Sozialkonflikte zwischen Ost und West zu verhindern.

Zweitens: Die Aussage über den Zeitpunkt der Anpassung der Ostlöhne an das westliche Lohnniveau, um eine Wanderungsbewegung vor allem der jungen Generation der Leistungsträger zu verhindern.

Drittens: Die Übertragung unserer Sozialsysteme auf die neuen Bundesländer und Sicherung von Mindesteinkommen sowie die damit verbundene Auslösung von Sozialtransfers in Größenordnungen, mit denen wir nicht gerechnet und die wir nicht richtig kalkuliert haben.

Viertens: Die Übertragung der gesamten westlichen Organisation des öffentlichen Dienstes und des Systems der gesellschaftlichen Kräfte sowie der exklusiven Regelungsdichte auf die neuen Bundesländer. Natürlich mit der Annahme, daß die schwache Volkswirtschaft in den neuen Bundesländern in der Lage wäre, den Spielregeln der starken Volkswirtschaft im Westen zu entsprechen. Bärbel Bohley, die Politikerin des Runden Tisches, formulierte treffend: »Wir wollten Gerechtigkeit und bekamen den Rechtsstaat.«

Darüber hinaus haben wir uns der Illusion hingegeben, es gäbe einen riesigen osteuropäischen Markt, der rasch von den neuen Bundesländern weitergeführt und mit hohen Potentialen erschlossen werden könnte. Zudem glaubten wir, die Verbindung mit dem Westmarkt würde Deutschland in eine besonders dynamische Position im neuen Europa der offenen Grenzen führen.

Bald zeigte sich, daß unsere Annahmen über die Wirkungen falsch waren und nur mit gewaltigen Transferleistungen, nämlich bis zu 200 Milliarden Mark (brutto) pro Jahr, ein künstlicher Zustand gehalten werden konnte, der den Unterschied zwischen Sozialprodukt und Volkseinkommen zu mehr als der Hälfte durch Geldtransfers von West nach Ost ausglich. Die Industrie brach zusammen, und die Spielregeln des Westens führten zu ganz anderen Entwicklungen als erwartet.

Die Marktwirtschaft war außer Kraft gesetzt, während wir unverdrossen propagierten, daß die marktwirtschaftlichen Elemente die Probleme des Ostens rasch lösen könnten. Die Grundbedingung, nämlich der Zusammenhang zwischen Produktivität und Löhnen, war aufgelöst. Damit war aber keineswegs das Prinzip der Planwirtschaft durch die Marktwirtschaft abgelöst. Vielmehr wurde ein neues, unbekanntes Kunstgebilde geschaffen, dessen Auswirkungen wir mit unseren Maßnahmen künstlich zu verhindern versuchten.

Dazu gehörte der Bauboom, der nicht durch echte kaufkräftige Nachfrage ausgelöst wurde, sondern durch gesetzlich neu aufgelegte Steuerabschreibungsmodelle. Erst dadurch flossen riesige Steuermittel zusammen mit privatem Kapital in einen Markt, der keiner war.

Der Versuch, eine Theorie aufzubauen, die den Erhalt sogenannter industrieller Kerne rechtfertigte, führte dazu, daß mit immer neuen Subventionen – gleich, ob aus Mitteln der Treuhand oder aus Steuermitteln – in jedweder Form versucht wurde, Anpassungszeit »zu kaufen«. Dabei wurde übersehen, daß das Ziel der Anpassung gar nicht erreichbar war, weil der Osten durch die steigenden Lohnkosten teurer wurde als der ohnehin im internationalen Wettbewerb zunehmend gefährdete westdeutsche Standort. Zudem federte ein Scheinkonjunkturprogramm vorübergehend die Folgen des Globalisierungsprozesses, mit denen unsere westeuropäischen Nachbarn konfrontiert wurden, ab. Ungeachtet der daraus entstehenden enormen öffentlichen Verschuldung glaubten wir deshalb mit den Wachstumszahlen beweisen zu können, daß das Konzept richtig sei. Dabei zeigen so einfache Zusammenhänge wie der, daß 20 Prozent der Deutschen in den neuen Bundesländern nur 11 Prozent des Bruttosozialprodukts und nur etwa zwei Prozent der Exporte erwirtschaften, den unhaltbaren Zustand an.

Jetzt ist der Bauboom, der teilweise über ein Drittel der gesamten Wirtschaftsleistung ausmachte, jäh zu Ende gegangen. Bis auf ganz wenige hoch subventionierte Ausnahmen sind die altindustriellen Kerne zusammengebrochen, ohne daß im gleichen Ausmaß neue entstanden sind. Nach dem Vorbild des Westens haben wir Industriepolitik in der Weise betrieben, daß wir wider marktwirtschaftliche Erkenntnisse Grenzbereiche der Industrie zu retten versucht haben, doch weitgehend erfolglos. Zweifellos läßt sich rechtfertigen, daß angesichts einer solchen Situation ohne historisches Vorbild und ohne genügend Zeit für die konzeptionelle Arbeit in der beschriebenen Weise begonnen wurde. Aber mit intensivem Nachdenken und der Bereitschaft, Neues zu riskieren, hätten wir mehr erreichen können.

Zum Beispiel haben wir den Begriff der »industriellen Kerne« nie richtig definiert. Im Grunde haben wir dort, wo große Industrieanlagen waren, einfach versucht, den bestehenden Zustand weitestgehend zu erhalten. Im Ergebnis haben wir mit gewaltigen Summen die sozialen Folgen des Industriezusammenbruchs durch Beschäftigungsprogramme und Geldtransfer abzufangen versucht. Dabei ist der geringere Teil in echte Zukunftsinvestitionen geflossen, der weit größere Teil in Konsumtransferausgaben. Eine Statistik der Investitionsmittel, differenziert nach zukunftsträchtigen Industriestrukturen und international abnehmenden Branchen, zeigt das. Beispiele für letztere sind der Schiffbau oder die Mineralölindustrie.

Gewiß gibt es geglückte Beispiele, etwa die Entwicklung in Dresden. Durch Hochtechnologieinvestitionen in die Chip-Industrie sind, verbunden mit Technologietransfer, erfolgversprechende Arbeitsplätze entstanden. Wegen der hohen Investitionen pro Arbeitsplatz sind auch die Löhne verkraftbar. Dasselbe gilt für die Investitionen in die Automobilindustrie in Eisenach und Zwickau und für die Technologieinvestitionen in Jena. Bedenklich sind die Investitionen in den Maschinenbau. Investitionen von bis zu einer Million Mark pro Arbeitsplatz (z.B. bei Werften) halten keiner volkswirtschaftlichen Begründung stand.

Gerade in der Phase, in der uns die Erkenntnisse aus der Globalisierung gezeigt haben, daß wir nur durch die Verbesserung unserer Bildungs- und Forschungsinfrastruktur, durch die Steigerung unserer Innovationskraft und Produktivität vorankommen, haben wir daraus nicht die Konsequenzen gezogen. Deshalb war auch das außerordentliche Wachstum in den neuen Bundesländern in den Jahren 1992 bis 1995 ein Strohfeuer, das jetzt erlischt. Die Großindustrie hat ihre Investitionen im allgemeinen nicht von West nach Ost verschoben, was im übrigen politisch kaum durchsetzbar gewesen wäre, sondern ist in die Billiglohnländer ausgewandert, sowohl nach Osteuropa, was wenigstens der europäischen Entwicklung nützt, wie auch nach Asien und in die USA. Was aber haben wir für die Innovationskraft und den Mittelstand bzw. die Start-ups in den neuen Ländern getan?

Jetzt erst entdecken wir, daß wir die Gelder, die wir in den großen Städten in Bürohäuser und neue Eigentumswohnungen gesteckt haben, die in großen Teilen leerstehen, besser in Risikokapitalfonds oder neue Infrastrukturen investiert hätten. Wenn wir jetzt versuchen, durch Hunderte von Förderprogrammen den Mittelstand hochzupäppeln, müssen wir erkennen, daß dadurch in vielen Fällen keine neuen Arbeitsplätze nachhaltig geschaffen werden. Im mittelständischen Handwerk beispielsweise führt die Förderung dazu, daß die neu gegründeten Unternehmen oftmals die Neugründungen der Vorjahre gefährden, weil die ihre Fördermittel inzwischen verbraucht haben. Der Markt kann in seiner Funktion von Angebot und Nachfrage einfach nicht überlistet werden.

Im Grunde haben wir die fehlerhafte Industriepolitik des Westens auf den Osten übertragen. Wir wissen, daß der Steinkohlebergbau in Westdeutschland auf die Dauer keine Chance hat, die Stahlkapazitäten weiterschrumpfen werden und bei der Umstrukturierung unserer Industrie viele Produktionsbereiche Industriebrachen werden. In gleicher Weise dürfen wir uns der Erkenntnis nicht verschließen, daß wir bei noch so hohen Subventionen im Osten die Probleme in solchen Bereichen durch zusätzliche Kapazitäten nur vergrößern. Deshalb ist es unredlich, mit der Summe von einer Billion Mark, die in den letzten Jahren von West nach Ost transferiert wurde, zu argumentieren und zu behaupten, wenn das nicht reiche, dann sei eben nichts zu machen.

Was die Infrastruktur angeht, so haben wir ganz einfach in vollem Wissen, daß beispielsweise die Güterverkehrsproblematik nicht durch neue Autobahnen gelöst werden kann, ein neues Verkehrskonzept für die neuen Bundesländer versäumt und die Fehlentwicklung im Westen auf den Osten übertragen (zu viele Flughäfen, zu wenige schnelle Schienenwege und die Konzentration auf den Straßenverkehr). Wir haben das Experiment Hochschule nicht gewagt. Wir haben die Hochschulstruktur des Westens, deren Reform seit Jahren angemahnt wird, der Einfachheit halber auf den Osten übertragen, um jetzt festzustellen, daß wir trotz großer Investitionssummen in die Gemeinschaftsaufgabe Hochschulbau einen gemeinsamen großen Reformstau im Hochschulwesen haben.

Nur ein Beispiel: Hätten wir nur zehn Prozent von der Billion an Transferleistungen – 100 Milliarden Mark – statt in die Konsumseite in Hochschulen, Forschung und Risikobeteiligungskapital investiert und dabei mit allen Experimenten begonnen, die wir jetzt im Westen zulassen (Privatmodelle für Hochschulen, Möglichkeiten neuer Studiengänge, Schaffung von Stellen nichtbeamteter Hochschullehrer usw.), hätten wir jetzt fünf Jahre Erfahrung mit Hochschulmodellen, die wir auf den Westen übertragen könnten. Wir haben im Verkehrsbereich keine Experimente gewagt, wir haben im Hochschulbereich keine Experimente gewagt, wir haben im Forschungsbereich keine wesentlichen Neuerungen durchgesetzt.

Schlimmer noch, wir haben die Bürokratie, die eine Wirtschaft im expandierenden Wohlfahrtsstaat gerade noch erträgt (die meisten behaupten, sie sei nicht mehr zu ertragen), nicht experimentell reduziert, sondern der viel schwächeren Volkswirtschaft in den neuen Bundesländern aufoktroyiert mit dem Ergebnis, daß sich der Zusammenbruch beschleunigte. Viele Mittelständler im Osten müssen wegen überdimensionierter und hochqualifizierter, nach neuesten Vorschriften ausgebauter Abwasserbeseitigungsanlagen höhere Abgaben bezahlen, als sie öffentliche Förderung bekommen, und gehen wegen ihrer kritischen Liquiditäts- und Eigenkapitalsituation kaputt. Wer heute die Wasserpreise, die Strompreise und die Abwasserabgaben zwischen Ost und West vergleicht, der muß einen Wettbewerbsnachteil in den Infrastrukturkosten im Osten feststellen. Das ist durchaus einleuchtend, denn die Ansprüche an die öffentlichen Einrichtungen waren mit wachsender Wirtschaftskraft verknüpft und so mit wachsender Leistungskraft der Unternehmen. Im Osten klaffen Anspruch und Leistungskraft völlig auseinander. Das Ergebnis: Die größten Steuerzahler sind die öffentlichen Versorger mit Kartellschutz und die Finanz- und Versicherungsdienstleister. Der größte Arbeitgeber ist die öffentliche Verwaltung.

Die Selbstverwaltungseinrichtungen des Sozialsektors sind im Grunde bankrott und können nur durch Solidaritätszahlungen und Steuermittel aufrechterhalten werden. Das führt jetzt zunehmend zu Spannungen zwischen den westdeutschen und ostdeutschen Einrichtungen. Die Solidarität erlahmt, weil den weitgehend reformunfähigen, schwindenden Potenzen im Westen ein kräftezehrender Daueraderlaß von seiten des Ostens gegenübersteht.

Trotzdem können wir aus den Entwicklungen in den neuen Bundesländern, auch aus den Fehlentwicklungen, eine Menge lernen, aber nicht durch Verdrängung der Probleme, sondern dadurch, daß wir die Erkenntnisse sammeln, die uns die Situation im Osten gewissermaßen schneller, radikaler und bedrohlicher sichtbar macht, als wir sie im Westen wahrnehmen. Aber dazu müssen wir endlich das West- und Ostdenken aufgeben und die Zukunft Deutschlands in Europa und in einer globalen Wirtschaftswelt neu durchdenken.

Dazu gehört vor allem die Erkenntnis, daß soziale Marktwirtschaft kein Mittelding zwischen Kapitalismus und Planwirtschaft ist, sondern daß soziale Marktwirtschaft die Akzeptanz der marktwirtschaftlichen Kräfte zugrunde legt. Erst dann können die gesellschaftspolitisch notwendigen Korrekturen im sozialen, im ökologischen und in anderen Bereichen erfolgen. Die Politik muß die Grundwerte, wie sie im Grundgesetz festgelegt sind, auf die realen Bedingungen unserer Gesellschaft ausrichten.

Bezeichnend ist die gegenwärtige Diskussion um die praktischen Regelverletzungen, etwa im Tarifrecht. Wenn sich die autonomen Festlegungen der Tarifpartner von der realen Situation der Unternehmen zu weit entfernen, werden um der Sicherung der Arbeitsplätze willen Unternehmen und Arbeitnehmervertreter in den Betriebsräten eigene Wege gehen. Es ist fatal, wenn dann die Tarifpartner im Westen den Regelverletzungen im Osten heimlich Beifall zollen, aber nicht in der Lage sind, die gemeinsamen Voraussetzungen für neue, bessere Spielregeln zu schaffen.

Die heute in den östlichen Bundesländern herrschende Situation kann morgen durchaus in ganz Deutschland eintreten. In der zeitlichen Abfolge gesehen, ist der Osten gewissermaßen der Minenhund des Westens. Die Menschen haben im Osten eine geschichtliche Situation erfahren, die über Nacht ihr Leben von Grund auf veränderte. Der Arbeitsplatz, die soziale Stellung, der Wertekanon: all dies war von heute auf morgen Makulatur und hinterließ eine in Teilen verlorene Generation. Die Ostdeutschen haben ihre Lektion bereits hinter sich und werden mit dem künftigen Wandel vermutlich besser zurechtkommen als der Westen. Der Chemnitzer Wirtschaftswissenschaftler Friedrich Thießen hat untersucht, was man aus der Erfahrung der Ostdeutschen bei der Währungsumstellung 1990 für die Einführung des Euro lernen kann. Er kommt zu dem Schluß: »Emotional fällt den Ostdeutschen der Abschied von der D-Mark leichter, weil sie vielen ja nicht nur Wohlstand brachte, sondern auch Arbeitslosigkeit.«

Bei der ersten Wende wurde im Osten ein Deutschland-Modell eingeführt, das sich bereits überlebt hatte. Der Übergang erfolgte von einer sozialistischen Planwirtschaft in einen marktwirtschaftlichen Wohlfahrtsstaat, dessen Fundament längst selbst dringend reformbedürftig war. Man hätte dem Osten manches ersparen können und einiges nicht ersparen dürfen. Und genau diese Gratwanderung steht uns bei der Suche nach einem zukunftsfähigen Modell Deutschland erneut bevor. Die zweite Wende muß besser gelingen als die erste.

Von Silicon Valley lernen

Die (Ost) Deutschen haben die Mauer eingerissen. Nehmen wir die erste Wende als Auftakt schöpferischer Zerstörung. Die Herausforderung der zweiten Wende wird heißen: Deutschland muß sich selbst neu erfinden. Hier lohnt ein Blick über die Mauerreste hinweg ins ferne Kalifornien. Dort, am Südende der San Francisco Bay, liegt ein kleines Fleckchen Erde, das es in der Disziplin der permanenten Selbsterneuerung unbestritten zur Weltmeisterschaft gebracht hat: Silicon Valley. Der Begriff wurde in den siebziger Jahren von einem Journalisten geprägt und verdankt sich dem bei der Halbleiterherstellung verwendeten Silicium.

Täglich landen Banker, Unternehmer, auch Politiker aus Frankfurt, München oder Düsseldorf in San Francisco und fahren 70 Kilometer über den verstopften Freeway 101 nach Süden. »Silicon Valley birgt sachdienliche Hinweise auf unser aller Zukunft«, schreibt der britische *Economist.* Die dynamische Ansammlung *(cluster)* von Geld, Geist und Glauben an die Zukunft hat dabei nicht nur eine wirtschaftliche Dimension. Mindestens ebenso wichtig ist die positive Veränderungskultur, die die Menschen vom Silicon Valley verinnerlicht haben. Risiko und Experiment stellen hier keine Bedrohung dar, sie sind Lebensgrundlage. Und davon kann auch das Unternehmen Deutschland ein Stück weit lernen.

Im nur etwa 20 mal 40 Kilometer großen Mekka der Computerindustrie residieren 7000 High-Tech-Companies mit fast 1,2 Millionen Arbeitsplätzen, und jede Woche werden elf neue Firmen gegründet. Die Unternehmen sind mit einer Marktkapitalisierung von 450 Milliarden Dollar etwa soviel wert wie der gesamte französische Aktienmarkt. Silicon Valley überragt alle anderen vergleichbaren Regionen hinsichtlich der Zahl der Arbeitsplätze und der dazugehörigen Wachstumsraten. 1996 kamen 50000 neue Jobs hinzu, und die Löhne steigen fünfmal so stark wie im amerikanischen Durchschnitt. Das Gehalt liegt hier im Mittel bei umgerechnet 74000 Mark (in den USA: DM 48000). Die Wertschöpfung pro Mitarbeiter des produzierenden Gewerbes beläuft sich auf umgerechnet 210000 Mark, in Deutschland beträgt sie 117000 Mark. Die Wissensgesellschaft erlebt hier ihren ersten digitalen Goldrausch.

Keine andere Region kann sich mit Silicon Valley hinsichtlich des Produktivitäts- und Wirtschaftswachstums, der Konzentration von Venture-Capital und der Zahl von Unternehmensneugründungen messen. Etwa die Hälfte der 600 Risikokapital-Unternehmen der USA sind hier ansässig und investierten 1996 die Summe von 2,3 Milliarden Dollar Risikokapital – mehr als in der Bundesrepublik in zwanzig Jahren zur Verfügung gestellt wurde. »Wir erleben hier die größte Wertschöpfung der Menschheitsgeschichte«, sagt John Doerr von Kleiner Perkins Caufield & Byers, der führenden Venture-Capital-Firma im Valley.

Silicon Valley hat seine Leistungsfähigkeit über viele Jahre durchgehalten und immer wieder erneuert. Silicon Valley ist einerseits ein technologisches Pioniergebiet, andererseits auch ein lehrreiches Phänomen der Selbstorganisation. Wenn in Silicon Valley jede einzelne Gründung und ihre Finanzierung ein behördliches Genehmigungsverfahren durchlaufen müßte, wäre es morgen Death Valley. Statt dessen findet eine ständige Selbstkontrolle und Auslese statt – beispielsweise durch die inhaltliche Kompetenz der Kapitalgeber. Wer Geld braucht, packt seinen Busineßplan in die Aktentasche und fährt die Sandhill Road in Menlo Park hinauf, dorthin, wo die Venture-Capital-Manager des Silicon Valley sitzen. Sie beteiligen sich an den jungen Unternehmen und gehen dabei voll ins Risiko. Sie stellen nicht nur die erforderlichen finanziellen Ressourcen für die Verwirklichung einer Idee bereit, sondern vermitteln Kontakte und helfen, das unternehmerische Konzept weiterzuentwickeln. Erfolgreiche Venture-Capital-Geber sind keine Banker, sondern intime Kenner der Industrie, in der sie oft selbst groß geworden sind.

Neben der Kapitalbeschaffung gibt es weitere ganz handfeste Gründe für den Erfolg von Silicon Valley: Ein Pool gut ausgebildeter Arbeitskräfte erfreut sich stetiger Neuzugänge von den Absolventen der Universität Stanford und der ebenfalls nahegelegenen Universität Berkeley. Auch die San José State University und die Santa Clara University bilden gute Ingenieure aus, hinzu kommen Forschungseinrichtungen wie das Xerox Research Center in Palo Alto. Gründerclubs, Entrepreneurship-Foren, Lizenzvermittlungsbüros und Industrieverbände ergänzen das Netzwerk. Die dichte Infrastruktur von großen und kleinen High-Tech-Firmen führt dazu, daß alles, was man braucht, praktisch vor der Haustür liegt: Kapital, Technik und Menschen bilden ein vielfach interaktives Geflecht. »Synergien brauchen gerade im schnellen Internet-Zeitalter räumliche Nähe«, erklärt Cisco-Chef John Chambers das scheinbare Paradox. Die Wettbewerber schaukeln sich dabei gegenseitig zu höheren Leistungen auf.

Das »Ökosystem« von Silicon Valley (wie es *Businessweek* nennt) basiert jenseits der Hardware vor allem auf einer Mentalität der Erneuerung. Die hat viel mit dem zu tun, was Joseph Schumpeter »kreative Zerstörung« nannte (heute spricht man mitunter von *flexible recycling*). Alte Unternehmen sterben oder lösen sich auf, ihre Ideen und Erfahrungsträger aber werden durcheinandergewirbelt und neu kombiniert. Sie bilden die Saat für die nächste Unternehmensgeneration und fangen mit einem kleinen Team und einem neuen Produkt wieder von vorne an. Diese Rekombination findet in deutschen Unternehmen noch nicht statt, in Silicon Valley ist sie allgegenwärtig. Wir halten die Methode allerdings in vielfacher Hinsicht für bedenkenswert: Ein gewisser Grad an flexiblem Recycling könnte beispielsweise auch unseren Parteien oder Institutionen nicht schaden.

»Hier liegt etwas in der Luft«, schreibt der *Economist*, »das die Menschen dazu bringt, Risiken einzugehen.« Der soziale Kodex des Silicon Valley unterscheidet sich fundamental von dem unseren.

Fehlertoleranz: In Deutschland ist ein Konkurs absolut stigmatisiert. Eine zweite Chance für den Bankrotteur gibt es nicht. In den USA ist diese Haltung unbekannt: Henry Ford legte vor dem T-Modell zwei glatte Fehlstarts hin. In Silicon Valley verrät ein Konkurs eher den durch dick und dünn gegangenen alten Haudegen. »Er hat das Image einer Duellnarbe in einer preußischen Offiziersmesse«, schreibt der *Economist*. Bei uns bedeutet ein Konkurs hingegen herabgerissene Rang- und Ehrenabzeichen. Wer in den USA einen Konkurs macht, kann später wieder anfangen (die Restschulden bleiben nicht an ihm hängen). In Deutschland bedeutet ein Konkurs Gehaltspfändung bis ans Lebensende.

Risikofreude: Viele heutige milliardenschwere Unternehmen wie Cisco, Sun Microsystems, Silicon Graphics, Apple und Amgen (Biotechnologie) verdanken ihren Start ausreichendem Venture-Capital – in Deutschland hätte ihnen zu diesem Zeitpunkt niemand ein Stück trockenes Brot gegeben. Venture-Capital ist ein Scheck auf die Zukunft. Der Wert, der beliehen wird, muß erst noch geschaffen werden. Aufgrund der extremen Gewinne, die sich beispielsweise ergeben, wenn eine Neugründung einen technischen Standard setzt, können die Fehlschläge kompensiert werden. Eine typische Situation im Portfolio eines Venture-Capital-Gebers sieht so aus: Von 20 Unternehmen gehen vier bankrott, sechs machen Verluste, sechs moderate Gewinne, drei erzielen gute Ergebnisse, und einer ist das goldene Los. Das reicht unter dem Strich für Traumrenditen von 40 Prozent.

Reinvestment: Das meiste Geld, das bislang in Silicon Valley verdient wurde, wird postwendend dort wieder investiert. Die Menschen glauben an ihre eigene Sache. Das Silicon Valley ist immer auch eine *self-fulfilling prophecy.*

Begeisterung für den Wandel: »Entweder wir machen uns selbst überflüssig, oder die Konkurrenz tut es«, heißt ein beliebtes Bonmot. Selbst ein Traditionsunternehmen wie Hewlett Packard durchlief in seiner 60jährigen Geschichte zahlreiche Metamorphosen (1939 von zwei Stanford-Studenten in einer Garage gegründet, ist die Computerfirma der Prototyp der Silicon-Valley-Unternehmen). Neugründungen starten oft als sogenannte Spin-offs bestehender Unternehmen, aus denen sie naturgemäß eine erhebliche Wissensbasis mitbringen (weshalb mitunter auch »Verrat« gerufen wird). In Silicon Valley ist mittlerweile jeder mit jedem über irgendeinen Spin-off verwandt.

Begeisterung für die Technik: Die Menschen benutzen Technik hier mit der gleichen Begeisterung, mit der sie erfunden und hergestellt wird. Das eine ist ohne das andere unmöglich. Und diese Erkenntnis müssen die Deutschen wiederentdecken. »Wenn hierzulande über Technik diskutiert wird«, schreibt Gero von Randow in der *Zeit*, »macht sich ein nöliger Unterton bemerkbar; sie geht allenfalls als notwendiges Übel durch.« Solange intellektuelle Diskussionen in Deutschland davon geprägt sind, daß um Himmels willen keine Begeisterung für Technik aufkommt, haben wir schon verloren. Dies um so mehr, als die Grenzen zwischen Technik und Kultur immer mehr verwischen.

Chancengleichheit: »Dieser Ort ist vollkommen farbenblind«, sagt S. Atiq Raza, ein aus Pakistan stammender Gründer der Mikroprozessorschmiede NexGen. Mehr als 100000 Inder, Chinesen, Israelis und Europäer befruchten die multikulturelle Technologieelite des Valley und steigen bis in die Chefsessel der Giganten auf. Rasse, Geschlecht und Alter sind in Silicon Valley völlig zweitrangig, was zählt, ist allein die Leistung.

Obsession und Kalkulation: Hier finden von ihrer Idee völlig berauschte Techniker und Forscher die richtigen Sparringspartner. Zum Beispiel einen kühl kalkulierenden Manager, der rational auf monetäre Ziele hinarbeitet und sich keinesfalls selbst verwirklichen will. Jerry Porras, Professor an der Stanford Business School, hat in einem Forschungsprojekt analysiert: Visionäre Unternehmen sind fast durchweg von »nicht visionären Führungskräften« geleitet worden. Männer, »die nicht charismatisch sind und nicht auf dem Wasser gehen«, wie Porras es formuliert. Sie sind meistens gute Zuhörer und zeichnen sich durch Professionalität und Bescheidenheit bis hin zur Schüchternheit aus. »Vor allem die Finanzchefs sind im Valley sehr gesucht«, sagt Jerry Yang, der 28jährige Gründer des boomenden Internet-Suchdienstes Yahoo. Oft sind dies Führungskräfte, die sich nach einigen Jahren Berufserfahrung selbständig machen wollen. Hierzulande sind technische Genies in der Regel auf sich selbst gestellt. Ein Abteilungsleiter, der, statt 150 Mitarbeiter in einem Großunternehmen zu führen, sich lieber mit fünf Leuten selbständig macht, ist in Deutschland (noch) die große Ausnahme.

Zusammenarbeit: Wer sich in die Chat-Seiten der Silicon Valley-Gemeinde einlockt, findet ein erstaunliches Maß gegenseitiger Hilfe und Kooperation. Und was im Internet zu beobachten ist, läßt sich auch an den Bartresen feststellen: Ähnlich wie in den Pionierstätten des amerikanischen Westens herrscht eine seltsame Mischung aus Eigenbrötelei und Hilfsbereitschaft. Man ist einander gefällig, leiht Leute aus, teilt Ideen, gibt Tips. Die Strategie dahinter hilft allen: Warum etwas selbst entwickeln oder ein Problem neu lösen, wenn es jemand anders schon getan hat (oder in der Lage ist, es schneller und besser zu tun)?

Vielfalt: Die Wege zum Erfolg sind oft verschlungen und vor allem verschieden. Es gibt in Silicon Valley kein Patentrezept – und es würde sich auch niemand ein solches zu eigen machen.

Kein Neid: Jeder im Silicon Valley kennt in seinem Umkreis eine Person, die »es geschafft hat«. Und deshalb glaubt jeder, daß er es selbst schaffen kann. Dies schlägt sich in der Atmosphäre ungemein angenehm nieder. Die Erfolgreichen sind Ansporn und werden bewundert. Mißgunst von unten nach oben ist nicht üblich. Auch hiervon können wir ein wenig für Deutschland lernen.

Nun ist Kalifornien nicht Castrop-Rauxel, und der Geist des Silicon Valley läßt sich nicht so ohne weiteres nach Deutschland übertragen. *Fun, focus, ferocious* – Spaß, Konzentration und eisenhartes Schuften sind eine hierzulande bislang nicht übliche Mischung. Das Überlebensprinzip des Silicon Valley, die Rekombination alter Stärken zu etwas Neuem und Zukunftsfähigem, kann aber durchaus die Richtung weisen: Es wird höchste Zeit, das Modell Deutschland einem flexiblen Recycling zu unterziehen.

Von Fatima lernen

Ein bescheidener Neubau in Dhaka, der Hauptstadt Bangladeshs. Hier wohnt der Ökonomieprofessor Muhammad Yunus. Er ist ein gefragter Mann. Vor nicht allzu langer Zeit kam Hillary Clinton mit ihrer Tochter vorbei. Der Professor ist der Gründer und Geschäftsführer der Grameen Bank, einer Bank für arme Frauen im ländlichen Bangladesh. »Mit sensationellem Erfolg vergibt eine Bank in Bangladesh Kleinstkredite an völlig verarmte Frauen«, schreibt die Zürcher *WeltWoche*, »mit dem Startkapital haben sie die Chance, eine eigene Existenz aufzubauen.« Inzwischen hat die Bank zwei Millionen Kunden in 36000 Dörfern. Sie gilt als entwicklungspolitisches Meisterstück. Die Kreditvergabe ist an bestimmte Regeln gekoppelt: Die Bank vergibt ihre Kredite nur der Reihe nach an eine Gruppe von mindestens fünf Frauen. Die Grameen Bank hilft vor allem Frauen, weil diese in der traditionellen Gesellschaftsstruktur des Landes sonst überhaupt keine Chance hätten – und zugleich die größte Initiative entwickeln. Zahlt eine Kreditnehmerin ihre Raten nicht zurück, erhalten auch die anderen keine weiteren Kredite. Sie müssen gegenseitig bürgen. Ansonsten ist als Sicherheit für die Geldvergabe lediglich Arbeitskraft, Wille und Energie Voraussetzung.

Die Kleinkredite bewegen sich zwischen 100 und 400 Mark, und die Rückzahlungsrate liegt bei sensationellen 98 Prozent – trotz 20 Prozent Zinsen. Die gegenseitige Hilfe und Kontrolle innerhalb der Gruppe funktioniert. Ein Kredit ist für diese Frauen immer auch ein Stück Wertschätzung und Würde. Mit einem gepachteten Stück Land, Handwerk oder einem kleinen Handel bauen sich die Frauen eine bescheidene Existenz auf. Mägde werden zu Unternehmerinnen. Auf die Frage nach der Zukunftsangst antwortete eine von ihnen, Fatima Begum, der *Zeit*: »Ich kann mir Medizin kaufen. Gott meint es gut mit mir.« Der Sozialökonom Yunus möchte jetzt ein Funktelefonnetz aufbauen: »Frauen können mit Grameen-Krediten Handys kaufen und damit zur Telefonzelle des Dorfes werden.« Bislang gibt es in Bangladesh nur ein Telefon auf 500 Einwohner, viele Dörfer haben überhaupt keine Leitungen. Die Weltbank bescheinigt der Grameen Bank, langfristig ohne Auslandshilfe auszukommen – und engagierte Yunus als Berater. Mittlerweile gibt es in vielen Ländern Kopien der Bank: auf den Philippinen, in Malaysia, Vietnam, Thailand, Nepal, El Salvador, in den USA, selbst in Frankreich.

Erfolgreiche Hilfsprojekte eint eigentlich stets das gleiche Prinzip: Hilfe zur Selbsthilfe. Je größer die Eigenverantwortung der Menschen, desto mehr Ideen und Initiative entwikkeln sie. Selbst die kleinste und bescheidenste Marktwirtschaft funktioniert dabei ungleich besser als das Almosen, das meist sogar kontraproduktiv wirkt. So zerstörten die Lieferungen von überschüssigen Nahrungsmitteln die Eigenproduktion von Lebensmitteln – vor allem in Afrika. »Hier wird mit vollem Wissen und Gewissen unter dem Deckmantel der Mildtätigkeit Hunger produziert«, warnte Anfang der neunziger Jahre die Entwicklungshelferin Brigitte Erler in ihrem Buch *Tödliche Hilfe*.

Axelle Kabou, Ökonomin aus Kamerun, schreibt in ihrer Streitschrift *Weder arm noch ohnmächtig*: »Die Gründe, die für Entwicklungshilfe für die dritte Welt sprachen, haben erheblich abgenommen, seit auf der internationalen Szene eine kreative dritte Welt ohne Komplexe und mit frappierenden Handelserfolgen aufgetaucht ist.« Der Kölner Wirtschaftswissenschaftler Carl Christian von Weizsäcker glaubt ebenfalls, daß »die Entwicklungshilfe unter dem Strich ein Desaster war«. Sie habe vor allem eines gezeigt: »Helfen ist schwer.« Fortschritte seien eigentlich immer nur dann erzielt worden, wenn der Internationale Währungsfonds (IWF) Hilfen daran gekoppelt hat, daß die Empfängerstaaten unpopuläre Sparmaßnahmen ergriffen.

Dieses Konzept ist in vielfacher Hinsicht ein Lehrstück. Zunächst einmal schärft es unsere Sinne dafür, daß wir auch bei der Diskussion über Arm und Reich, über Umverteilung und über soziale Gerechtigkeit keine isolierten Spieler mehr sind. Diejenigen, die den »Terror der Ökonomie« oder die »Diktatur des Welthandels« beklagen, sollten nicht vergessen, daß dieser unter anderem ermöglicht, daß viele Fatimas dieser Welt sich jetzt Medizin leisten können. Mit der Globalisierung ist genau das eingetreten, was die europäische Dritte-Welt-Bewegung immer forderte: Die armen Länder bekommen einen Anteil am Wohlstand. Sie bekommen ihn aber nicht geschenkt, sondern sie nehmen sich ihn. Die Spielregeln bestimmen dabei – und das war auch nicht vorgesehen – nicht mehr die Westeuropäer.

Einst bettelarme Nationen wie Hongkong, Singapur, Südkorea oder Taiwan schafften den Aufstieg, ohne uns zu fragen. Die Südkoreaner hatten nach dem Krieg zwischen 1950 und 1953 nur ihr Leben und ihre Arbeitskraft gerettet. »Aber es gab einen ausgeprägten Willen, nicht kommunistisch zu werden und etwas Eigenes auf die Beine zu stellen«, analysiert der Entwicklungsforscher Rainer Tetzlaff von der Universität Hamburg. Die Südkoreaner führten eine Bodenreform durch, investierten in ihr Bildungssystem und wollten, vom patriotischen Geist getragen, etwas aus ihrem Land machen.

Auch Indien, China, Mexiko oder Brasilien holen bei den Europäern keine Wachstumserlaubnis ein. Es hat seit Jahrzehnten keine derartige Chancenvielfalt für Wachstum und die Reduzierung der Armut in den Entwicklungsländern gegeben wie jetzt in der globalen Wirtschaft – so steht es in dem neuesten Bericht der Weltbank *Global Economic*

Starkes Wachstum in den Entwicklungsländern

Geschätzte jährliche Veränderung des realen Bruttoinlandsprodukts 1998 - 2017 in Prozent

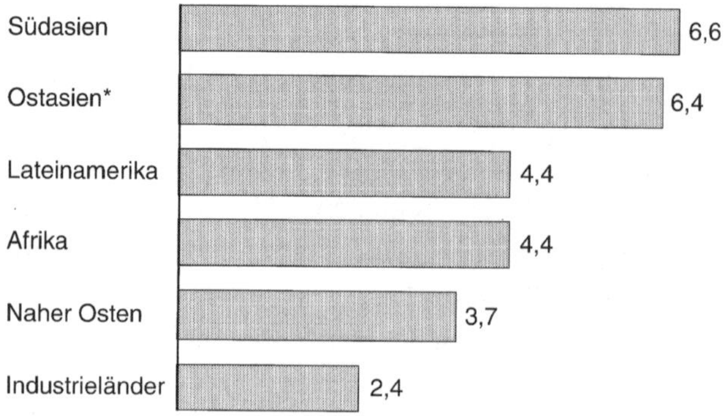

* Ohne Japan

Quelle: WEFA-World Economic Outlook 1998

Prospects in the Developing Countries (1998). Selbst die Sorgenkinder Schwarzafrika, Nordafrika und der Nahe Osten werden nach der derzeitigen Einschätzung von der wachsenden Integration in den Weltmarkt profitieren.

Die multinationalen Unternehmen sind laut Weltbank die stärksten Triebfedern für die Integration der Entwicklungsländer in den Weltmarkt. Hier zeigt sich das gerechte (und humane) Gesicht des Marktes, unabhängig von den subjektiv guten oder bösen Motiven von Menschen.

Besonders schwer verdaulich ist das für diejenigen, die bislang das Elend der Armen und die Ausbeutung durch den Westen, insbesondere seine Konzerne, beklagten. Die zügige Entwicklung einer ideenreichen dritten Welt war im ideologischen Konzept des Neokolonialismus nicht vorgesehen. Der Gedanke, daß Menschen sich selbst am besten helfen könnten, stand immer unter Verdacht. Jetzt fordern jene, die jahrelang den selbstlosen Einsatz für die Armen zu ihrem

Leitmotiv machten, die Abschottung Europas gegen diese unliebsame Konkurrenz.

Und damit geht das Lehrstück in die zweite Runde: »Unser nicht mehr finanzierbarer Sozialstaat stört bei der Lösung des Problems eines Ausgleichs zwischen Arm und Reich im Weltmaßstab«, formuliert es Carl Christian von Weizsäcker. Die Verteidigung eines aufgeblähten Sozialstaates setzt sich umgehend in ein nationales Besitzstandsdenken fort – eben der Abschottung gegen den freien Markt, auf dem auch die Habenichtse konkurrieren. Wir scheinen dabei zu vergessen, daß auch wir einst Habenichtse waren und das Wirtschaftswunder nach dem Zweiten Weltkrieg zum großen Teil dem Export in reichere Länder verdanken. In einer globalen Wirtschaft werden letztendlich alle Nationen ihre jeweiligen komparativen Vorteile nutzen und gegenseitig profitieren.

Nicht Fatima ist das Problem, sondern wir selbst. Wir sollten uns auch in Deutschland wieder an das Prinzip Hilfe zur Selbsthilfe erinnern. Was für die Entwicklungshilfe gilt, das trifft genauso auf die individuelle soziale Hilfe zu: Die Schlüssel zur Selbsthilfe sind Eigenverantwortung statt Staat, Arbeit statt Fürsorge und Chancengleichheit statt Ergebnisgleichheit. Wir brauchen ein soziales Netz, das Menschen in Not auffängt, das ihnen aber vor allem wieder aus ihrer Situation heraushilft. In der jetzigen Situation produzieren wir im übertragenen Sinn nur Hunger.

Die Gesellschaft kann dem hilfsbedürftigen Individuum auf Dauer nur dann Sicherheit bieten, wenn sie darauf vertrauen kann, daß der Betroffene die erste Gelegenheit zur Selbsthilfe ergreift. Ein solcher Vertrauensvorschuß ist nichts anderes als ein Kredit, der an bestimmte Bedingungen gebunden sein muß. Wer lieber keine Arbeit macht als eine schlecht bezahlte, der mißbraucht das Vertrauen und verstößt gegen die Bedingungen bei der Kreditvergabe.

In der Gruppe von Fatima ist stets klar: Wenn eine ausfällt, dann müssen die anderen für sie einspringen.

Jede der Frauen weiß: Für das, was ich bekomme, muß meine Kollegin einstehen. Das Verantwortungsbewußtsein innerhalb dieser kleinen Gemeinschaft ist deshalb so groß, weil das Solidarsystem nebenan wohnt. Die Nutznießerin sieht die Opfer, die ihre Nachbarin für sie erbringt. Und sie wird so schnell wie möglich versuchen, wieder auf eigenen Beinen zu stehen.

In Deutschland funktioniert das System der Solidargemeinschaft im Grunde genauso. Oder richtiger: Es funktioniert nicht, weil wir vergessen haben, daß der Nachbar oder Kollege in der Not für uns mitbezahlt. Die Solidarität der Bergmannssiedlungen und der Arbeiterturnvereine liegt weit zurück. Uns ist die schlichte Einsicht abhanden gekommen, daß das, was wir nehmen, ein anderer geben muß. Die Anonymität des Sozialstaates läßt uns inzwischen glauben, das Geld fiele vom Himmel und deshalb solle man es nehmen, wo immer man es kriegen kann. Bei der Reform des Sozialstaates ist es nicht mit dem Hin- und Herschieben von Prozentpunkten getan: Das Sozialsystem bedarf dringend der Transparenz.

Wir müssen uns doch nur die bildliche Bedeutung des Ausdruckes »soziales Netz« vor Augen halten. Es kommt aus der Zirkussprache und beschreibt jenes Netz, das einen Artisten auffängt, der aus dem Tritt gerät und abstürzt. Meistens stürzt er aber nicht ab, sondern stabilisiert sich selbst. Er steht in der Regel auch nicht allein auf dem Seil, sondern mit ein oder zwei Kollegen zusammen. Die reichen ihm meist vor dem Absturz noch die Hand oder fangen ihn auf. Wenn er aber wirklich herunterfällt, dann muß das Netz leer sein, damit er abfedern kann. Danach versucht er möglichst schnell, wieder herauszukommen. Wer im deutschen Staatszirkus abstürzt, hat allerdings ein Problem: Das Netz ist voll besetzt. Deshalb tut es allen nur noch weh. Wer turnen kann, muß deshalb so schnell wie möglich wieder aus dem sozialen Netz hinaus.

»Es ist das Menschlich-Allzumenschliche, das unsere Gesellschaften auszeichnet und in die Misere bringt«, schreibt der Bevölkerungswissenschaftler Josef Schmid in der *Frankfurter Allgemeinen Zeitung*, »der real existierende Hang zur Bequemlichkeit, zur Selbsttäuschung und Täuschung anderer, zur Vorteilssuche und Vorteilsnahme…« Wir brauchen soziale Erfindungen, die die Menschen nehmen, wie sie sind, und nicht einem programmierten Irrtum aufsitzen. Grameen, die Bank der Armen, ist ein anregendes Beispiel dafür, wie Menschen jenseits eingefahrener Pfade geholfen werden kann.

Von Neuseeland, den USA & Co. lernen

Die folgenden Beispiele sind sehr unterschiedlich und meist nicht auf Deutschland übertragbar. Für nachahmenswert halten wir vielmehr die Tatsache der konsequenten Durchführung von Reformen an und für sich. Nur wer mit hoher Überschußgeschwindigkeit und großer Entschlossenheit ins Reformrennen geht, wird die Fangzäune der Bedenkenträger durchbrechen. Zementierte Privilegien müssen dabei, so die Einschätzung des neuseeländischen Ministerpräsidenten, »schnell und blutig« ausgehebelt werden.

Neuseeland: Die Durchsetzung der umfangreichen neuseeländischen Reformen in den achtziger Jahren ist ein Beleg für gelungenes politisches Management. Roger Douglas, seinerzeit Finanzminister der Labour-Regierung, beschreibt den Weg zum Erfolg so:

- Der Reformprozeß sollte schnell durchgezogen werden, und die Reformen sollten umfangreich sein. Sie sollten in große Pakete geschnürt und nach einem raschen und strikten Fahrplan auf die Reise geschickt werden.
- Umfangreiche Reformpakete machen die Verlierer der einen Reform zu den Gewinnern in anderen Bereichen. Dies schafft eine Atmosphäre der Gerechtigkeit.
- Unvermeidbare Nachteile auf der einen Seite werden bei umfangreichen Reformpakten durch rasch aufkeimende Erfolge in anderen Bereichen kompensiert. Erfolgreiche und entschlossene Reformen schaffen Bereitschaft und Konsens zu weiteren Schritten.
- Ein rascher Fahrplan versetzt die Reformer in die Lage, das Gesetz des Handelns in der Hand zu behalten, und erschwert es den einzelnen Interessengruppen, Blockadekoalitionen zu schmieden.

- Die Verantwortlichen thematisierten die Probleme des Landes im Wettbewerb mit anderen Nationen – und weniger die Schieflagen zwischen nationalen Interessengruppen.
- Politischer Mut. Als Roger Douglas immer stärker ins Trommelfeuer der Interessengruppen geriet, stellte sich Premierminister David Lange vor seinen Finanzminister und sprach noch einmal klar und deutlich alle grausamen Wahrheiten aus, die die Menschen nicht hören wollten. Die Bereitschaft des neuseeländischen *elder statesman*, sich hinter die Reformen zu stellen, trug entscheidend mit zum Erfolg bei.

Allen Reformprojekten gemeinsam war: Sie wurden vorher als unmöglich, nicht machbar, katastrophal, grausam oder unsozial dargestellt. Nach den Reformen waren alle Beteiligten dann klüger – und entgegen den Unkenrufen gewann der Staat neuen Spielraum, die Menschen faßten neuen Mut, und der Arbeitsmarkt entwickelte sich positiv. Völlig überraschende Resultate zeitigten einen ermunternden Nebeneffekt. Zum Beispiel: Eine Landwirtschaft vermag auch ohne Subventionen zu überleben. Oder: Ein Staat, der sich von nahezu jedem zweiten seiner Staatsdiener trennt, endet weder im Chaos noch in der Weltrevolution. Negative Nebenfolgen, die zu erneuten Korrekturen Anlaß geben können, sind nicht ausgeschlossen. Wer es gar nicht erst versucht, wird allerdings auch keine Erfahrungen sammeln können.

Nachdem die Neuseeländer in den siebziger Jahren von einem Niveau höchsten Lebenstandards ins tiefe Tal der Verarmung gestürzt waren, machten sie freilich erst einmal alles falsch. Immer neue Regulierungen und Interventionen ließen das grüne Land zu einem Fossil ohnegleichen erstarren. In den achtziger Jahren mußte das Ruder daher um so radikaler herumgeworfen werden.

Staatsbetriebe wurden verkauft, oder sie mußten auf dem

freien Markt Gewinne machen. Der neuseeländischen Landwirtschaft wurden die Subventionen auf faktisch null gestrichen. Sie kultivierte daraufhin neue Märkte, Produkte und Qualitäten – und steht heute gestärkt da.

Die Zwangsmitgliedschaft der Arbeitnehmer in den Gewerkschaften wurde abgeschafft, und die Tarifverhandlungen wurden dezentralisiert. Löhne können jetzt individuell ausgehandelt werden. Die Verwaltungseinheiten des Staates erhalten klare Zielvorgaben und dürfen ihr Budget selbstverantwortlich einteilen. Die geleistete Arbeit unterliegt einer Kontrolle durch Bilanzen. Dienstverträge sind leistungsabhängig und auf fünf Jahre befristet.

Die Zahl der Verwaltungsbezirke wurde von 705 auf 93 Einheiten verringert. Der Anteil der Staatsdiener an den Erwerbstätigen sank um fast die Hälfte, von 27 Prozent auf heute 16 Prozent. Die Staatsquote sank von 44 auf 36 Prozent. In Deutschland liegt sie bei 50,5 Prozent (1996).

Bildungs- und Gesundheitswesen wurden vollständig dezentralisiert. Die Bürger müssen sich jetzt an den Kosten für Schulen, Krankenhäuser, Medikamente und ärztliche Behandlung beteiligen. Der Anteil der öffentlichen Gesundheitsausgaben am Bruttoinlandsprodukt sank auf fünf Prozent. Die Einkommenssteuer konnte gesenkt werden und wird nur noch in zwei Stufen von 24 und 33 Prozent erhoben. Die Reformen retteten Neuseeland vor dem Bankrott und reduzierten die Arbeitslosigkeit seit Beginn der Reformen um etwa die Hälfte auf sechs Prozent (1996).

Niederlande: Vor 1993 beklagten die Holländer einen erheblichen Mißbrauch der sozialen Sicherungssysteme. So lebte jeder sechste arbeitsfähige Niederländer 1989 als gutbezahlter Invalide. Die staatlichen Ausgleichszahlungen an private Haushalte waren mit 28,3 Prozent des Bruttoinlandsprodukts die höchsten in der EU. Seit 1993 hat das Land konsequent gegengesteuert.

Der Bezug der Arbeitsunfähigkeitsversicherung wurde drastisch eingeschränkt, und ihre Bemessungsgrundlage ebenso drastisch gesenkt. Das Arbeitslosengeld wurde bis zu 30 Prozent gekürzt, gleichzeitig sorgten Steuerentlastungen für höhere Nettolöhne. Das alte Monopol der gesetzlichen Krankenkasse wurde geschleift, und der Sektor vollständig privatisiert.

Das Rentensystem nach dem sogenannten Cappuccino-Modell steht jetzt auf drei Säulen. Etwa die Hälfte der Altersversorgung kommt durch eine staatlich finanzierte Grundsicherung, unabhängig vom Einkommen, auf Basis einer Umlage zustande. Sie garantiert aber nur 80 Prozent des Mindestlohnes. Die zweite Hälfte der Altersrente erwächst aus zusätzlichen Versicherungen über den Arbeitgeber und aus privater Vorsorge.

Die Resultate sind größtenteils positiv. Die Sozialbeiträge und Lohnnebenkosten sind gesunken, desgleichen die Arbeitslosigkeit (1996: sieben Prozent). Allerdings wiesen die Sozialkassen 1996 immer noch ein Defizit von 7,6 Milliarden Mark auf. Am Erfolg auf dem Arbeitsmarkt sind maßvolle Tarifabschlüsse, Steuererleichterungen für Unternehmen und eine hohe Flexibilität durch Teilzeit- oder Zeitarbeit beteiligt. 68 Prozent der Frauen und 17 Prozent der Männer haben inzwischen Teilzeitstellen. Das Arbeitsvolumen ist kaum gestiegen, es wird lediglich auf mehr Menschen verteilt. Das Durchschnittseinkommen in den Niederlanden ist dadurch niedriger als in allen umliegenden Ländern. Die Niederlande erzielen mit ihrer *part-time economy* längst nicht die wirtschaftliche Gesamtleistung, die sie erzielen könnten. In der EU rangiert das kleine Land in bezug auf das pro Kopf erwirtschaftete Bruttoinlandsprodukt an achter Stelle und bleibt um 15 Prozent hinter der gegenwärtigen deutschen Leistungskraft zurück.

Dennoch: Nach Angaben der Vereinigung der kleinen und

mittleren Betriebe (MKB) gibt es mittlerweile 100000 unbesetzte Stellen. »Dem niederländischen Jobwunder gehen die Arbeitslosen aus«, schreibt die Berliner *taz*, und die Amsterdamer Tageszeitung *Trouw* titelte bereits süffisant: »Holt die Deutschen her.«

Dänemark: Das Land konnte die Arbeitslosenrate von 12,3 Prozent im Jahre 1993 auf 7,7 Prozent im Jahre 1996 senken und gleichzeitig die Staatsausgaben vermindern. Der Erfolg der Dänen ist das Resultat einer Kombination aus langfristig orientierter Stabilitätspolitik und zielgerichteter aktiver Arbeitsmarktpolitik. Im Tausch gegen soziale Verbesserungen, beispielsweise bei der Altersvorsorge, ließen sich die Gewerkschaften darauf ein, die Lohnhöhe im wesentlichen auf Betriebsebene auszuhandeln. Beim Arbeitslosengeld wurden die Zumutbarkeitskriterien einer neuen Beschäftigung gesenkt.

Viele Firmen praktizieren eine sogenannte Jobrotation. Die Mitglieder der Belegschaft gehen dabei für einen bestimmten Zeitraum auf Fortbildungskurse. Das Arbeitsamt gibt Zuschüsse und sorgt für qualifiziertes Ersatzpersonal. Hinzu kommen *leave from work*-Programme. Eltern-, Fortbildungs- und Sabbatical-Pausen verteilen die vorhandene Arbeit auf mehr Arbeitnehmer und werden zu 75 Prozent von Frauen in Anspruch genommen.

»Gelungen ist das kleine Jobwunder«, schreibt der *Spiegel*, »weil die Dänen zwei Denkschulen kombinierten, die in Deutschland als unvereinbar gelten: den Wohlfahrtsgedanken skandinavischer Tradition und die Flexibilität nach amerikanischem Vorbild.« Die dänische Kur funktioniert nicht ohne eine gewisse Härte. Wer unter 25 Jahren ist und keinen Ausbildungsplatz findet, bekommt eine Stelle zugewiesen, oder er verliert jegliche Unterstützung. Wer als Arbeitsloser keine aktuell gesuchte Qualifikation vorweisen kann, wird im Hinblick auf vorhandene Arbeitsplätze umgeschult. Zumutbar ist, was Aussicht auf eine Anstellung verspricht. Das dänische Modell funktioniert nicht zuletzt deshalb so gut, weil die Wirtschaft mit einem jährlichen Wachstum von drei Prozent in einer sehr guten Verfassung ist.

Großbritannien: Die Briten haben mit einer zielstrebigen Neuordnung der Wirtschaft und der Deregulierung des Arbeitsmarktes eine große Attraktivität für ausländische Investoren erlangt. Diese Leistung ist um so bemerkenswerter, als in den siebziger und achtziger Jahren das verheerende Verhalten der Gewerkschaften (»britische Krankheit«) das Land wirtschaftlich weltweit in Verruf gebracht hatte.

British Airways, British Telecom, Energiewirtschaft und Eisenbahn wurden privatisiert. Der Arbeitsmarkt wurde radikal dereguliert: dazu gehören flexible Arbeitszeiten, kein Anspruch auf bezahlten Urlaub, kurze Kündigungsfristen und eingeschränkte Abfindungsansprüche. Damit schaffte Großbritannien den Aufstieg zum beliebtesten Standort ausländischer Investoren. Bis 1996 wurden innerhalb von zehn Jahren 213 Milliarden Dollar investiert, in Deutschland lag die Summe bei 32 Milliarden.

Das Lohnniveau in Großbritannien beträgt allerdings nur 60 Prozent des deutschen, und auch der Lebensstandard ist erheblich niedriger. Die Einkommensschere öffnet sich ähnlich wie in den USA zunehmend, ein Trend, der sich zu verfestigen droht. Trotz einer Verbesserung der Bildungs- und Ausbildungschancen kann ein Drittel der britischen Jugendlichen keinen qualifizierten Schulabschluß nachweisen. Die Geschichte der wirklichen Privatisierungserfolge ist insbesondere angesichts häufig drastisch zurückgegangener Serviceniveaus noch nicht zu Ende geschrieben. Dennoch herrscht im Land Aufbruchstimmung, und es keimt neues Selbstbewußtsein.

USA: Die wirtschaftliche Entwicklung in den USA verläuft in einigen Bereichen völlig konträr zur deutschen. Während hierzulande die Arbeitslosenquote Ende 1997 auf 11,3 Prozent stieg, erreichte sie in den USA mit 4,6 Prozent einen Tiefststand. Noch extremer ist die Entwicklung bei den Langzeitarbeitslosen: Ihre Quote liegt in den USA nur bei zehn Prozent, in Deutschland bei 35 und in anderen europäischen Ländern sogar bei 50 Prozent. Hinter dieser Entwicklung stehen drastische Reformen des amerikanischen Arbeitsmarktes:

Das Sozialprogramm *Aid to families with dependent children* (AFDC), aus dessen Mitteln Familien mit Kindern unterstützt werden, darf nicht länger als fünf Jahre ausbezahlt werden. Nach spätestens zwei Jahren müssen Empfänger selbst etwas dazuverdienen. Die Bundesstaaten erhalten nur dann AFDC-Gelder aus Washington, wenn sie nachweisen, daß mindestens 30 Prozent der Empfänger 20 Wochenstunden arbeiten (notfalls in öffentlichen Programmen). Noch härter sind die Bestimmungen für Kinderlose: Sie erhalten nicht einmal mehr Essensmarken, wenn sie nicht 33 von 36 Monaten an Arbeits- oder Schulungsprogrammen teilnehmen. Auf der anderen Seite haben die USA die negative Einkommenssteuer stark ausgebaut. Dadurch bekommen verheiratete Paare mit geringem Einkommen etwas dazu. Ein Mindestlohnbezieher (5,15 Dollar die Stunde) wird damit über die offizielle Armutsgrenze gehoben.

Einzelne Bundesstaaten haben besonders restriktive Maßnahmen ergriffen. Wisconsin beispielsweise hat die Sozialhilfe völlig abgeschafft. Nur wer arbeitet (notfalls in staatlich subventionierten Stellen), erhält weiter Unterstützung. Kalifornien hat Einwanderer, die nicht mindestens zehn Jahre Sozialbeiträge bezahlt haben, völlig von der Sozialhilfe ausgeschlossen. Kein entwickeltes Land der Welt gibt weniger für soziale Umverteilung aus als die Vereinigten Staaten.

Das Sozialsystem der USA ist grundsätzlich anders angelegt als die deutschen Sicherungssysteme in diesem Bereich. So gibt es keine obligatorische Krankenversicherung, sondern lediglich Zuschüsse von den Arbeitgebern oder eine beschränkte Grundsicherung für Sozialhilfeempfänger oder Rentner. Das Versorgungsniveau der Rente liegt bei 43 Prozent des Bruttoeinkommens, und das Rentenalter wird bis zum Jahr 2000 auf 67 Jahre heraufgesetzt. Eine gesetzliche Pflegeversicherung gibt es ebensowenig wie eine Lohnfortzahlung im Krankheitsfall. Maximal fünf Tage werden für Krankheit oder Arztbesuche ohne Lohneinbuße toleriert.

Das amerikanische System hat – bei allen unbestrittenen Vorteilen – auch seinen Preis und unerwünschte Nebenwirkungen. Es verstärkt Ungleichheiten, die die Verschiebung des Arbeitsmarktes hin zu immer qualifizierteren Stellen ohnehin verursacht. Die gesuchten (aber nicht ausreichend vorhandenen) Arbeitnehmer mit College-Abschluß verdienen inzwischen 57 Prozent mehr als jene ohne entsprechende Qualifikation. Während die oberen fünf Prozent der Einkommen zwischen 1979 und 1993 um 37 Prozent stiegen, sackten die unteren 20 Prozent um 15 Prozent ab. Die Schere öffnet sich weiter.

Dies mündet oft in einer Spirale abwärts: Familien ohne akademische Ausbildung fällt es trotz Stipendienprogrammen zunehmend schwerer, ihre Kinder auf Universitäten zu schicken. Absolventen einer normalen High-School verdienen immer schlechter, ihr Einkommen in den ersten fünf Jahren fiel seit Ende der achtziger Jahre um fast ein Drittel. Aufgrund des Lohnverlusts, insbesondere breiter Schichten der jungen Bevölkerung, nahm die Anzahl der Kinder unterhalb der amerikanischen Armutsgrenze von 1979 bis 1993 um 50 Prozent zu. Dies betrifft mittlerweile jedes vierte Kind in den USA. Es wächst eine Unterklasse heran, und die Entwicklung bewegt sich auf die sogenannte Zweidrittelgesellschaft zu.

Die Unterklasse konzentriert sich in den Städten, während sich die wohlhabenderen vor der hohen Kriminalität in die Vororte zurückziehen. Die Zahl der Gefängnisinsassen (1,3 Millionen) ist in den USA, gemessen an der Bevölkerung, rund zehnmal so hoch wie in Deutschland. Allerdings engagieren sich laut einer Gallup-Umfrage 54 Prozent der Amerikaner regelmäßig in öffentlichen gemeinnützigen Tätigkeiten – und dies durchschnittlich vier Stunden pro Woche.

Dahinter steht ein grundsätzlich anderes Staatsverständnis der Bürger. Im Sinne der Subsidiarität ist der Staat nur dann zum Handeln aufgerufen, wenn eine Aufgabe nicht in privater Initiative und Motivation sinnvoll gelöst werden kann. Entsprechend liegt der Anteil der Staatsausgaben am Bruttoinlandsprodukt um ein Drittel niedriger als in Deutschland.

Fazit: Selbstverständlich gilt der eingangs formulierte Einwand, daß die Beispiele im Vergleich zu Deutschland zwangsläufig hinken. Neuseeland ist klein und zu weit weg, Dänemark ist ebenfalls klein und erst seit relativ kurzer Zeit erfolgreich, Holland hat hinsichtlich seiner wirtschaftlichen Gesamtleistung deutliche Schwächen. In Großbritannien und in den USA ist die Not der unteren Jobklassifikanten mit unserem Sozialverständnis nicht vereinbar. Die einzelnen Lektionen über mutige Reformen, nachhaltig gebrochene Trends, konsequente Deregulierungen und bewältigten Strukturwandel müssen uns dennoch zum Nachdenken anregen.

Von Ludwig Erhard lernen

Es gibt politische Reden, die bleiben über Generationen aktuell. Ludwig Erhard hielt vor dem 13. Bundesparteitag der CDU am 31. März 1965 eine solche Ansprache. Hier einige ganz kurze Auszüge:

»Wir sollten uns klar darüber sein, daß auch unsere politische Ordnung einem natürlichen Entwicklungsprozeß unterworfen ist. Die formierte Gesellschaft verlangt also neue Impulse aus unseren politischen Parteien und dem Parlamentarismus selbst. Die parlamentarische Demokratie darf nicht länger den organisierten Interessen unterworfen sein. (...) Darunter leiden dann allzu leicht die gesamtpolitischen Aspekte, denen das Parlament als Ganzes verpflichtet sein muß. Vielleicht brauchen wir ein neues Spezialistentum, nämlich Spezialisten für allgemeine Interessen. (...) Wir müssen erkennen, daß Sozialinvestitionen die Voraussetzung für eine bessere Lebensordnung überhaupt schaffen. Ja, nur durch deren wesentliche Erhöhung ist auf Dauer die Schaffung und Erhaltung gesunder Lebensgrundlagen gewährleistet. Das bedeutet aber unverrückbar, daß der Erhöhung rein konsumtiver Sozialleistungen Grenzen gesetzt sind. Das ebenso fade wie dumme Spiel, alle (...) Versäumnisse hinsichtlich der Erfüllung von Gemeinschaftsaufgaben der öffentlichen Hand (...) anzulasten, in der Vertretung egoistischer Gruppeninteressen aber das Sozialprodukt möglichst vollständig aufzuteilen und aufzuzehren, grenzt geradezu an intellektuellen Betrug. Regierung und Parlament, Bund, Länder und Gemeinden müssen enger zusammenstehen und gemeinsam den Mut aufbringen, überwuchernden partiellen Wünschen die Zustimmung zu versagen, wenn es ums Gemeinwohl geht. (...) Was wir außerdem brauchen, ist ein neuer Stil unseres Lebens. (...) Das Gefühl für Dinge, die sich – wie etwa die Vorsorge für die Zukunft unserer Kinder – nicht unmittelbar zu lohnen scheinen. Nur aus unserer Bescheidung nämlich können die Mittel fließen, die unserer Jugend mehr und bessere Ausbildungsmöglichkeiten eröffnen. (...) Schließlich haben wir auch eine geschichtliche Aufgabe, Werke und Werte der Kunst, der Kultur und der Wissenschaft nachhaltig zu fördern. (...) Obwohl wir aus dem Geschehen der letzten 15 Jahre angesichts auch des Fortschritts in der individuellen Lebensführung von Zuversicht und Vertrauen in unsere Kraft getragen sein müssen und sein können, will dennoch eine Stimmung des Sichselbst-Bemitleidens und eines selbstquälerischen Pessimismus um sich greifen.«

Wie sich die Symptome gleichen. Ludwig Erhard konnte damals zwar noch von einer nationalen Volkswirtschaft ausgehen. Er bezog sich stets auf soziale Härten, die meist sehr viel einschneidender waren als unsere gegenwärtigen. Dennoch gibt es viele Gemeinsamkeiten mit der heutigen Situation: Ohne ein grundlegendes Umdenken, vor allem über die Aufgabe der Sozialpartner, der politischen Parteien und der vielen Verbände, die sich vermehrt als Kampfgruppen gegen das Gemeininteresse zeigen, kommen wir auch heute nicht weiter. Devisen wie »Keine Experimente« und »Weiter so« sind gescheitert. Man weiß auch, daß mit der einen oder anderen Veränderung die Dinge nicht mehr ins Lot zu bringen sind. Die vielen kleinen Reförmchen haben eine immer geringere Lebensdauer und Werthaltigkeit. In der politischen Diskussion in Deutschland herrscht Verwirrung. Der Reformbedarf ist unbestritten.

Die Frage ist, ob die Einführung des Modells USA oder Großbritannien nicht nur wirtschaftlich, sondern auch gesellschaftlich zu einer unbefriedigenden Lösung führt. Niemand kann Zweifel daran haben, daß diese im wesentlichen auf dem Wettbewerbskapitalismus aufgebauten Systeme die größte Dynamik entwickeln. Aber ist der Preis für diese Dynamik nicht zu hoch? Wollen wir einen drastischen Abbau der sozialen Netze, extremere Unterschiede zwischen Arm und Reich und letztlich die von Brzezinski beim Gorbatschow-Symposium in San Francisco vorgestellte »*titty-tainment*-Gesellschaft« (bei uns mehr unter dem Begriff der Zweidrittelgesellschaft bekannt)? Oder gibt es einen Mittelweg?

Dieser Mittelweg müßte etwas anders als der »dritte Weg« zwischen Kapitalismus und Sozialismus sein, der gelegentlich undifferenziert diskutiert wird. Oder gibt es gar die Chance für ein deutsches Modell, das wieder ähnlich erfolgreich sein könnte, wie es das Modell der sozialen Marktwirtschaft von den fünfziger Jahren bis in die frühen achtziger Jahre hinein war?

Um mit diesen Überlegungen voranzukommen, sollten wir uns auf die Ursprünge des Erhardschen Modells besinnen. Es geht klar davon aus, daß die Marktwirtschaft ihre Überlegenheit als Wirtschaftssystem bewiesen hat. Dabei sollte nicht übersehen werden, daß sie, für sich genommen, nur ein Wirtschaftssystem und kein Wertesystem darstellt. Sie taugt nicht als Grundlage des Gesellschaftsvertrages einer Nation. Gerade weil jetzt wegen der Überfrachtung der Sozialsysteme und der Überzeichnung der wohlfahrtsstaatlichen Elemente die freiheitlichen Marktkräfte zu erlahmen drohen, wird aus verständlichen Gründen von der Wirtschaftswissenschaft und auch den Wirtschaftsverbänden eine eher neoliberale Wirtschaftspolitik gefordert. Verfolgt man die Schärfe der Diskussion zwischen den Tarifpartnern, läuft sie jedoch Gefahr, das sogenannte Konsensmodell der sozialen Marktwirtschaft zu zerstören, ohne eine neue Konzeption zu haben.

Erhard hat früh auf die Gefahr einer solchen Entwicklung aufmerksam gemacht, so beispielsweise in der *Zeit* vom

21. November 1957. Er warnte vor einem falschen Verständnis des Freiheitsbegriffes. Wer gegen besseres Wissen und Gewissen aus reinem Egoismus glauben machen will, mit der Freiheit sei das Recht verbunden, ohne Rücksicht auf die Gemeinschaft und den Staat das zu tun und zu lassen, was dem einzelnen oder der Interessengruppe gerade frommt, der irrt. »Das aber«, so Erhard, »heiße ich eine falsch verstandene Freiheit.«

Und weiter: »Freiheit, die sozialökonomisch oder politisch nicht in ein umfassendes Ordnungssystem eingespannt und damit gebändigt ist, oder auch Freiheit, die um keine moralische Bindung weiß, wird immer im Chaotischen entarten, während umgekehrt Menschen, die um den Wert und den Sinn der Freiheit wissen, vor der Verantwortung erschrecken, die ihnen damit aufgebürdet ist; sie sind darum auch vor der Versuchung des Mißbrauchs gefeit.«

Es kann nicht schaden, einmal bei einem der Väter der sozialen Marktwirtschaft, dem Soziologen und Ökonomen Alfred Müller-Armack, nachzulesen. Er weist in seinem grundlegenden Werk »Religion und Wirtschaft« im Kapitel »Soziale Irenik« (Friedenslehre) darauf hin, daß soziale Marktwirtschaft keinesfalls mit naivem Vertrauen auf die überlegene Produktivität einer freien Organisation gleichzusetzen ist, sondern vielmehr sittlichen Überzeugungen entsprechende Gestalt zu geben sei. Irenisches Denken bedeutet, in vielfacher Perspektive denken zu können, sich des unabdingbaren Zieles stets zu vergewissern und zugleich mit den technischen Prinzipien vertraut zu sein, nach denen man soziale Ziele realiter erreicht. Er macht darauf aufmerksam, und auch das geht uns heute an, daß Sozialpolitik bisher oft nur Scheinerfolge erzielt hat. Aus der christlichen Geistestradition weist er nach, daß man dagegen gefeit sein muß, irgendwelche staatlichen Maßnahmen, ob Verteilungsmaßnahmen oder Vollbeschäftigung, als letzte Ziele anzusehen. Er schreibt wörtlich: »Was der christliche Ansatz von vornherein vermuten ließ, hat die reale Erfahrung immer wieder bestätigt. Alle diese Wege sind nur Teillösungen einer Gesamtaufgabe, die niemand besser löst als der, der von vornherein um die Unzulänglichkeit dieser Mittel weiß und sich nicht ihrer Überschätzung hingibt.«

In dem Kapitel »Wirtschaftsordnung und Wirtschaftspolitik« aus »Studien und Konzepte zur Sozialen Marktwirtschaft und zur Europäischen Integration« spricht er sich ebenso gegen den Wirtschaftsliberalismus aus wie gegen eine Wirtschafts- und Sozialpolitik, die versucht, alle Ventile einer Maschine zuzuschrauben. Er weist darauf hin, daß das erfolgreiche Bedienen der Maschine ein sinnvolles Spiel von Schaltungen und Sicherungen erfordert, um so zu einem vernünftigen Ergebnis zu kommen.

Müller-Armack wird nicht müde zu betonen, daß hinter dem mit dem System der sozialen Marktwirtschaft Erreichten immer neue Aufgaben und bis dahin nicht gesehene Probleme sichtbar werden, die bewältigt werden müssen. Grundsätzlich kann man sagen, das marktwirtschaftliche System hat seine Überlegenheit bewiesen. Das Ordnungssystem, das der Werteverwirklichung durch gesellschaftspolitische Entscheidungen dient, muß aber immer wieder daraufhin überprüft werden, ob es die Gewichtungen zwischen Freiheit, Gerechtigkeit und Sicherheit so ordnet, daß ein Konsensmodell mit Spannungen durchzuhalten ist. Sobald das Modell aus dem Gleichgewicht zu geraten droht, müssen Maßnahmen zu seiner Reform ergriffen werden.

Solange das außenwirtschaftliche Gleichgewicht stimmt und keine allzu großen Veränderungen im Inneren eintreten, läßt sich ein solches Gleichgewicht wohl über konsensfähige Anpassungsmaßnahmen aufrechterhalten. Das galt sicher lange Zeit für das Rentensystem, das Gesundheitssystem und auch das Tarifsystem sowie für Reformen des Staates und der Verwaltung. Im Zuge der Globalisierung, der Veränderung der Demographie der deutschen Bevölkerung und der Innovationssprünge im Bereich der Information und Kommunikation, die den Übergang der Industriegesellschaft zur Dienstleistungs- und Wissensgesellschaft einleiten, droht das Modell insgesamt zu scheitern, wenn es nicht nachhaltig reformiert wird.

Da die Risikobereitschaft und überhaupt die Offenheit für ein gründliches Nachdenken über die Bedürfnisse von morgen und eine daraus entwickelte umfassende Reformbereitschaft fehlen, erleben wir, daß die Gruppe der Erfolgreichen das ganze soziale Modell in Frage stellt. Sie will letztlich das Konsensmodell aufgeben, während eine andere, weit größere Gruppe mit ihrem Festhalten an den Besitzständen dabei ist, die Funktionsgrundlagen der Marktwirtschaft und damit auch die erfolgreiche Sicherung des Wohlstandes zu gefährden. Hinzu kommt, daß der sichtbare Niedergang der sozialistischen Planwirtschaft auf der einen Seite und das dynamische Wachstum der Wettbewerbsmodelle auf der anderen zu neuen Gewichtungen führt.

Überdies läuft die Globalisierung darauf hinaus, daß die einzelnen nationalen Volkswirtschaften ihre Einflußmöglichkeiten verlieren. Der Standortwettbewerb der Regionen und Nationen um Zukunftsinvestitionen verführt dazu, die Wertesysteme geringzuachten und das Primat der Politik an die Ökonomie abzutreten. Das geschieht mit der Feststellung, die einzelnen Varianten des Kapitalismus stünden untereinander im Wettbewerb und die internationalen Kapitalströme seien Schiedsrichter über Erfolg und Mißerfolg nationaler oder weltregionaler Politik.

Ganz ohne Zweifel sind die Modelle des Wettbewerbskapitalismus kurzfristig erfolgreicher als Konsensmodelle. Vor allem sind sie sehr viel anpassungsfähiger. Der große Nachteil der Konsensmodelle liegt darin, daß sie sich aufgrund ihrer Besitzstandsmentalität bei schwierigen, durch die weltwirtschaftlichen Entwicklungen ausgelösten Anpassungsprozessen, als fast reformunfähig erweisen und damit einen Reformstau hervorrufen, der diejenigen bestätigt, die gleich das ganze Ordnungsgefüge einschließlich des Wertesystems in Frage stellen. Hierin liegt eine der Ursachen, weshalb die japanische Gesellschaft – als geradezu prototypisches Konsensmodell – sich so schwertut, Reformen an ihren tradierten homogenen Mittelstandslösungen anzugehen.

Nun wird man bei kritischer Betrachtung auch unseres Gesellschaftsmodells im Grundgesetz von 1949 einwenden können, daß viele Elemente dieser Verfassung von geschichtlichen Erfahrungen und Bedingungen geprägt sind, die heute, würde man das Grundgesetz neu schreiben, anders gesehen würden. Trotzdem sollte jede Reformbetrachtung von den unveränderlichen Wertmaßstäben unserer Grundordnung ausgehen und zunächst fragen, ob nicht ein neues, durch grundlegende Reformen geprägtes Gemeinwesen die Freiheitskräfte der Marktwirtschaft und die aus unserer christlichen Kultur und Sozialgeschichte geprägten Humanitätsideale in einen neuen Einklang bringen kann. Es geht darum, im Hinblick auf die mit den neuen technischen Erkenntnissen einhergehenden veränderten Bedingungen der Weltwirtschaft, der Globalisierung, einen umfassenden Gesellschaftsumbau einzuleiten, ohne das Wertesystem in Frage zu stellen. Vielleicht könnte daraus ein Modell Deutschland entstehen, das in ähnlicher Weise eine konsensfähige und befriedigende Alternative sowohl zum Wettbewerbskapitalismus als auch zum reformunfähigen Wohlfahrtsstaat darstellt.

Zu diesem Prozeß gehören neben einer Institutionenkritik vor allem Überlegungen, ob der Staat und die vom Grundgesetz vorgegebenen Institutionen ihre Aufgaben in derselben Form erfüllen können wie bisher, ohne die Zukunft zu gefährden. Und es gehört viel Motivation dazu, diesen Prozeß in Gang zu bringen. Johannes Groß, der Herausgeber von *Capital* und *Impulse*, hat über Ludwig Erhard geschrieben: »Er war der Motivator eines ganzen Staatsvolkes, indem er Freiheit einführte, von der damals kaum jemand etwas wissen wollte. Sie hat den einen Angst eingejagt und anderen Hoffnung gegeben. Erhard ist dabei ein Kunststück gelungen. Er hat beide motiviert: die Ängstlichen und die Hoffnungsvollen.«

Deutschland am Scheideweg

Die Staubegriffe beginnen sich allmählich zu stauen.

Aus der Berliner taz

Die Veränderungen der Gesellschaft: Kommt der dritte Weg?

Die Wiedervereinigung gilt zu Recht als das große, zentrale politische Ereignis in Deutschland am Ende dieses Jahrhunderts. Dennoch hat es die Entwicklung der deutschen Gesellschaft weniger beeinflußt als andere große Veränderungen, die angesichts der Wiedervereinigung verdrängt und in ihrer fundamentalen Wirkung unterschätzt wurden.

Die Globalisierung des Wirtschaftsgeschehens hat durch die Entwicklung im Informations- und Kommunikationsbereich und die daraus resultierenden neuen Möglichkeiten der internationalen Arbeitsteilung das Bild und die Einflußmöglichkeiten der nationalen Wirtschaftspolitik vor allem in den modernen Industrieländern gewaltig zurückgedrängt, und es wird immer deutlicher, daß die großen Binnenmärkte selbst nur Zwischenstufen zum globalen Weltmarkt darstellen. Hier setzt nach dem Zusammenbruch der sozialistischen Planwirtschaftssysteme ein neuer Wettbewerb ein. Es ist der Wettbewerb um Dienstleistungs- und Industriestandorte, ein Wettbewerb der verschiedenen Spielarten der Marktwirtschaft. »Jede Nation ist wie ein großes Unternehmen«, sagt der amerikanische Präsident Bill Clinton, »das auf dem Weltmarkt mit anderen konkurriert.«

Sicherlich können Staaten von gut geführten Unternehmen lernen: So reagieren erfolgreiche Firmen auf Ergebnisdruck mit Innovationen und tiefgreifenden Restrukturierungen. Sie schichten Mittel aus nachhaltigen Verlustbereichen in zukunftsfähige Felder um, sie trennen sich von Aktivitäten außerhalb des Kerngeschäfts, sie erhöhen ihre Produktivität. All dies können und müssen auch Staaten tun. Umgekehrt stellt sich heraus: Die Unternehmen von morgen werden nicht nur durch Produktivität und Effizienz zusammengehalten. Je virtueller das Unternehmen, um so wichtiger wird seine Identität und die Sinnstiftung für die Mitarbeiter. Langfristig sind die Menschen die Seele eines Betriebes. Und damit fällt das Bild vom Staat als Unternehmen auf sich selbst zurück: Die Unternehmen der Zukunft werden sich ebenso Anregungen bei funktionierenden Gemeinwesen holen müssen wie umgekehrt.

Einstweilen strotzen Amerika und Bill Clinton nur so vor Selbstbewußtsein (während die Deutschen sich in Selbstzweifeln ergehen). Auf dem Weltwirtschaftsgipfel der G7-Staaten 1997 in Denver, Colorado, konfrontierte Bill Clinton die Vertreter der anderen großen Wirtschaftsnationen wie ein Lehrmeister mit bunten Schautafeln und Kurven. »Die Wirtschaft der USA ist so gesund wie seit langem nicht mehr und die stärkste der Welt«, sprach der Präsident und pries das »amerikanische Modell« für Wachstum und Beschäftigung zur Nachahmung an. Als zu guter Letzt Jeans, Cowboyhüte und -stiefel als Tracht empfohlen wurden, lehnten einige Europäer dankend ab – allen voran Jacques Chirac und Helmut Kohl. Haben die Amerikaner den Wettlauf gewonnen, und sitzen die Europäer in der Schmollecke? Ist das amerikanische Modell demnächst auch das unsere?

Der sogenannte Wettbewerbskapitalismus bietet derzeit die besten Wirtschaftsdaten und wird am reinsten von den USA und in Europa von Großbritannien vertreten. Das Institut der deutschen Wirtschaft (IW) hat die westlichen Volkswirtschaften und Reformprojekte miteinander verglichen und kommt zu dem Schluß, man brauche nicht weiter nach einem Vorbild für die angeschlagene Beschäftigungspolitik zu suchen, denn das Maß aller Dinge sind hier die USA, sie schneiden in einem IW-Vergleich wichtiger Beschäftigungskriterien am besten ab.

Beim Aufbau der Erwerbstätigenquote liegen die USA

nach Luxemburg und Norwegen demnach auf Platz drei, gefolgt von den Niederlanden, Kanada, Neuseeland und der Schweiz. Nimmt man nun den Abbau der Arbeitslosigkeit und die Entwicklung der Einkommen als Kriterium hinzu, bleiben nur noch die USA, Kanada und die Niederlande übrig. Luxemburg, Norwegen und die Schweiz hatten bisher nicht mit ernsthafter Arbeitslosigkeit zu kämpfen, und Neuseeland hat das niedrigste Einkommensniveau aller in Frage kommenden Modelländer. Werden nun Arbeitsmarktverfassung und Arbeitsmarktpolitik ins Knockout-Verfahren mit einbezogen, scheiden auch die Niederlande und Kanada aus. Nach einer OECD-Analyse von 22 Ländern liegen sie abgeschlagen auf Platz 13 (Kanada) und Platz 20 (Niederlande) – knapp vor dem Schlußlicht Deutschland.

Den geringsten Reformbedarf von der Arbeitslosenversicherung über die Deregulierung bis zur Lohnfindung attestiert das IW Großbritannien, die USA liegen auf Platz zwei dicht dahinter. Nach dieser aktuellen Studie sind die USA zudem das einzige Land, das sein Einkommenswachstum aus allen drei verfügbaren Quellen gleichzeitig speisen konnte: Sowohl die Produktivität und die Arbeitszeit je Beschäftigter als auch die aktive Beteiligung am Erwerbsleben sind gestiegen.

Ein Kommentator des *Wall Street Journal* charakterisiert das amerikanische Modell folgendermaßen: »Was es der Welt zu bieten hat, sind eine wachsende Wirtschaft, eine vom Konsum geprägte Gesellschaft, allgemeine Wahlen und ein überwiegend hedonistisches Ethos. Eine Kombination, der man einerseits nur schwer widerstehen, die man andererseits wegen ihrer Gewöhnlichkeit aber auch nur schwer respektieren kann.«

In Asien haben sich dagegen Formen des Konkordanz- und Staatskapitalismus herausgebildet. In Japan stellt sich das Individuum in einem Maß hinter das Kollektiv des Unternehmens zurück, das in Europa nur schwer denkbar wäre. Dabei lehnen Wirtschaft und Politik in Japan den amerikanischen *cowboy capitalism* noch stärker ab als den europäischen *Alpine capitalism.* Die beiden Modellen immanente *winner and loser*-Gesellschaft – auch wenn in Europa weit weniger ausgeprägt – wird nicht gewünscht. Trotzdem scheint unzweifelhaft, daß die japanische Gesellschaft sich nachhaltiger und schneller als je in der Nachkriegszeit reformieren muß. *»What if Japan crashes?«* – Was wird, wenn Japan zusammenbricht? fragt das britische Wirtschaftsmagazin *Economist* und legt überzeugend dar, daß Japan keine andere Wahl als tiefgreifende Reformen hat.

In Tigerstaaten wie Hongkong, Taiwan oder Singapur stützen sich die erfolgreichsten Wirtschafts- und Finanzmagnaten zumeist auf reine Familienunternehmen mit einem extrem ausgeprägten Zusammengehörigkeitsgefühl. Erfolgreicher Gewinnmaximierung in diesen Verbünden steht auf der anderen Seite eine nur sehr rudimentäre öffentliche soziale Fürsorge für die Schwachen gegenüber.

Es stehen somit verschiedene Varianten von Marktwirtschaft im globalen Wettbewerb untereinander. Sie werden von den Kapitalmärkten bewertet, und Investitionsentscheidungen werden nach dieser Auslese getroffen. Diese neue Situation erfordert in jedem Fall ein Überdenken der Spannungs- und Stabilitätsstrukturen der Staaten und Gesellschaften und ihrer Grundlagen.

Die modernen international orientierten Dienstleistungs- und Wissensgesellschaften treten damit in einen, ebenfalls durch die Globalisierung bedingten, von den nationalen Souveränitätsorganen kaum zu beeinflussenden, Strukturwandel ein. Das Tempo der Innovationen, die Fähigkeit, laufend zur Verfügung stehende neue Erkenntnisse umgehend in verwertbare Dienstleistungen und Produkte umzusetzen, wird bedeutender als die außenpolitischen und verteidigungspolitischen Sicherungsstrategien. Die Technologievorsprünge hingegen verkürzen sich zusehends, weil die Adaption neuer Erkenntnisse durch eine Vielzahl von im Wettbewerb stehenden Nationen und Standorten sich aufgrund quasi vollkommener Transparenz und Verfügbarkeit des Wissens immer schneller vollzieht.

War lange Zeit die Frage der militärischen Potentiale für die Macht einer Nation entscheidend, so wird neuerdings immer deutlicher sichtbar, daß Technologievorsprünge diese Machtposition verändern. Das Tempo der Innovation oder, noch genauer gesagt, die Innovationskraft einer Gesellschaft wird deren Zukunftschancen zunehmend bestimmen. Der Einsatz von erwirtschaftetem Kapital und Vermögen zur Stärkung der Bildungs-, Forschungs- und Innovationsfähigkeit einer Gesellschaft stellt neue Fragen an die Sozialstaatsfunktion und auch an den Generationenvertrag.

Wer nach der richtigen Fitneßkur für Deutschland sucht, muß die Gleichzeitigkeit vieler gesellschaftlicher Veränderungen in seine Überlegungen mit einbeziehen. So löst die neue Dienstleistungs-, Wissens- und Kulturgesellschaft die traditionellen Formen der Erwerbsarbeit, die weitgehend auf der Produktionsgesellschaft aufgebaut sind, ab und führt zu neuen und vielfältigen Formen von Selbständigkeit (oft als Scheinselbständigkeit von den Veränderungsgegnern diffamiert). Die wachsende Zahl von Menschen, die durch die Vermögensbildung auch der vorangegangenen Generationen von der Erwerbsarbeit unabhängig sind und trotzdem Aufgaben suchen, führt zu neuen Formen von nicht auf den Einkommenserwerb gerichteten Verantwortungstätigkeiten, etwa im Sozial- und Non-Profit-Bereich.

Die totale Veränderung der Altersstruktur der deutschen Bevölkerung hat die Zusammenhänge und Proportionen von Qualifizierungs- und Erziehungszeit, von Erwerbstätigkeit und drittem Lebensabschnitt grundlegend verändert. Das Erziehungs- und Bildungssystem sieht sich völlig neuen Anforderungen gegenüber. Die Verteilung der Qualifikation zwischen Erstqualifikation und lebenslangem Lernen sowie die immer kürzere Halbwertszeit von verwertbarem Wissen erzwingen neue Strukturen. Auch die höhere Lebenserwartung und die wachsenden Möglichkeiten, den dritten Lebensabschnitt ohne oder mit geringerer Leistungsbeeinträchtigung zu nutzen, bringen neue Fragestellungen.

Der Generationenvertrag, der im wesentlichen auf der Erwerbsarbeit aufgebaut ist, funktioniert im Hinblick auf die Veränderung der Altersstruktur nicht mehr. Ein Mensch, der in der »Lebensmitte« steht, 1960 geboren, hat eine Lebenserwartung bis zum Ende der dreißiger Jahre des nächsten Jahrhunderts. Bei seiner Geburt war ein Drittel der Bevölkerung unter 20 Jahre alt und ein Sechstel über 60 – bei seinem Ableben ist dieses Verhältnis genau umgekehrt. Eine solche drastische Entwicklung hat es in einem Menschenleben in Deutschland noch nie gegeben. Gleichzeitig wächst die Zahl der Menschen, die ihre Zukunftsversorgung vor dem Hintergrund eines hohen Einkommens durch Vermögensbildung in der Leistungsphase selbst ordnen und verantworten können. Einkommen aus Selbständigkeit und Vermögen – oft aus neuen Arten von Selbständigkeit – lösen die Dominanz der Erwerbsarbeit als bestimmenden Faktor in einer Weise ab, die den kollektiven Sicherungssystemen, die auf die Erwerbsarbeit aufgebaut sind, die Grundlage entzieht. Wenn in zwanzig Jahren nur noch jeder zweite Deutsche einen sogenannten Vollzeitarbeitsplatz innehat, kann darauf ein soziales Sicherungssystem nicht mehr aufgebaut werden.

Außerdem wurde durch eine Vielzahl von staatlichen Eingriffen die Transparenz des kollektiven Rentensystems zerstört. Die Definition des Generationenvertrags muß neu erfolgen. Die Familienkomponenten, wie etwa Erziehungszeiten oder Ausbildungszeiten, haben hier das System schon erheblich beeinflußt. Wenn man aber vom Generationenvertrag spricht, dann darf beispielsweise die Leistung für die Erziehung der Leistungsträger der Zukunft nicht außer acht gelassen werden. Es erhebt sich die Frage, ob eine Gesellschaft, die ihre Ersparnisse für den Sozialstandard und dessen Sicherung statt für die Innovationsfähigkeit ausgibt, nicht das Wachstum des Wohlstandes beeinträchtigt und die sozialen Zukunftschancen und damit den Generationenvertrag zerstört. Schon Ludwig Erhard hat auf die Gefahr hingewiesen, daß soziale Erfolge, wenn sie nicht grundsätzlich abgesichert werden, oft nur kurzfristiger Natur sind und dann sogar zerstörerisch wirken können. Diesen Zustand haben wir erreicht.

Der vor der Phase der Globalisierung bestehende Wettbewerb war überschaubar und konnte durch souveräne nationale Strukturen in Grenzen gehalten werden. Die Globalisierung führt nun dazu, daß immer mehr Leistungen im Wettbewerb verglichen werden können und müssen. Daraus folgt, daß unantastbare Gemeinschaftseinrichtungen, die dem Wettbewerb entzogen waren, wie Telekommunikation, Energieversorgung, Postwesen und auch öffentliche Aufgaben wie die Wasser- und Abwasserversorgung, das Gesundheitswesen und vieles andere (erforderlichenfalls unter entsprechenden hoheitlichen Aufsichtsvorschriften) dem Wettbewerb überlassen werden müssen, weil sonst ihre Effizienz im Verhältnis zu dem Ressourceneinsatz zu gering ist.

Alle diese großen Veränderungen stellen aber im Grundsatz nicht das europäische Kultur- und Wertesystem in Frage. Niemand wird auf die Idee kommen, den christlichen Sonntag, weil er ein Wettbewerbsnachteil gegenüber asiatischen Nationen ist, in Frage zu stellen. Der europäische Wertekanon kennt genügend Ausnahmen vom allgemeinen Sonntagsarbeitsverbot. Außerdem sind die Opportunitätskosten des freien Sonntags durchaus bekannt. Auch gegen eine kritiklose Übernahme des amerikanischen Modells spricht die historische Erfahrung: Moden und Entwicklungen, die in den USA kultiviert wurden, schwappen zwar immer wieder nach Deutschland herüber, und dies seit rund fünfzig Jahren. Der Petticoat und Hula-Hoop, Elvis und Coca-Cola, das Einkaufszentrum und McDonald's: eigentlich müßte Deutschland längst Amerika sein, zumal schon Goethe feststellte: »Amerika, du hast es besser als unser Kontinent, der alte...« Für amerikanische Touristen ist Deutschland nach wie vor ein höchst fremdes Land.

Die letzten fünfzig Jahre waren indes alles andere als ein heroischer Abwehrkampf der Deutschen gegen die kulturellen Zumutungen aus der Neuen Welt. Sie waren eher ein bedächtiger Verdauungsprozeß. Wir haben langjährige Routine darin, amerikanische Einflüsse zu verdauen und in modifizierter Form als Stärke anzusetzen.

Ein ganz einfaches Beispiel: Bei McDonald's Deutschland wird der Müll getrennt und manchmal sogar Geschirr gespült. Neben Hamburgern gibt's auch Gemüseburger, neben Coca-Cola sogar Milch, neben Fritten den frischen Salat. Es wurden sogar schon Tischdeckchen mit Blümchen darauf gesichtet. Kurzum: Wenn wir mit McDonald's fertig sind, ist McDonald's nicht mehr McDonald's.

Die Deutschen sind Weltmeister im Verdauen. Auch das amerikanische Wirtschafts- und Sozialmodell wird (genau wie die anderen gängigen Reformmodelle) sich angeeignet und verwandelt. Und wenn wir damit fertig sind, wird das amerikanische nicht mehr das amerikanische Modell sein, sondern ein dritter (vielleicht besserer) Weg.

Deutsche Städte sehen nicht aus wie Los Angeles. Das Lebensgefühl, der Taktschlag der Arbeitswelt und die Obsessionen der Menschen sind andere als in den USA (nicht unbedingt besser oder schlechter, sondern einfach anders). Vor allem fehlen die Extreme: Die aufdringliche Zurschaustellung von Reichtum ist hierzulande gesellschaftlich nicht akzeptiert. Genausowenig gehört sichtbare Armut zum Straßenbild. Vor den Auslagen der Juweliere stehen keine schwerbewaffneten Aufpasser, und wohlhabende Bürger verschanzen sich nicht in bewachten Gettos.

Die Zweidrittelgesellschaft, die in den USA zunehmend manifest wird, gibt es hierzulande nicht. Als arm gilt in Deutschland derjenige, der über weniger als die Hälfte des Durchschnittseinkommens der Gesamtbevölkerung verfügt. Die Standard-Armutsquote in Deutschland beträgt ohne Berücksichtigung der Zuwanderer 11,1 Prozent und diese inbegriffen 13 Prozent. In Ostdeutschland liegt sie bei acht Prozent.

Der Einbindung sozialer Randgruppen in die Gesellschaft wird in Europa und Deutschland ein höherer Stellenwert beigemessen als in den USA. Thomas Jefferson, der Vater der amerikanischen Verfassung, schrieb in seiner *Bill of Rights*, daß jeder Amerikaner ein Recht darauf habe, sein Glück zu machen *(in pursuit of happiness)*. Das war die Geburtsstunde jener Volksweisheit, die da heißt: »Jeder ist seines Glückes Schmied.« Der Anspruch dahinter ist ebenso freiheitlich wie erbarmungslos.

Für uns stellt sich die Frage, mit welchen umfassenden Reformen die große Idee der sozialen Marktwirtschaft (die inzwischen auch besser als sozial-ökologische Marktwirtschaft beschrieben wird) wieder in Funktion zu bringen ist. Wie sind durch intelligente Weiterentwicklung des Staatswesens und seiner Institutionen die Voraussetzungen zu schaffen, damit eine neue Balance zwischen der Dynamik der Marktwirtschaft und dem Menschenrechtskatalog unseres Grundgesetzes hergestellt werden kann?

Unstrittig ist, daß diese Aufgabe im Hinblick auf den entstandenen Reformstau nicht mehr mit Fortschreibungen zu lösen ist, sondern einzig und allein mit grundsätzlichen Reformen. Werden diese Reformen nicht zügig angegangen, droht das heute vordergründige Mißtrauen gegenüber der Leistungskraft der Politik und den Institutionen der Gesellschaft in ein tiefes Mißtrauen gegen das Wertesystem und die Marktwirtschaft insgesamt umzuschlagen. Daraus erwüchse die Gefahr, daß andere erfolgreiche (oder mindestens nach außen hin erfolgreiche) Systeme nachgeahmt oder aber mit evolutionären Mitteln behebbare Fehlentwicklungen im Zuge revolutionärer Entwicklungen unberechenbar verändert werden.

John Kornblum, der amerikanische Botschafter in Deutschland, wird oft gefragt, welche Lehren Deutschland aus den amerikanischen Erfahrungen ziehen könne. Seine Antwort: »Erstens, vor zwanzig Jahren wurden wir [die USA] gefragt: Wie haltet ihr das bloß durch, mit eurer kranken, verrosteten Gesellschaft? Die erste Lehre lautet also: Nicht aufgeben. Zweitens: Man muß sich selbst treu bleiben. Amerika hat sich aus einer wirklich sehr schwierigen Krise hochgearbeitet – auf der Basis seiner spezifischen Eigenschaften, seiner Kultur, seiner ureigenen Wünsche. Wir sind nicht japanisch geworden, wie viele wichtige Experten uns vor zwanzig Jahren vorgeschlagen haben. Heute heißt es, es geht den Amerikanern gut, aber sie haben keinen Sozialstaat, sie haben keine Krankenversicherung et cetera. Nun gut, wir haben die Art von Gesellschaft, die wir haben wollen. Auch Deutschland muß auf der Basis seiner erfolgreichen Volkswirtschaft und seiner eigenen Kultur die Gesellschaft auf eine Weise weiter aufbauen, die den Wünschen und Gegebenheiten des Landes entspricht.«

Kornblum, einer der besten Kenner der Bundesrepublik in den USA, bewertet das Fundament der deutschen Gesellschaft positiv und empfiehlt: »Die wichtigste Botschaft wäre, nicht das Vertrauen in sich selber zu verlieren.«

Fallen Staat und Wirtschaft auseinander?

»Zustände kommen nicht über Geburtswehen und metaphysischen Funkenflug daher, sondern reißen einfach ein«, schreibt der Bevölkerungswissenschaftler Josef Schmid in der *Frankfurter Allgemeinen Zeitung*. Aus der sozialen Marktwirtschaft heraus haben wir nach und nach einen neuen Typus des Wohlfahrtskapitalismus kultiviert. Er war in der starken ökonomischen Dynamik der Nachkriegsjahre und auf Basis der damaligen Altersstruktur der Gesellschaft zunächst auch durchzuhalten und wurde in verschiedenen Ausprägungen überall in Europa heimisch. Die europäische Kapitalismusvariante entfernte sich dadurch immer stärker vom amerikanischen Wettbewerbskapitalismus.

Die Grundidee der sozialen Marktwirtschaft liegt darin, den Markt dort zu korrigieren, wo er nach gesellschaftlicher Übereinkunft zu falschen Ergebnissen führt. Dieser konsensfähige Ansatz entwickelte jedoch schnell eine hohe Dynamik nach dem Motto: »Gibt man dem Teufel den kleinen Finger, so nimmt er die ganze Hand.« Anfangs wurden zehn Prozent umverteilt, dann 20 Prozent – und das funktionierte soweit gut. Bei 30 Prozent wurde es schon schwieriger, bei 40 Prozent bedankten sich nur noch die Empfänger des Geldes. Auf seiten der Leistungserbringer zeigte man sich allmählich spröde. Jetzt, bei fast 50 Prozent, sind beide Gruppen unglücklich: Diejenigen, denen es zufließen sollte und die es nicht bekommen, weil es nicht mehr da ist. Und diejenigen, die es aufbringen müssen und es eigentlich nicht mehr verdienen. Ergo haben wir das Dilemma des Wohlfahrtsstaates entdeckt, weil die Dynamik der Sozialsysteme größer ist als die der Wirtschaft.

Die Deutschen verharren erschrocken wie das Kaninchen

beim Anblick der Schlange, obwohl die meisten Probleme seit langem bekannt sind. Schon Ludwig Erhard wies im Prinzip auf die befremdliche Entwicklung hin: »Bei niedrigem Pro-Kopf-Einkommen ist die soziale Absicherung unumgänglich, erschreckend aber, daß bei stark gestiegenem Pro-Kopf-Einkommen die Ansprüche an das Sozialsystem zunehmen.« Großbritannien, Holland und andere haben inzwischen einen deutlichen Reformkurs eingeschlagen. Die »Reförmchen« der Deutschen nehmen sich dagegen bescheiden aus.

Volkswirtschaften sterben langsam. Und sie haben einen langen Bremsweg. Wir möchten dazu einen Vergleich aus der Ökologie bemühen: Vor zehn Jahren vereinbarte die internationale Staatengemeinschaft, aus der Produktion von FCKW-Lösungsmitteln auszusteigen, weil sie das Ozonloch verursachen. Heute wächst das Ozonloch trotz FCKW-Stop weiter – eine Trendwende ist erst in den nächsten Jahzehnten zu erwarten. Der Grund: Es sind noch nicht alle alten Sünden (sprich: FCKWs) aus der Vergangenheit in der Stratosphäre angekommen. Ozonlöcher und Haushaltslöcher haben somit eines gemeinsam: Die Sünden rächen sich lange, und es kann dauern, bis Maßnahmen greifen. Deshalb müssen Entscheidungen herbeigeführt werden, solange noch der Handlungsspielraum dafür zur Verfügung steht.

Ein internationaler Vergleich der deutschen Leistungskraft ist aus zwei Gründen schwierig. Erstens: Wir haben es mit beweglichen Zielen zu tun und wissen nicht genau, wie schnell sich die anderen voranbewegen. Zweitens: Wir wissen nicht genau, wie weit der Erosionsprozeß der deutschen Leistungsfähigkeit fortgeschritten ist – vernachlässigte Bereiche wie Bildung oder Forschung rächen sich eben oft erst nach zehn oder zwanzig Jahren.

In Deutschland herrscht derzeit die Meinung vor, daß der Status quo besser sei als ein unkalkulierbarer Zustand nach nicht völlig vorausberechenbaren Reformen. Nach dem Motto »Wir stehen nicht schlechter da als andere« proben Verbände, Gewerkschaften, politische Parteien und Interessengruppen den Aufstand, sobald eine Reform negative Implikationen für die eigene Klientel haben könnte. Es erhebt sich deshalb die Frage, was diese Besitzstandsgesellschaft wirklich noch besitzt. Beginnen wir mit der Haben-Seite:

- Innerhalb Europas nimmt Deutschland immer noch eine Spitzenstellung ein. Es ist die mit Abstand größte und stärkste Exportwirtschaft, und deutsche Firmen sind in Europa auf vielen Gebieten führend, zum Beispiel die Chemieindustrie (allerdings sind hier europäische Konzerne wie Novartis oder Roche den deutschen Konkurrenten in der Umsatzrendite weit voraus). Der europäische Vergleich hinkt allerdings in einer globalisierten Welt, denn Europa als solches ist nicht in bester Verfassung. So wurden schon 1993 für 24 Milliarden Mark mehr Hochtechnologieprodukte in die EU eingeführt als exportiert.
- Deutschland ist Europas patentstärkste Nation.
- Im weltweiten Vergleich liegen deutsche Unternehmen, zum Beispiel die Automobilindustrie, nach wie vor vorn. Die deutschen Top-Unternehmen weisen ähnliche Wachstumsraten auf wie amerikanische Konkurrenten. Die Produktivität stieg, bezogen auf die Nettoproduktion pro Arbeitsstunde, in der gesamten Branche seit 1980 um gut 55 Prozent. Porsche beispielsweise benötigt statt 120 nur noch 45 Stunden pro Auto, der VW-Golf wird in 20 Stunden gefertigt.
- Volkswagen erreicht weltweit erstmals in der Geschichte einen Marktanteil von über zehn Prozent und hat beispielsweise in Frankreich fast den von Citroën.
- Die deutsche Elektronikindustrie dürfte in diesem Jahr erstmals für 17 Milliarden Mark mehr ins Ausland verkaufen, als von dort importiert wird.

- Die Deutschen erzielen mit nahezu allen Weltregionen außer Afrika und Japan Exportüberschüsse. Geographisch steht der deutsche Außenhandel auf einer breiteren Basis als noch zu Beginn der neunziger Jahre, trotz der neuen Konkurrenz der Tigerstaaten bleibt der deutsche Anteil am Weltmarkt seit 1960 unverändert bei 11 Prozent (Bevölkerungsanteil 1,4 Prozent). Allerdings kommt den Deutschen beim Export der starke Dollar zugute, gegenüber dem die Mark seit 1996 rund 20 Prozent an Wert verloren hat.
- Alles in allem hat die Privatwirtschaft begonnen, den Kurs dort, wo es um Rationalisierung und Kostenkonsolidierung geht, zu korrigieren. Produktivitätsfortschritte bei moderaten Lohnzuwächsen erhöhten die Konkurrenzfähigkeit. In Deutschland wird mit weniger Input mehr Output produziert: Die Lohnstückkosten, die bis 1995 angestiegen waren, sanken 1997 im zweiten Jahr in Folge.

Und nun zu den Soll-Werten:
- Deutschland kämpft mit einer hohen Arbeitslosigkeit von über 12 Prozent (März 1998).
- Immer weniger junge Menschen sollen unter zunehmend schwierigeren wirtschaftlichen Bedingungen mit ihren Sozialbeiträgen für immer mehr alte Menschen die Rente sichern – ein System, das nicht mehr funktionieren kann. Dies hinderte die Verantwortlichen nicht, ein ähnlich geartetes System der gesetzlichen Pflegeversicherung einzuführen.
- Im Jahre 1996 gingen 19 Prozent des Bruttosozialproduktes in Form von Sozialabgaben und 23 Prozent als Steuern an den Staat. Die Abgabenlast liegt damit bei 42 Prozent. Dies ist ein Rekord in der Geschichte der Bundesrepublik.
- Der schlechte Zustand der öffentlichen Haushalte beruht auch auf den immensen Personalkosten. Sie liegen bei 48

Prozent der Steuereinnahmen (rund 400 Milliarden Mark). Die bislang nicht ausreichend berücksichtigten Rückstellungen für künftige Beamtenpensionen sind für neue Überraschungen gut.

- In Westdeutschland zahlt ein Arbeitgeber etwa 21 Mark und damit fast noch einmal 80 Prozent des Stundenlohnes für Sozialleistungen. In den USA liegen diese Nebenkosten bei umgerechnet 7,50 Mark. Dies führt zu der paradoxen Situation: Ein deutscher Klempner kann seinen Wasserhahn nicht mehr reparieren, weil er sich seine Dienste quasi selbst nicht mehr leisten kann.
- Die Renditen deutscher Konzerne hinken im internationalen Maßstab größtenteils hinterher. Das verarbeitende Gewerbe erzielte in Deutschland Renditen von 1,8 Prozent. In den USA liegt dieser Wert bei 5,8, in Großbritannien bei 7,3 und in Holland bei 9,1 Prozent.
- Im Unterschied zu den USA hat sich die Liste der 50 führenden Unternehmen in Deutschland in den letzten 25 Jahren kaum verändert. Dies zeigt, daß der Strukturwandel hin zur Wissens- und Dienstleistungsgesellschaft bei weitem nicht so dynamisch ist wie jenseits des Atlantiks.
- Die Binnenkonjunktur ist schwach, die Konsumgüternachfrage ebenfalls. Durch die Falltüren der Politik fällt die Massennachfrage in den Keller.

Während die deutsche Haben-Seite sichtbar durch Reformen und Verbesserungsbemühungen der Wirtschaft aufrechterhalten wird, schlägt auf der Soll-Seite ebenso deutlich staatliches Dahindümpeln durch. Die besten Unternehmen haben unter dem Ergebnisdruck der letzten Jahre richtungweisende Lösungen gefunden.

»Schauen Sie sich BMW, Mercedes oder VW an«, sagt Gail Fosler, Chefökonom des New Yorker Conference Board, »die zeigen eine Vitalität, die nichts mit der Konfusion und

Unsicherheit gemein hat, die man sonst in Deutschland spürt.« Die Kräfte von Wirtschaft und Staat entwickeln sich auseinander. »Die Deutschen befinden sich in einer politischen, aber keiner ökonomischen Krise«, befindet Lester Thurow vom Massachusetts Institute of Technology, Autor des Buches *Die Zukunft des Kapitalismus.* Fortschritte auf der einen Seite werden in Deutschland durch Treibenlassen auf der anderen Seite wieder zunichte gemacht. Jedoch: Wenn es einem Großunternehmen wie Volkswagen gelingt, mit einem neuen Arbeitszeitmodell die Arbeitskosten (1994) um 15 Prozent zu senken, warum sollte dies nicht auch ein Staat samt seinen Bediensteten fertigbringen? Wir haben bislang eine Sozialtechnik, die sich fatalerweise selbst zerstört. Es stellt sich also die Frage, wie lange Deutschland sein hohes Lohn- und Sozialniveau noch halten kann.

- In der verarbeitenden Industrie verdient ein Westdeutscher im Durchschnitt pro Stunde 25,96 Mark (in Ostdeutschland 18 Mark), in Großbritannien oder Frankreich umgerechnet 16 Mark, in Portugal 5,53 Mark. Die Produktivität ist in Deutschland allerdings auch höher.
- Mit durchschnittlich 35,8 Stunden (1996, verarbeitende Industrie) haben die Deutschen die kürzeste Arbeitszeit, gefolgt von den Dänen mit 37 Stunden, den Norwegern mit 37,5, den Briten mit 38,8 und den Einwohnern der USA mit 40 Stunden.
- Im Vergleich zu den USA (23 Tage) haben westdeutsche Industriearbeiter 18 Urlaubs- und Feiertage mehr.

Wieviel Zeit bleibt Deutschland noch? Langfristige strukturelle Probleme kündigen sich zuerst in verändertem Investitionsverhalten an – und die Investitionsneigung ist schwach. Deutschland verzeichnet darüber hinaus seit 1987 einen Rückgang der industriellen Forschung und der Anlageninvestitionen, die zur Ausweitung und Aufrechterhaltung der

Forschungstätigkeit notwendig sind. Dies signalisiert, daß entweder weniger Neues entsteht oder die Standortbindung des Forschungsbereichs nachläßt. 1997 haben die Unternehmen allerdings ihre Forschungs- und Entwicklungsetats erstmals wieder real aufgestockt. Nach Abzug der Inflationsrate bleibt nach Schätzungen des Stifterverbandes für die deutsche Wissenschaft zufolge ein Wachstum von zwei Prozent.

In einem *Manifest gegen den Niedergang der Forschung* klagten Anfang 1997 prominente deutsche Wissenschaftler, darunter die Präsidenten der deutschen Forschungsgemeinschaft und der Max-Planck-Gesellschaft, auch auf diesem Gebiet politisches Handeln ein: »In Ausbildung und Forschung liegen unsere entscheidenden Zukunftschancen. In der Bundesrepublik sind die Ausgaben für Forschung und Entwicklung in weniger als einem Jahrzehnt um mehr als ein Viertel auf 2,2 Prozent des Bruttoinlandsprodukts gesunken.« Die realen Ausgaben pro Studienplatz an den Universitäten haben sich seit 1970 um annähernd ein Drittel verringert. Die zitierten Wissenschaftler klagen »antizyklisches Handeln« ein und fordern: »Die Politiker aller Parteien wollen wir lediglich beim Wort nehmen. Sie sollen tun, was sie sagen.« Die Deutschen haben viel zu verlieren, nämlich eine noch relativ gute Position in Wissenschaft und Forschung:

- Deutschland hat bei höherwertiger Technik nach wie vor eine gute Position – dies zeigen auch die Patentanmeldungen. Bei den neuen Schlüsseltechnologien wie Mikroelektronik, Multimediatechnik oder Biotechnologie/Pharmazeutika gibt es wieder Achtungserfolge, im Gegensatz zu den USA und Japan allerdings keine Technologieführerschaft. Die Biotechnologie wird in vielen Bereichen die klassische Chemie und Pharmazie ersetzen – und damit Säule zahlreicher deutscher Großunternehmen sein. Doch die Deutschen bestimmen derzeit nicht Richtung und Tempo des Strukturwandels – aber sie holen auf.

- Deutsche Grundlagenforschung genießt nach wie vor einen ausgezeichneten Ruf. Auch die Verwertung öffentlicher Forschung wurde verbessert, heute stammen immerhin vier Prozent aller Inlandspatente aus dem Hochschulbereich – mit stark zunehmender Tendenz. Der Abruf solcher Ideen aus der Industrie läßt jedoch zu wünschen übrig.

Noch hat Deutschland eine aussichtsreiche Plattform für eine zweite Wende. Doch der Staat sollte von den Unternehmen lernen: Die Wende ist oft ein schmerzhafter Prozeß, es geht nicht ohne Heulen und Zähneklappern. Führungskräfte wie Jürgen Schrempp von Daimler-Benz, Jürgen Dormann von Hoechst oder Ex-Bahnchef Heinz Dürr hatten es bei der Neuordnung ihrer Konzerne mit über Jahrzehnte verfestigten Unternehmensnomenklaturen zu tun. Das Aufbrechen der betrieblichen Politbüros und Hierarchien erfordert gute Nerven: Weil es meist erst schlimmer wird, bevor es aufwärtsgeht. Nennen wir es mal den »Gorbatschow-Effekt« (alle klagen und doch will keiner in den Zustand vor den Reformen zurück).

Institutionen auf dem Prüfstand

Im Mittelalter waren Spanier und Portugiesen die führenden Weltmächte, Briten und Niederländer schienen unbedeutend. Doch die kleinen aufstrebenden Nationen waren hochmotiviert und machten sich rasch neue Erkenntnisse zunutze. Die großen Nationen schauten dem wie gelähmt zu, sie schienen in sich selbst verstrickt und handlungsunfähig. Bald war es um die führende Rolle der Südeuropäer geschehen.

Douglas North, Ökonom und Nobelpreisträger von 1993, hat einmal untersucht, warum bestimmte Systeme untergegangen sind und warum andere erfolgreich wurden. Ergebnis: Eine »Institutionenmatrix« fesselte sie wie Gulliver. Die Parallelen zur heutigen Situation in Deutschland sind auffällig.

Will man den Reformstau in unserer Gesellschaft richtig erkennen, dann muß man prüfen, inwieweit die gegenwärtigen wichtigen institutionellen Einrichtungen, die quasi mit Verfassungsschutz ausgestattet sind, die durch den gesellschaftlichen Wandel aufgeworfenen dringlichen Probleme angemessen lösen können.

Man wird sehr schnell feststellen, daß sich die Horizonte der Gesellschaft und der Ökonomie viel schneller verändern als unsere Ordnungen und die Vorstellungswelt der Institutionen. Im Ansatz richtig angelegte grundsätzliche Diskussionen werden aber von den Institutionen und durch das Besitzstandsdenken großer gesellschaftlicher Gruppen behindert. Überkommene Sprüche wie »Weiter so« oder »Keine Experimente« haben sich in der Folge zur politischen Maxime verfestigt, die man aus Angst vor einer verlorenen Wahl nicht über Bord zu werfen wagt. Deshalb führt kein Weg an einer fundamentalen Institutionenkritik vorbei.

Die Tarifpartner

Nach der Vorstellung des Grundgesetzes handelt es sich um die Vertreter der Arbeitgeber und der Arbeitnehmer, was so ziemlich deckungsgleich ist mit der Vertretung von Kapital und Arbeit. Diese Organisationsstrukturen sind in ihrem Aufbau und auch in ihren Zielsetzungen im Grunde ein Relikt aus der Produktionsgesellschaft, die sich überholt hat.

Schauen wir uns die Gewerkschaften an. Die Gewerkschaften sind nach Schwerpunkten der Industrieproduktion wie Metall, Holz, Textil, Bergbau, Chemie organisiert. Die ÖTV spielt eine Sonderrolle als Gewerkschaft des öffentlichen Dienstes (nicht so sehr als Dienstleistungsgewerkschaft). Die Deutsche Angestelltengewerkschaft ist in einer Zeit, in der die Arbeitsstrukturen zwischen Arbeiter und Angestellten sich auflösen, eine eher überholte Einrichtung denn eine auf den Dienstleistungssektor hin orientierte Gewerkschaft. Man darf gespannt sein, was die säumige Fusion der genannten Einzelgewerkschaften zur Dienstleistungsgewerkschaft nach der Jahrhundertwende bringen wird. Vorerst wird der Deutsche Gewerkschaftsbund noch maßgeblich von der stärksten Gewerkschaft, der IG Metall, beeinflußt. Da liegt es nahe, daß die großen Themen der Dienstleistungsgesellschaft, wie die Flexibilisierung der Arbeitszeiten oder völlig neue Zusammenhänge zwischen Weiterbildungszeit, Arbeitszeit, Bereitschaftszeiten oder Jahresarbeitszeit, in den Hintergrund treten, während die Verteilung der Arbeitszeit, die die Computer und Roboter in den Produktionsstätten den Menschen noch übriglassen, im Mittelpunkt steht.

Schauen wir uns die Entwicklungen am praktischen Beispiel an. Die IG Metall, die nachhaltig auf die Erhaltung des Flächentarifvertrages in der Metallindustrie pocht, zählt auch die Mitarbeiter, die sich bei Mannesmann der Telekommunikation widmen, zu den von ihr vertretenen Mitgliedern, weil deren Väter Röhren produziert haben. Ebenso verhält es sich mit den Software-Produzenten bei IBM, deren Väter Computer und Schreibmaschinen hergestellt haben, obwohl die Interessenlagen zwischen diesen Bereichen weit auseinandergehen. Jedem nüchtern denkenden Bürger ist schnell klarzumachen, daß sich die Interessen der Stahlarbeiter von denen der Software-Ingenieure fundamental unterscheiden und etwa gleiche Tarifverhältnisse in der Fläche eines Tarifgebietes dabei keine Rolle spielen.

Auf der Arbeitgeberseite ist aber bezeichnend, daß es ein Tarifgebiet Nordwürttemberg/Nordbaden gibt. Dieses Regionalgebiet hat nach der Gründung des Landes Baden-Württemberg mit seinen vier Regierungsbezirken keine wirtschafts- und sozialpolitische Bedeutung mehr. Da aber in diesem Gebiet, das Sitz von Daimler-Benz und einigen anderen wichtigen Arbeitgebern der Metallindustrie ist, traditionell Pilottarifverhandlungen für das ganze Bundesgebiet geführt wurden, ist im Einvernehmen zwischen Arbeitgebern und Arbeitnehmern dieser Tarifbezirk erhalten geblieben.

Die Postgewerkschaft wird wahrscheinlich selbst nach der Auflösung aller Posteinrichtungen die Mitarbeiter der Telekom (neben der IG Metall, die die Mitarbeiter der Telekommunikation der Privatanbieter vertritt, soweit dies nicht durch die IG Bergbau wegen der Stromkonzerne geschieht) und gleichzeitig die der Postbank vertreten (während die Mitarbeiter der anderen Banken der HBV angehören).

Da einige Gewerkschaften an den Rand der Existenzfähigkeit gerieten, wie etwa die IG Textil oder die IG Holz, beschlossen sie, mit der IG Metall zu fusionieren, die IG Textil 1998, die IG Holz voraussichtlich 1999, aber nicht etwa zur einheitlichen Tarifvertragsgestaltung. Vielmehr gibt es dann in der gleichen Fläche einen Flächentarifvertrag der IG Metall für den Metallbereich und der IG Metall für den Holz- oder Textilbereich.

In der fraktalen Autofabrik von morgen werden jedoch die Zulieferer eng mit den Hauptproduzenten, etwa bei der Herstellung der Automobile, zusammenarbeiten. Das heißt, der in der ehemaligen Textilgewerkschaft und ihrem Flächentarifvertrag organisierte Textilarbeiter, der den Autositz aus Textil gefertigt hat, wird ihn zusammen mit dem Metallarbeiter, der die Karosserie zusammengeschweißt hat (was auch nicht mehr stimmt, er hat die Maschinen betreut, die mit Robotern die Karosserie zusammenschweißen), einbauen. Wird der Sitz verschraubt und arbeiten die beiden Kollegen zusammen, dann arbeitet der Metallarbeiter nach einem anderen Tarif als der Textilarbeiter, obwohl sie inzwischen der gleichen Gewerkschaft angehören. Das alles zeigt, wie schwer sich die Institutionen tun, den Realitäten des Lebens zu folgen.

Die Auseinandersetzung, ob Flächentarifvertrag oder nicht, ist ein Streit um des Kaisers Bart. Selbst die Anhänger des Flächentarifvertrages klammern sich nicht stur an die alte Regelung, sondern plädieren für eine von den Betrieben unabhängige Rahmenlösung, die mit hoher Flexibilität den einzelnen Betrieben und ihren Bedürfnissen besser Rechnung trägt. Die Gegner des Flächentarifvertrages halten diese Rahmenverträge für gar nicht mehr notwendig. Wir wollen jetzt nicht darüber streiten, was richtig ist. Nur, das Ganze als Flächentarifvertrag zu bezeichnen, branchenbezogen zu bearbeiten, obwohl die Spannbreiten in den Branchen nichts mehr mit Einheitlichkeit zu tun haben und die Flächentarife einer Fülle von Zufälligkeiten unterliegen, zeigt, daß hier eine grundlegende Reform unabdingbar ist. Im Mittelpunkt dieser Reform sollten anstelle der Produktionsbranchen der Vergangenheit möglicherweise die verschiedenen Aufgabenstellungen einer großen Dienstleistungsgewerkschaft und einer Produktionsgewerkschaft stehen, wobei auch hier die Frage der Globalisierung und die Einordnung der Abschlußprinzipien in den globalen Prozeß im Vordergrund stehen müssen.

Bei den Arbeitgebern ist im Grunde eine ähnliche Verkrustung der Strukturen festzustellen. Die Diskussion um die Zwangsmitgliedschaft bei den Kammern kommt nicht von ungefähr. Es fragt sich, ob eine Zwangsmitgliedschaft und ein Kammersystem im Zeitalter der Marktwirtschaft mit globalen Dimensionen noch sinnvoll sind. Wer spricht für die deutsche Wirtschaft? Der DIHT mit seinen Kammerorganisationen, der BDI, als Fachverband für die Unternehmen, oder der BDA, der Sachwalter der Arbeitgeber, die ja im wesentlichen deckungsgleich mit den Unternehmen sind? Oder welche Bedeutung hat der Bund der Selbständigen, der die Interessen einer bestimmten strukturell wichtigen Gruppe verficht? Wie ist das mit den Kammern und Organisationen der freien Berufe, bei denen, ähnlich wie bei den Handwerkskammern, die Strukturen der Vergangenheit einen Kodex bewirken, gegen den still und leise überall verstoßen wird, zum Beispiel im Internet? Der Schein wird gewahrt, als hätte alles seine gesetzte Ordnung. Aber auch hier wird nicht die Stabilität der Gesellschaft gesichert, sondern mit organisatorischen Werkzeugen von gestern eine moderne dynamische Gesellschaft von heute malträtiert.

Die Kammerorganisation der Industrie, der BDI und der BDA sollten nicht nur in Berlin unter ein Dach ziehen, sondern sie sollten eine neue, moderne Dienstleistungsstruktur für die deutsche Industrie im Inland unter besonderer Berücksichtigung der Interessen mittelständischer Organisationen schaffen. Eine entsprechende Lösung würde wohl auch die Gewerkschaften zwingen, sich zu einer großen Dienstleistungsorganisation für die Arbeitnehmer, die Betriebsräte, die Personalvertretungen in den verschiedensten gesellschaftlichen Strukturen weiterzuentwickeln. Wer dem Staat dauernd Ratschläge für neue Organisationen und dynamischere Strukturen erteilt, der sollte selbst eine idealtypische moderne Struktur vorzeigen können.

Und wo bleibt die Gewerkschaft der Arbeitslosen, die gewährleistet, daß bei den Tarifverhandlungen und der Festlegung der Arbeitsbedingungen die Chance wächst, daß Menschen, die keine Arbeit haben, wieder in den Arbeitsprozeß eingegliedert werden? Bei nahezu fünf Millionen Arbeitslosen wäre eine institutionelle Sicherung dieser Gruppe genauso wichtig wie die Klärung der Mitwirkungsrechte im Rahmen der Ausübung der Tarifautonomie. Zudem wechseln immer mehr Arbeitnehmer ins Lager der neuen Selbständigen und Netzwerke, der »Lebensunternehmer« und Einzelkämpfer. Die heutigen Arbeitnehmerorganisationen müssen sich zu modernen Dienstleistungsunternehmen auch für diese Gruppen entwickeln. Wer genau hinschaut, kann hier sogar schon Graswurzeln erkennen: So macht eine erst 1995 gegründete Vereinigung von 1100 freien Fotografen von sich reden. »FreeLens« liegen die Arbeitsbedingungen im freien Fotojournalismus am Herzen, und die junge Organisation verfolgt ihre Ziele mit viel Pfiff jenseits des alten Gewerkschaftsmiefs. Mit einer modernen eigenen Zeitschrift, Wettbewerben (und, wenn nötig, Copyright-Musterprozessen) begleitet die Organisation ihre Mitglieder durch den neuen Dschungel der Datendienste und Mediennetzwerke.

Die Non-Profit-Organisationen oder gemeinnützigen Einrichtungen

Wer die Entwicklung der Arbeitsplatzzahlen analysiert, wird feststellen, daß in der neuen Kultur- und Dienstleistungsgesellschaft die Zahl der Beschäftigten in den sogenannten

Non-Profit-Organisationen am schnellsten wächst. Im deutschen »dritten Sektor« ist das Arbeitsplatzangebot in den letzten zwanzig Jahren deutlich stärker gewachsen als in jedem anderen Bereich der Wirtschaft. Mit einem Anteil an der Wertschöpfung von etwa 80 Milliarden Mark hat er in etwa das doppelte Gewicht des Versicherungswesens. Knapp 60 Prozent der Gesamtausgaben entfielen dabei auf die im sozialen und Gesundheitsbereich tätigen Organisationen.

Die kirchlichen Einrichtungen, von der öffentlichen Hand getragene Non-Profit-Organisationen, die rasch wachsende Zahl der Stiftungen im sozialen, kulturellen und künstlerischen Bereich sowie die im Bildungsbereich immer zahlreicheren gemeinnützigen Einrichtungen werden weiter in ihrer Bedeutung als Arbeitgeber wachsen. Bereits heute gehören sie zu den größten privaten Arbeitgebern in Deutschland.

Eine Gesellschaft, in der viele Menschen in der Erwerbsarbeit keinen Platz mehr finden und gleichzeitig zahlreiche soziale und humane Dienste verlorenzugehen drohen, weil sie nicht mehr bezahlbar sind, schreit eigentlich danach, ganz gezielt über Non-Profit-Organisationen befriedigende Aufgaben gegen Kostenerstattung oder gegen geringes oder gar ohne Entgelt zu schaffen. Damit ließe sich eine neue soziale Kultur der Zuwendung und des Helfens aufbauen, die einen Anreiz bietet, in der und für die Gemeinschaft etwas zu leisten.

Sowohl die sich abzeichnende Altersstruktur unserer Gesellschaft als auch das nicht mehr zu klärende Verhältnis zwischen traditioneller Erwerbsarbeit und Verantwortungsarbeit oder Gemeinschaftstätigkeit im Ehrenamt bedarf eines komplett neuen Durchdenkens der einzelnen Institutionen und Strukturen.

Interessant ist die neu aufkommende Diskussion um das Stiftungsrecht oder um das Kirchensteuersystem im Zusammenhang mit den sozialen Leistungen der Kirchen. Auch die wachsende Spendenbereitschaft und das Mäzenatentum spielen eine gewichtige Rolle. Viele Menschen sind nicht bereit, ihren persönlichen Erfolg aufgrund konfiskatorischer Steuersysteme ohne jede Möglichkeit der Einflußnahme an die Allgemeinheit abzuliefern. Dieselben Leute zeigen sich aber sehr offen, wenn es darum geht, mit ihren versteuerten Vermögen bei entsprechenden, auch nichtmateriellen Anreizen etwas zu unterstützen, das sie für wünschenswert halten, etwa durch Spenden, durch Patenschaften, durch persönlichen Zeiteinsatz. Das schafft eine neue Kultur einer freien und sich sozial verpflichtet fühlenden Gesellschaft oder, um den zeitgemäßen Begriff zu verwenden, einer Bürgergesellschaft.

Aus solchen Gemeinschaftsgedanken muß auch der Wille erstehen, durch eine große Gemeinschaftsleistung die deutsche Gesellschaft wieder international erfolgreich zu machen, ohne die besonderen Konsensziele von sozialer Gerechtigkeit, Humanität und Partnerschaft aus den Augen zu verlieren. Wenn die Gesellschaft auf den Konflikt zusteuert, daß die Leistungsgesellschaft keine soziale Rücksicht mehr nehmen kann, oder wenn umgekehrt durch die Höhe der Sozialleistungen ein Steuerstaat entsteht, der die dynamischen Elemente der Marktwirtschaft zerstört, muß der Weg aus diesem Dilemma mit neuen Ideen und Konzepten, nicht mit einer Kampfabstimmung über die eine oder andere Linie gefunden werden.

Aber auch diese Überlegungen zeigen, daß die grundsätzlichen Probleme am Arbeitsmarkt in der traditionellen Form nicht mehr gelöst werden können und daß die kollektiven sozialen Sicherungssysteme nicht beibehalten werden können. Die Menschen müssen wieder mehr Selbstverantwortung übernehmen und zugleich Verantwortung für die tragen, die zur Selbstverantwortung nicht in der Lage sind. Geschieht dies über eine Vielzahl von partnerschaftlichen und sozialen Organisationen, ist auch die Effizienzkontrolle durch die dort ehrenamtlich Tätigen vermutlich wesentlich größer, als wenn dies alles durch staatliche Institutionen abgesichert werden muß.

Dazu gehört das Mäzenatentum der wachsenden Zahl von reichen Mitbürgern, die mit zunehmendem Alter erkennen, daß es eine verstärkte Sozialgebundenheit von Eigentum und Vermögen geben muß. In der Mitte dieser Überlegungen muß auch das Erbschaftsrecht stehen. Das Erbschaftsrecht ist aus einem Generations- und Familienverband entwickelt worden, der sich gewaltig gewandelt hat. Man denke beispielsweise an die Single-Gesellschaft oder daran, daß das Alter des durchschnittlichen Erben sich fast um eine Generation verschoben hat. (Stichwort: Wenn der 88jährige seinem 65jährigen Sohn das Erbe vermacht, hat dieser seinen Vermögensaufbau schon abgeschlossen.) Selbst wenn man für die Familienabkömmlinge verschiedener Grade hohe Freibeträge festlegt, könnte die Überlegung weiterführen, daß große Vermögen stärker zur Sicherung der Gesamtgesellschaft im Erbfall herangezogen werden.

Intelligente Angebote an die Vermögenden könnten helfen, etwa über Stiftungen private Kunstsammlungen in den öffentlichen Besitz zu bringen und damit Erbschaftsteuern zu zahlen oder mit persönlichen Stiftungen zu Lebzeiten einen später im Erbfall anrechenbaren Beitrag mit persönlicher Einflußmöglichkeit zur Lösung der Gemeinschaftsprobleme in Kunst, Kultur, Sport, im sozialen oder in anderen Bereichen zu leisten. Wir möchten diese Idee mit dem Schlagwort der »intelligenten Reichtumsvernichtung« belegen. Sie würde auch neue Perspektiven eröffnen, denen sich beispielsweise Non-Profit-Organisationen zuwenden können. Bezeichnend ist, daß national und international bereits Wirtschaftsunternehmen entstehen, die solche Aufgaben (Patenschaften für Kinder in der dritten Welt) übernehmen.

Schließlich sollte über den Zusammenhang von Werbung und Sponsoring neu nachgedacht werden. Mehr und mehr

Unternehmen sind daran interessiert, daß ihr Name, der vielleicht schwer mit einem Produkt oder einer Dienstleistung verbunden werden kann, einen guten Klang in der Gesellschaft bekommt. Dies geschieht möglicherweise wirkungsvoller über die wachsenden Sponsoraktivitäten als über Fernsehen und andere Medienreklame. Ist hier nicht ein Ansatz, um über Sponsoring etwa kulturelle und soziale Aktivitäten zu fördern, die der Staat allein nicht mehr finanzieren kann, die aber ein Stück Sozialgebundenheit wirtschaftlicher Aktivitäten werbewirksam und für die Firmen nutzbringend demonstrieren können?

Und noch einmal ein Hinweis zum Arbeitsmarkt. Die Tatsache, daß die Arbeitsmarktstatistik zum Jahresende 1997 etwa 4,5 Millionen Arbeitslose auswies, 400000 mehr als zum Jahresanfang, zeigt, daß selbst bei einem Wachstum von 2,5 Prozent die Arbeitslosenzahl ansteigt. Wenn man diese Zahlen hochrechnet, so ergibt sich, daß die Arbeitsplatzstruktur der Bundesrepublik Deutschland bei Wachstumsraten von rund drei Prozent vielleicht gerade das Arbeitslosenniveau halten kann, eine Senkung der Arbeitslosenzahlen aber nicht eintritt. Das amerikanische Beispiel mit kontinuierlich steigendem Arbeitsplatzangebot bei relativ niedrigen Wachstumsraten – als Resultat eines völlig flexiblen Arbeitsmarktes – kann nicht auf Deutschland übertragen werden.

Niemand prognostiziert der Bundesrepublik oder ihren europäischen Nachbarn Wachstumsraten in mittelfristigen und langfristigen Bereichen über drei Prozent. Das heißt, wenn nicht fundamentale Veränderungen durch Reformmaßnahmen wirksam werden, kommen wir dem Arbeitslosenproblem nicht bei.

Die Ursachen dieser Entwicklung scheinen zunehmend klar: Im Produktionssektor helfen im Hinblick auf die internationale Wettbewerbslage auch kurz- und mittelfristig sinkende Reallöhne nicht. Der internationale Wettbewerb in den Hochlohnländern führt dazu, daß Unternehmen durch hohe Produktivitätsfortschritte ihre Wettbewerbsfähigkeit erhalten müssen. Man hat den Eindruck, daß gerade Unternehmen, die noch ein großes Potential von Arbeitskräften im Produktionssektor beschäftigen, ihre jährlichen Produktivitätssprünge wesentlich erhöhen. Ähnlich wie vor 100 Jahren in der Landwirtschaft schaffen heute weniger Arbeitskräfte in der Produktion mehr Güter als früher (symptomatisch das Daimler-Benz-Werk in Sindelfingen: Heute stellen 30 Prozent weniger Mitarbeiter 20 Prozent mehr Autos als vor fünf Jahren her).

Das würde bedeuten, daß neue Arbeitsplätze im Grunde nur im Dienstleistungs- und im Non-Profit-Sektor geschaffen werden können. Darüber hinaus wird deutlich, daß die Hochtechnologieunternehmen im Produktionssektor nicht zu einer nachhaltigen Verbesserung der Arbeitsplatzsituation beitragen können, weil diese Unternehmen mit relativ wenigen Menschen ihre hochtechnischen Produkte herstellen, das heißt hohe Wertschöpfung mit wenigen Mitarbeitern erreichen.

Im Dienstleistungssektor zeigt sich, daß auf der einen Seite eine hoffentlich expandierende Dienstleistungsgesellschaft mit hoher Flexibilität zwar neue Arbeitsplätze sowohl im oberen Bereich (Software-Entwicklung, internationale Vertriebssysteme und Service-Einrichtungen) als auch im Niedriglohnsektor (einfache Service-Dienste) schafft. Auf der anderen Seite bauen aber die großen Dienstleistungsorganisationen wie Banken, Versicherungsunternehmen und andere im Zuge ihrer Internationalisierung und dank der neuen Informationstechniken (Service ohne Menschen wie Kreditkartensysteme, Direct Banking usw.) in gewaltiger Zahl Arbeitsplätze ab.

Die Struktur der Arbeitslosen wird verstärkt von einem Sockel älterer Arbeitsloser geprägt. Geht man noch davon aus, daß mit fortschreitender Umstrukturierung staatlicher Tätigkeiten (etwa durch Outsourcing von Dienstleistungen, die dann mit weit weniger Personal effizienter durchgeführt werden können, oder durch erhöhten Einsatz technischer Hilfsmittel anstelle persönlicher Dienstleistungen) auch der Staat als Arbeitgeber in weiten Bereichen ausfällt, so werden Arbeitsplätze vermehrt durch Teilzeitarbeit oder durch Non-Profit-Organisationen geschaffen werden müssen.

Deshalb muß der Arbeitsmarkt grundlegend neu überdacht werden, vor allem mit dem Ziel neuer Selbständigkeit im Dienstleistungsbereich. Uns scheint, daß die Nachfrage nach Dienstleistungstätigkeiten durch Non-Profit-Organisationen ein Ausweg sein kann. Eine besondere Berücksichtigung muß dabei die Frage finden, wie die Lebenserfahrung älterer Menschen für Non-Profit-Organisationen, die keinem internationalen Wettbewerb ausgesetzt sind, genutzt werden kann. Hier ist auch der Gedanke des Kombilohns für Tätigkeiten, die nicht im Wettbewerb mit handwerklichen Dienstleistungen stehen, erwägenswert. Eine Einkommensquelle können erwirtschaftete Altersversorgungen oder Sozialhilfeanteile und geringe Vergütungen für zusätzliche Tätigkeit im Non-Profit-Bereich sein.

Wer all die Ursachen für unser Dilemma und die Vorschläge zu seiner Lösung überdenkt und obendrein in Rechnung stellt, daß die Europäische Wirtschafts- und Währungsunion eine Anpassung der politischen Spielregeln in Europa erzwingen wird, kommt nicht länger darum herum, über eine Verfassungsreform nachzudenken.

Die Verfassung

Die Europäische Wirtschafts- und Währungsunion wird einen Anpassungsdruck auf die Steuersysteme ausüben und wird möglicherweise sichtbar machen, daß die jetzt schon vorhandenen Rückstände Deutschlands in der Anpassung der gesetzlichen Regelung an die EU-Vereinbarungen immer größer werden, weil der Föderalismus die Bundesregierung handlungsunfähig macht. Es ist nicht ausgeschlossen, daß sich dieser Zustand nach der nächsten Bundestagswahl nicht ändert. In keinem europäischen Land ist die Verquickung von Landes- und Bundespolitik und damit die Möglichkeit der parteipolitischen gegenseitigen Blockade so groß wie in Deutschland. Berücksichtigt man zudem, daß wir unter den führenden Wirtschaftsnationen – historisch bedingt – wahrscheinlich die am wenigsten veränderbare konstitutionelle Situation haben, so könnte hier eine gefährliche Entwicklung eintreten.

Die Tatsache, daß die politischen Parteien sich gegenseitig der Blockade bezichtigen, führt dazu, in politischen Diskussionen immer häufiger die Auflösung solcher Blockadesituationen durch die Verfassung zu verlangen. Es ist ein gefährliches Spiel, wenn die politischen Parteien die institutionell angelegte Blockade zum Wahlkampfthema machen, ohne sich gemeinsam um einen Ausweg aus diesem Dilemma zu bemühen. Wer Verfassungszweifel sät, ohne Vorschläge für eine Zukunftslösung anzubieten, fördert nicht nur die Politikverdrossenheit, sondern er sprengt möglicherweise das Grundkonsensmodell.

Da im Hinblick auf die europäische Entwicklung eine Verfassungsdebatte über kurz oder lang unumgänglich sein wird, nicht zuletzt wegen der Frage, inwieweit einheitliche Verfassungsgrundsätze für den Bereich der Menschenrechte (siehe Asyldiskussion) fällig sind, ist es nach unserer Auffassung an der Zeit, die Mitglieder der Europäischen Union aufzufordern, in eine solche grundsätzliche Debatte über gemeinsame Verfassungselemente einzutreten. Parallel dazu sollte auf nationaler Ebene die Frage untersucht werden, inwieweit die Veränderungen der deutschen Gesellschaft seit 1949 neben Fortschreibungen eine grundsätzliche Verfassungsreform erfordern. Die These zu vertreten, daß die Wirtschafts- und Währungsunion möglicherweise die Nation ohne ihren Handlungswillen zur Einigung zwingt, ist unseres Erachtens fragwürdig, zumindest sehr problembehaftet. Das alles hängt mit der Frage zusammen, ob wir einen eigenen deutschen Modellbeitrag leisten wollen oder ob wir im Grunde unser System aufgeben, um abzuwarten, bis es so fragwürdig wird, daß sich Mehrheiten für das amerikanische oder englische Modell ergeben.

Eine Verfassungsdebatte kann nicht partei- und wahlpolitisch geführt werden. Selbst ein Beispiel wie die Bayerisch-Sächsische Zukunftskommission zeigt, daß auch positive Ergebnisse solcher Kommissionen rasch im parteipolitischen Kräftespiel untergehen. Abgesehen davon gab es in Deutschland noch nie eine Verfassung, die 50 Jahre überdauert hat, was zwangsläufig die Frage aufwirft, ob die Lebensbedingungen zur Jahrtausendwende noch der verfassungsmäßigen Disposition von 1949 entsprechen können. Das gilt sicher nicht für die Grundwerte der Verfassung, aber es gilt für institutionelle Fragen und für bestimmte Gewichtungen.

Es wäre durchaus denkbar, in einer großen Verfassungsreform die Gemeinschaftsaufgaben von Bund und Ländern aufzulösen, den Ländern mehr Spielraum für Wettbewerb und die besten Lösungskonzepte für die Länderaufgaben einzuräumen und damit mehr Experimente zuzulassen. Ein Blick auf den Bildungsbereich zeigt, daß die zahlreichen Mischstrukturen und Gremien eine umfassende Bildungsreform behindern.

Würde man beispielsweise im Steuerrecht zu neuen Aufteilungen der Steuern zwischen Bund und Ländern in einer institutionellen Form kommen (unter Beibehaltung des Länderfinanzausgleichs), könnte man die Mitwirkungsbefugnisse der Länder im europäischen oder auch im nationalen Gefüge beschränken, um die Dynamik der politischen Gestaltung nicht zu blockieren.

Erwägenswert wäre auch der Gedanke, daß der Bundespräsident als über den Parteien und Institutionen stehende Autorität eine Art Royal Commission zusammenruft, die einmal diese Fragen gutachtlich behandelt, um damit die Möglichkeiten zu schaffen, daß die Parteien sich dem Ganzen verpflichtet sehen und eventuell in einer speziellen großen Koalition diese Fragen angehen. Wenigstens der Anstoß müßte erfolgen. Spätestens nach der Bundestagswahl wird, wenn bis dahin in die Entwicklung keine Bewegung gekommen ist, diese Frage zum brennenden aktuellen politischen Thema. Hier sind letztendlich auch die Medien gefordert. Wilhelm Hennis, emeritierter Politikwissenschaftler in Freiburg, schreibt in der *Zeit*: »Verfassungsfragen sind hierzulande auch – im Gegensatz zu England, Frankreich und Italien – keine Themen, die die öffentliche Meinung interessieren. Da herrscht dumpfe Verdrossenheit, und die Zahl der Journalisten, die mit Kompetenz Verfassungsprobleme aufwerfen können, ist klein.«

Die zweite Wende

Deutschlands Weg ins 21. Jahrhundert

Dieses habituell vorsichtige Annähern hat durchaus Vorzüge. So haben es viele europäische Städte geschafft, neue Technologien – von der Wasserversorgung bis zum Auto – harmonisch in ihr in Jahrhunderten gewachsenes Stadtbild zu integrieren. Im Vergleich dazu sind viele amerikanische Städte ungastliche Wüsteneien. Denn das Einfügen ist nicht die Stärke der Amerikaner. Mit der traditionsgelenkten Vorsicht der Deutschen einher geht die Fähigkeit zum Tüfteln und Einpassen.

Benedikt Fehr/New York in der FAZ

Ein Bündnis für Wandel

Es heißt, Deutschland brauche ein Bündnis für Arbeit. Wir glauben, daß eine solche Herangehensweise zu kurz greift (schon allein deshalb, weil kein Mensch mehr sagen kann, was wir künftig unter Arbeit zu verstehen haben). Wir möchten das Plädoyer daher weiter fassen: Deutschland braucht ein Bündnis für Wandel. Der Glaube an eindeutige Wirkungsbeziehungen oder Kausalitäten erweist sich in einer globalisierten Welt immer öfter als Irrtum. Neue Wege können allein in einer Kultur des permanenten Wandels und Lernens gefunden werden. Hans-Jürgen Warnecke, Präsident der Fraunhofer-Gesellschaft zur Förderung der angewandten Forschung, erklärt es so: »Man muß heute an vielen Dingen gleichzeitig drehen. Man kann auch nicht eindeutig sagen, daß jedes Drehen an einer bestimmten Einflußgröße gleich einen bestimmten Erfolg bringt. Die Wirkung kommt vielmehr durch die Summe der Einflüsse zustande, wie es eben auch die Summe der Anstrengungen vieler ist, die das Ganze zum Erfolg bringt.« Rückwirkend betrachtet, ergibt sich oft ein Quantensprung, ohne daß es möglich wäre, präzise nachzuweisen, welche Einzelmaßnahmen dazu beigetragen haben.

Die Diskussion um Zukunftspfade ist derzeit oft von Ausschließlichkeiten geprägt: Neue Selbständigkeit – ja oder nein? Bürgerarbeit – richtig oder falsch? McJobs – gut oder böse? Amerikanisches Modell oder holländisches Modell? Doch es geht nicht um ein Entweder-Oder. Es geht um ein Sowohl-Als-auch. Es geht um ein Teils-Teils. Es geht ums Differenzieren, Ausprobieren und Austarieren.

Eine im Auftrag des Bundesministeriums für Familie, Senioren, Frauen und Jugend erstellte Studie zeigt, daß dabei mit jungen Menschen gerechnet werden kann. Der Sozialpsychologe Gerhard Schmidtchen hat in seinem Buch *Wie weit ist der Weg nach Deutschland?* Lebensziele und ethische Grundsätze von Jugendlichen in Ost und West untersucht. Altruistische Motive sind danach weit verbreitet, und die jungen Leute wollen sich an der gesellschaftlichen Wertschöpfung, materiell wie immateriell, beteiligen. Ihr Vertrauen in die Institutionen, die dies organisieren könnten, ist allerdings gering. Autor Schmidtchen zieht das Fazit: »Wenn man den psychischen Tendenzen junger Menschen nachspürt, die in ihren kritischen Äußerungen erkennbar werden, erscheint Deutschland als Methapher für die erstrebenswerte Heimat. Es soll eine Kultur der Gerechtigkeit, der Aufklärung, der Offenheit sein, ein Land, in dem Freiheit und Ordnung keine Widersprüche sind. In ein Deutschland, das seine geistigen humanistischen Traditionen aufnimmt, Lebensformen der Kreativität bietet, würden Jugendliche gern aufbrechen.«

Eine interessante Arbeit zu finden ist mit das wichtigste Lebensziel für Jugendliche

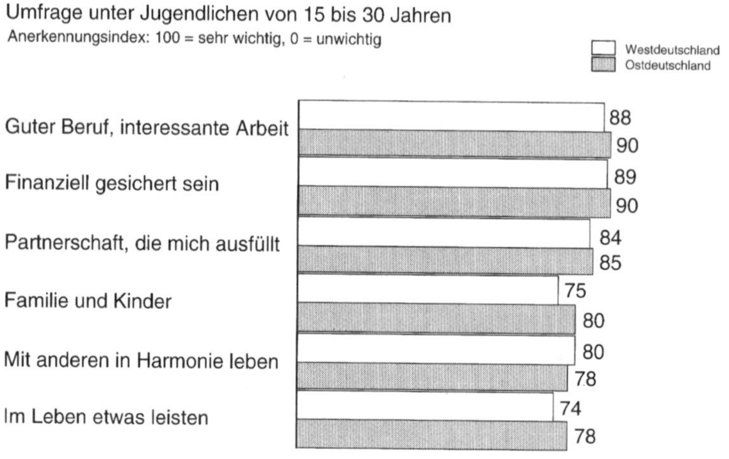

Quelle: Die Zeit 14.2.1997

Worauf warten wir eigentlich noch?

Für den Start in eine reformierte Marktwirtschaft »mit Adjektiven« (wie es Bertelsmann-Vorstand Dr. Thomas Middelhoff formuliert) genügt im Prinzip folgende Grundausstattung:

Lernbereitschaft. Wer nicht lernt, wird untergehen. Der nach der Ausbildung oder dem Studium begonnene Beruf fürs Leben wird die Ausnahme sein. Das Wissen verdoppelt sich in vielen Disziplinen derzeit innerhalb von sieben Jahren und schlägt schubweise gleichsam in neue Aggregatzustände um. Das Sprichwort »Was Hänschen nicht lernt, lernt Hans nimmermehr« hat längst ausgedient. Heute gilt: »Was Hans Neues lernt, hat es zu Hänschens Zeit noch gar nicht gegeben.« Sorge bereitet dabei weniger der einzelne als vielmehr Institutionen wie Parteien, Gewerkschaften, Kirchen oder Bürokratien. Die Tatsache, daß ihre Mitglieder und Angehörigen lernen, bedeutet nämlich noch lange nicht, daß die Organisation als Ganzes lernt. »Die Frage, unter welchen Bedingungen individuelles und Gruppenlernen dazu führt, daß eine Organisation lernfähig wird und bleibt, ist gegenwärtig noch weitgehend unerforscht«, erklärt Meinolf Dierkes, Technik- und Wissenschaftssoziologe an der TU Berlin. Wege, die zu Fortschritten führen, sind nicht immer logisch und erst recht nicht linear vorausplanbar. Der Zufall muß wieder eine Chance bekommen (nicht umsonst ist er ein Erfolgsprinzip der Evolution). Unsere Institutionen werden künftig Prozesse der Selbstorganisation ertragen müssen.

Motivation. Es ist durchaus möglich, Anstrengung mit Lust zu erleben. Der Bergsteiger empfindet bereits das Klettern als lustvoll, nicht erst das Erreichen des Gipfels. Der Verhaltensbiologe Felix von Cube hält die Lust an der Leistung für evolutionär bedingt: »Wir erleben Anstrengung dann mit Lust, wenn wir Herausforderungen bestehen, Probleme lösen, Risiken bewältigen, Unsicherheit in Sicherheit verwandeln, kurz: den Sicherheitstrieb befriedigen.« Unter diesem Aspekt sollten die Deutschen eigentlich ein leicht zu motivierendes Volk sein. Derzeit geben 51 Prozent der Berufstätigen an, ihre Ideen lediglich außerberuflich zu realisieren (respektive realisieren zu dürfen). Dies darf nicht so bleiben.

Fairneß. »Der Begriff«, so schreibt der Autor und Politikberater Warnfried Dettling, »knüpft – anders als die Idee der Gleichheit – an die Lebenswelt der Menschen, an die Kultur des Sports oder auch an die christliche Überlieferung an.« Das heißt: »Man tritt nicht auf jene, die am Boden liegen.« Der Welt des Sports verdanken wir aber auch die Entdekkung, daß nicht alle gleich schnell laufen können. Warnfried Dettling präzisiert: »Wenn andere am Rande der Gesellschaft leiden, geht man nicht achtlos vorüber. In Zeiten von Strukturbrüchen aber verlangt soziale Empathie mehr als persönliche Caritas und Diakonie, aber auch anderes als die alten Rituale, die den sozialen Problemen immerfort nur neues Geld, neue Bürokratien, neue Sozialarbeiter hinterherwerfen.«

Es wird beim neuen deutschen Modell darum gehen, Dinge originär miteinander zu verknüpfen. Das Zusammenfügen unterschiedlicher Wissenskulturen bringt überraschende Ergebnisse und ist im übrigen eine deutsche Stärke. Wir freuen uns auf den Tag, an dem der erste Reiseveranstalter in einem Joint-venture mit der Universität Heidelberg amerikanischen Studenten ein »All-inclusive-Semester« anbietet.

Es wird darum gehen, Entwicklungen, die bislang nur isoliert betrachtet wurden, in Beziehung zueinander zu setzen. Ein weiteres einfaches Beispiel: Auf den wachsenden Anteil der Dienstleistungen auf dem Arbeitsmarkt weisen Ökonomen immer wieder hin. Weniger bekannt ist, daß Ökologen (aus anderen Gründen) ebenfalls für mehr Dienstleistungen eintreten. Jürg Minsch, Umweltökonom am Institut für Wirtschaft und Ökologie der Hochschule St. Gallen, propagiert als Schlüssel für nachhaltige Zukunftsmärkte die

»Dienst-Idee«. Statt Geräte wie eine Spülmaschine zu verkaufen, so Ökonom Minsch, sollten Unternehmen künftig lieber gegen eine Monatsgebühr eine funktionierende Küche vermieten. Dies garantiere effiziente, haltbare, reparaturfreundliche und somit ressourcenschonende Geräte. Und hiermit schließt sich der Kreis: Genau solche Konzepte werden im großen Maßstab beispielsweise schon von kreativen Bauunternehmen als *facility management* für Bürohäuser praktiziert (weil dies eine höhere Wertschöpfung bringt als das reine Bauen).

Im neuen deutschen Modell gelingt es dem Staat, die Bildung solcher ungewöhnlichen Koalitionen zu mobilisieren. Anstatt sich in endlosen Gefechten zu erschöpfen, müssen die verschiedenen Kräfte der Gesellschaft ihre gemeinsamen Schnittmengen ausloten. Der moderne Staat ermutigt seine Bürger dazu und bringt sie auf neue Gedanken. Die Amerikaner nennen dies »*connectivity*-Hersteller«. Praktikable Verbindungen und Neukombinationen gibt es genug: Gesundheit und Fitneß, Freizeit und soziales Engagement, Landwirtschaft und Naturschutz, Effizienz und Ökologie, Bildung und Tourismus.

Die kleine Schwester der Verknüpfung heißt Integration – und auch dieser Begriff scheint uns ein Schlüsselwort für das Modell Deutschland zu sein. Systemkompetenz gilt als deutsche Stärke. Wenn wir auch in den Spitzentechnologien nicht unbedingt führend sind, so verstehen wir es doch, beim Bau eines neuen Flugzeugs unterschiedliche dieser Technologien miteinander zu kombinieren. Ein Blick in jeden beliebigen Vergleichstest einer Autozeitschrift genügt: Alfa Romeos sind oft aufregender und Jaguars vielfach edler – aber die deutschen Nobelfabrikate Mercedes und BMW gewinnen die Wertung. Aus dem einfachen Grund, weil alles so perfekt aufeinander abgestimmt ist und sie sich keine Schwäche leisten. Der ehemalige Forschungsminister Heinz Riesenhuber schreibt in der *Frankfurter Allgemeinen Zeitung*: »Wir erleben eine Welle neuer Techniken. Wir haben die Chance, daß neue Techniken sich zu Systemen zusammenschließen. Deutschland war nie besonders stark in den Spitzentechniken. Deutschland hat bis weit in den Mittelstand immer die große Stärke gehabt, ganz unterschiedliche Techniken zusammenzuführen.«

Diese deutsche Qualität bewährt sich bestens bei einem Projekt in East Fishkill/Burlington im Staate New York. Dort arbeiten seit gut fünf Jahren je 50 Forscher von IBM, Siemens und Toshiba am Megaprojekt erst des 16-M, dann des 64-M und jetzt des 256-M-DRAM Speicherchips. In der beispiellosen Teamarbeit gelten die Amerikaner als die »Treiber« der Basistechnologien und als Experten für einzelne Prozeßschritte; die Japaner als die absoluten Experten für die Fertigungstechnik und als die Marketingexperten (wie Ulrich Schumacher, Halbleiter-Chef von Siemens, sagt: »Ständig nach neuen Antworten unter product/performance/cost-Aspekten suchend«) und die Deutschen als die Systemintegratoren, die Basistechnologien, Fertigungs-Know-how, kreatives Marketing und insbesondere die potentielle Anwendungstechnik miteinander sinnvoll verknüpfen. Die Deutschen machten sich einen Namen durch innovatives Systemdenken, das die Architektur des Chip-Aufbaus bereits für komplexeste Anwendungen berücksichtigte. Vielleicht ist dieses Beispiel einer schnellen internationalen Kulturintegration symptomatisch für die volkswirtschaftlich bedeutsamen Integrationsfähigkeiten und die internationale Anpassungsfähigkeit der Deutschen. Jürgen Knorr, ehemaliger Halbleiter-Chef von Siemens und einer der Spiritus rectores der Entwicklungskooperation: »Relativ schnell bildeten sich die spezifischen Stärken der einzelnen Nationalitäten heraus, dabei waren wir Deutsche von Anfang an onapar mit den anderen.«

Die Integration der Informationstechnologien in die Verkehrssysteme oder die Integration von Chip, Laser und Sensorik in den Werkzeugmaschinenbau sind Felder, auf denen wir reüssieren können und werden. Und was uns mit Chip und Laser gelingt, sollte uns auch mit den sozialen und gesellschaftlichen Instrumenten gelingen: Die intelligente Integration verschiedener Techniken zu einem deutschen Modell neuer Qualität.

Der Staat und die Regierung sollten den Wandel organisieren und ermöglichen, sie sollten aber der Versuchung widerstehen, jedes Detail selbst regeln zu wollen (»steuern statt rudern«). Solches Vorgehen erfordert allerdings die Fähigkeit, anschaulich das Ziel zu beschreiben. Im Alltag und in der Praxis führen dann viele Wege dorthin, und die Bürger können selbst am besten beurteilen, welcher der jeweils schnellste oder geeignetste ist.

Es herrscht in Deutschland im Grunde eine große Übereinstimmung über die Notwendigkeit von Reformen. Es mangelt auch nicht an der Erkenntnis, daß diese schnell und umfassend eingeleitet werden müssen, um die Voraussetzungen für eine ausreichende Funktion der Marktwirtschaft zu schaffen und die Durchsetzung unserer Wertvorstellungen zu sichern. Politik, Wirtschaft und Kultur seien dabei auf Karl Poppers Stückwerkstechnik *(piecemeal engineering)* verwiesen: Entscheidungen unter Unsicherheit bei ständiger analytisch-reflexiver und demokratischer Kontrolle. Sinn dieser Vorgehensweise kann nur die Organisation des offenkundig drängendsten Schrittes in Richtung auf das langfristige Ziel sein. Wir wollen daher im folgenden die vorrangigsten nächsten Schritte benennen.

Konkrete Schritte zur Wende

Hier stehen zunächst offensichtlich notwendige Reformen der gesetzlichen Systeme der Renten-, der Kranken- und Pflege- sowie der Arbeitslosenversicherung im Vordergrund. Klar ist, daß die Leistungen der gesetzlichen Rentenversicherung im Verhältnis zum Beitragsaufkommen nicht durchzuhalten sind. Die ideologische Diskussion, ob Grundrente oder beitragsabhängige Rente, führt schon deshalb nicht weiter, weil es in Wahrheit keine beitragsabhängige Rente gibt, denn ein Großteil der Versicherten hat nie Beiträge bezahlt. Die kleinen Reparaturen (wie die Anhebung der Mehrwertsteuer zur Erhöhung der öffentlichen Zuschüsse und damit Vermeidung notwendiger Beitragsanpassungen) werden letztlich zu keiner durchgreifenden Lösung führen.

Tatsache ist: Wir müssen uns entschließen, die versicherungsfremden Leistungen, die 1997 rund 104 Milliarden Mark betrugen, durch Steuermittel auszugleichen. Vor dem Hintergrund der europäischen Mehrwertsteuerharmonisierung in den nächsten Jahren kann man davon ausgehen, daß Mehrwertsteuererhöhungen in Richtung von fünf bis sechs Prozentpunkten möglich sind. Deutschland würde damit den europäischen Durchschnitt von 20 bis 21 Prozent bei der Mehrwertsteuer erreichen. Diese Mehrwertsteuererhöhungen könnten zum Ausgleich der Rentenversicherung herangezogen werden. Das Ergebnis einschließlich des Wachstums der Steuerbasis würde dazu führen, daß die versicherungsfremden Leistungen aufgebracht werden könnten. Sie stünden dann allerdings für andere Zwecke nicht mehr zur Verfügung, auch nicht zur Gegenfinanzierung für die Senkung der Einkommensteuer.

Da 1997 schon knapp 70 Milliarden durch öffentliche Zuschüsse ausgeglichen werden, könnte diese Summe zur Absenkung von Steuerlasten oder auch von Soziallasten in Form von Lohnnebenkosten verwendet werden. Mit diesen Maßnahmen kann aber insgesamt nur ein Austausch zwischen Soziallasten und Steuerlasten für den Bürger erfolgen, der allerdings im Hinblick auf die Besteuerung des Konsums in Deutschland und den erforderlichen Abbau der Überbesteuerung der Leistung sinnvoll sein könnte.

Dennoch wird die Problematik des Rentensystems – die Altersstruktur und der Wegfall von Beiträgen aufgrund der Veränderung der Erwerbsarbeit – damit nicht gelöst. Zur Zeit versorgen 100 Erwerbstätige 36 Rentner. Im Jahre 2030 müßten 100 Erwerbstätige 70 Rentner, also fast doppelt so viele, versorgen. Das kann nicht gutgehen. Die Beiträge zur Rentenversicherung stiegen von 14 Prozent in den sechziger Jahren bereits auf über 20 Prozent – und dies in einem Zeitraum mit noch relativ günstigem Zahlenverhältnis von Arbeitnehmern und Rentnern.

Nach der Sofortmaßnahme eines Ausgleichs der versicherungsfremden Leistungen durch Steuermittel, also einem Akt der Solidarität aller Staatsbürger, könnte in einem zweiten großen Reformschritt ein über eine Generation laufender Stufenplan mit wachsender Selbstverantwortung und Selbstvorsorge zur Alterssicherung gegen weniger Staatslasten durchgeführt werden. Niemand sollte gezwungen werden, eine »Vollkaskoversicherung« abzuschließen, wenn ihm »Teilkasko« genügt. Hier müßte man den Beitragszahlern, die jetzt das Rentenalter erreichen, volle Dynamisierung zusichern und diese dann allmählich abbauen, um damit den zukünftigen Rentnern Anreize zur Vorsorge zu geben.

Möglicherweise wird es notwendig sein, einen Fonds zur Beschleunigung des Vorganges anzusammeln. Erwägenswert wäre auch, durch eine Erhöhung der Erbschaftsteuer bei hohen Freibeträgen die großen Vermögen zur Konsolidierung dieser Generationenlast heranzuziehen. Das Geldvermögen der Deutschen ist heute rund 30mal so hoch wie 1960, und die Zahl der Nachkommen sinkt. Die älteren Menschen in Deutschland waren noch nie so reich. Etwa die Hälfte des privaten Gesamtvermögens der Republik nennen derzeit die über 55jährigen ihr eigen. Von 1997 bis 2002 werden in Deutschland Vermögen im Wert von knapp zwei Billionen Mark (2000000000000) vererbt. Die Einnahmen des deutschen Fiskus aus der Erbschaftsteuer beliefen sich 1996 auf 4,05 Milliarden Mark, das entspricht ungefähr dem Aufkommen aus der Branntweinsteuer. Etwa die Hälfte des vererbten Vermögens war 1996 auf nur 14 Prozent der Erbschaften verteilt.

Das Ziel einer Rentenreform wäre ganz zwangsläufig, daß der Staat eine Grundversorgung gewährleistet und im übrigen die Bürger in den Wettbewerb von Versicherungsanbietern entläßt. Ein durchschnittlich verdienender Arbeitnehmer, der 45 Jahre lang einer Erwerbstätigkeit nachgegangen ist, hat im Laufe seines Lebens bei einer unterstellten Verzinsung von drei Prozent weit über eine Million Mark Vermögensbildungskapazität an die gesetzliche Alters- und Pflegeversicherung weitergereicht. Wäre ein Teil dieser Summe tatsächlich vermögensbildend angelegt worden, hätten viele Millionen Haushalte eine Teilhabe an der Wertschöpfung von Kapital und Wissen erlangt.

Die entsprechenden Reformen unterstellt, werden sich die Deutschen wundern, wie bei der Alterssicherung das Wettbewerbselement das Verhältnis von Leistung und Gegenleistung beeinflussen kann. Hierbei darf auch der psychologische Faktor nicht vergessen werden: Während der automatische Lohnabzug mittlerweile als undurchsichtige Besteuerung empfunden wird (und die Schwarzarbeit fördert), motivieren nachvollziehbare Beiträge zu einer kapitalbildenden, in jeder Lebensphase transparenten Alterssicherung zur Leistung.

Das gleiche gilt für den sogenannten Investivlohn, der Arbeitnehmer gleichermaßen für die Geschicke des Unternehmens motivieren und an der Kapitalbildung beteiligen will. Mitarbeiter erhalten einen Teil ihres Gehaltes in Aktien oder Aktienoptionen des Unternehmens. Firmenchefs wie Jürgen Weber von der Lufthansa ergriffen selbst die Initiative und beteiligten ihre Belegschaften am Aktienkapital. Auch bei BASF, BP, Motorola, Siemens und der Zeitarbeitsfirma Randstad (um nur einige Beispiele zu nennen) können Mitarbeiter Aktien zu Vorzugskonditionen erwerben oder erhalten bei Geschäftserfolg eine Dividende. Ein Mitarbeiter der Siemens AG, der seit 1969 jede Offerte für Belegschaftsaktien wahrgenommen und diese behalten hat, verwandelte seine Investition von 22440 Mark bis zum 6. Februar 1998 in knapp 150000 Mark. Die deutschen Arbeitnehmer sind allerdings immer noch, wie die Amerikaner sagen, extrem *cash-*

Ein Mitarbeiter, der jedes Angebot an Belegschaftsaktien wahrgenommen und alle Aktien im Depot behalten hat, kann folgende Rechnung aufmachen:

Ausgaben und Depotwerte in DM

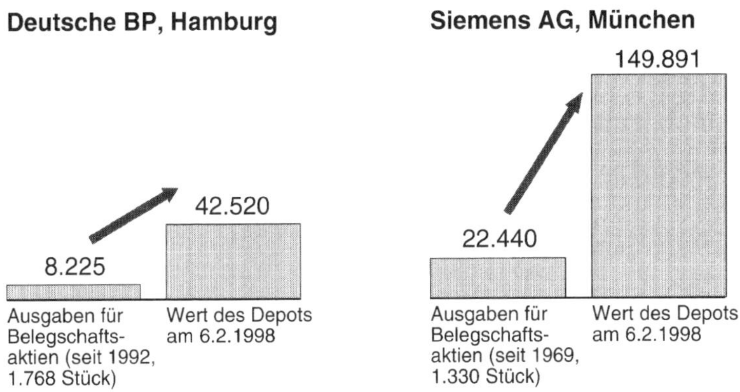

Quelle: Der Spiegel 9.2.1998

minded, das heißt, sie bevorzugen Bargeld. In Deutschland besitzen nur etwa sechs Prozent der Bevölkerung Aktien, in den USA sind es viermal soviel (24 Prozent). Hätten alle Arbeitnehmer der BASF die Möglichkeit, Vorzugsaktien zu erwerben, genutzt und diese behalten, so würde sich heute der Chemiegigant zu 30 Prozent in Arbeitnehmerhand befinden. Tatsächlich sind es nicht einmal 2,3 Prozent. Das Risiko für die Arbeitnehmer läßt sich dabei durchaus begrenzen. Beim *leveraged employee share ownership* beispielsweise räumt das Unternehmen seinen Mitarbeitern zinslose Kredite ein, damit sie mehr Aktien kaufen können. Nach einer Sperrfrist von einigen Jahren sind die Aktien frei zum Verkauf; bis zu diesem Zeitpunkt wird eine Kursversicherung abgeschlossen.

Bei der gesetzlichen Krankenversicherung wird man langfristig den Mut haben müssen, sie in den freien Wettbewerb zu entlassen und den Finanzschwachen die Kosten einer Mindestversicherung zu ersetzen. Auch hier würde sich sicher der (staatlich beaufsichtigte) Wettbewerb erheblich kostenmindernd auswirken.

Während in den USA fast 40 Millionen Bürger ohne Versicherungsschutz auskommen müssen, garantiert das Gesundheitswesen in Deutschland der gesamten Bevölkerung eine qualitativ hochwertige medizinische Versorgung. Diese soziale Errungenschaft gilt es zu erhalten. Das Problem sind dabei weniger die Kosten der Gesundheitsversorgung, die Schwierigkeiten erwachsen vielmehr aus der Organisation und Struktur ihrer Finanzierung. Die Gesundheitsausgaben sind zwischen 1980 und 1995 von 13,1 Prozent auf 14,7 Prozent des deutschen Bruttoinlandsprodukts gestiegen, im gleichen Zeitraum ist jedoch die Lohnquote von 75,5 Prozent auf 71,6 Prozent gesunken. Dadurch haben sich die Beitragssätze in der gesetzlichen Krankenversicherung von etwa 12 auf 14 Prozent erhöht. Hinzu kommt, daß die Verwaltung eines einzigen Patienten inzwischen mehr kostet, als ein Arzt im Schnitt je Quartal für einen Krankenschein einnimmt.

Ähnlich wie bei der Rentenversicherung wird die demographische Entwicklung auch hier die Einnahmen-Ausgaben-Schere weiter öffnen. In den nächsten 30 Jahren wird der Anteil der über 60jährigen von derzeit etwa 23 auf 34 Prozent anwachsen. Hingegen wird der Anteil der 20- bis 60jährigen Beitragszahler von 57 auf 47 Prozent sinken. Da mit zunehmendem Alter auch die Gesundheitsaufwendungen wachsen, ist abzusehen, daß die Ausgaben weiter massiv steigen werden. Das Krankenversicherungssystem wurde für die Industriegesellschaft des ausgehenden 19. Jahrhunderts angelegt. Es hat in der Tat hundert Jahre lang gute Dienste geleistet. Doch die gesellschaftliche Struktur, für die es geschaffen wurde, gibt es nicht mehr.

Mit den sogenannten *managed care*-Systemen halten heute unternehmerische Zielvorgaben Eingang in die Gesundheitssysteme. Ziel ist eine Verbesserung der Behandlungsqualität bei verringerten Kosten. In den USA sind mittlerweile 55 Prozent der Versicherten in solche Programme eingebunden. Sehr erfolgreiche Pilotversuche in der Schweiz kommen inzwischen auf über 70000 Versicherte. Dahinter steckt ein ganzes Bündel unterschiedlicher Instrumente, die letztendlich dazu führen, daß schlechte Anbieter von Dienstleistungen im Gesundheitssektor vom Markt verschwinden. Ein Beispiel: Eine Hüftoperation hat denselben Stellenwert wie jede andere Dienstleistung auch. Wer bei gleicher Qualität günstiger anbieten kann, wird belohnt und bekommt den Zuschlag (routinierte Spezialisten arbeiten nicht nur besser, sondern auch billiger). Fachärzte finden sich in großen Gemeinschaftspraxen zusammen und werden für die Erhaltung der Gesundheit von Patienten mitunter sogar pauschal pro Kopf entlohnt *(capitation)*. Der Einsatz der besten und effektivsten Methoden liegt im Interesse der Ärzte und wird gefördert. Eine intelligente Reform der Krankenversicherung und des Gesundheitssystems birgt eine große Chance in sich: Hier kann die Struktur dafür angelegt werden, Deutschland zu einem führenden *health care*-Zentrum zu machen und als international attraktive Ausbildungsstätte für Mediziner wiederzubeleben (s. a. folgende Kapitel).

Bei der Arbeitslosenversicherung wäre sicher im Hinblick auf die Erwerbs- und Finanzsituation (im Verhältnis zur unmittelbaren Nachkriegszeit) eine Mindestsicherung des Staates ausreichend. Hier könnte man viel Flexibilität dadurch schaffen, daß man neben dieser Mindestsicherung ein zusätzliches Einkommen, beispielsweise durch einen Kombilohn, für den Arbeitslosenbezieher steuerlich und versicherungsrechtlich freistellt, um die Akzeptanz von einfachen Jobs zu unterstützen. Ein Niedriglohnjob kann sehr wohl ein Einstieg in eine besser bezahlte Erwerbstätigkeit sein.

»Ist das Ihre Vision von einer Dienstleistungsgesellschaft: eine Dienstboten- und Schuhputzergesellschaft, die statt qualifizierter Arbeit unzählige Handlangerdienste bietet, die niemand gerne macht?« fragte der *Spiegel* jüngst Peter Dussmann, den Inhaber des größten deutschen Service-Konzerns mit 37000 Beschäftigten in 22 Ländern. Antwort: »Woher wollen Sie wissen, daß die niemand machen will? Das ist allemal interessanter, als zu Hause rumzusitzen. Aber schon so was nur auszusprechen verbietet uns in Deutschland die *political correctness*. Das geht mittlerweile so weit, daß man dem, der Schuhe putzen könnte, keinen Job gibt, weil es als anstößig gilt, wenn sich jemand vor einem hinkniet. Das ist für mich eine asoziale Denke.« Die Konsequenz würde ja in der Tat heißen: Lieber keinen Job als einen schlecht bezahlten.

Einer der Autoren dieses Buches hat vor nicht allzulanger Zeit in Houston im Kaufhaus eine Rentnergemeinschaft beobachtet, die den Hausfrauen die Einkaufstüten zu den Au-

Niedriglohn-Sektor: eine Alternative zur Arbeitslosigkeit?

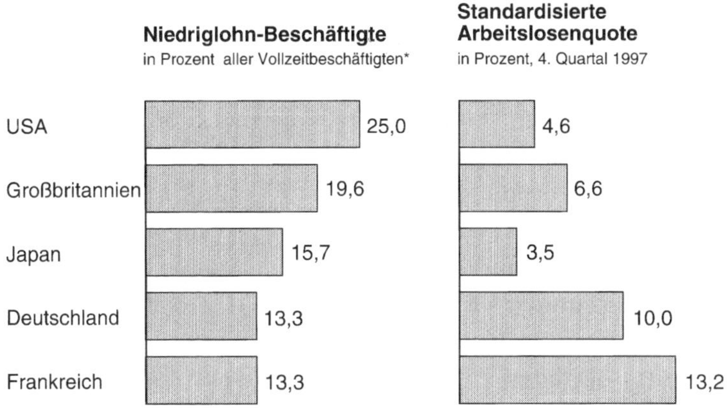

* Beschäftigte mit weniger als 2/3 des Durchschnittslohns der Vollzeitbeschäftigten; USA, J, D: 1994; GB, F: 1995

Quelle: OECD Employment Outlook 1996, OECD Quarterly Labour Force Statistics 1/1998

tos tragen. Die Frage, ob sie sich denn nicht degradiert fühlten, stieß auf Unverständnis: »Warum denn? Am Abend haben wir 20 bis 25 Dollar und gehen oft noch zusammen ein Bier trinken oder Karten spielen.« Und auf die Frage, ob sie sich nicht vom Staat mit einer mickerigen Rente allein gelassen fühlten, kam die Erwiderung: »Wieso? Wir haben zuwenig einbezahlt.«

Unser soziales System wird darüber hinaus nur dann nachhaltig funktionieren, wenn die *Selbsthilfekräfte der Gesellschaft* aktiv werden. In einer Gesellschaft, in der die Freizeit ebenso wächst wie das Potential älterer Menschen, die Betätigungsfelder suchen, in der genossenschaftliche Tätigkeiten einen besonderen Sinn finden, müßte durch einen Ausbau von gemeinnützigen Stiftungen und kirchlichen Engagements auch eine neue Atmosphäre der Solidarität, der Zuwendung und der Brüderlichkeit zu schaffen sein. Das hieße, die Menschen nicht durch hohe steuerliche Belastung zur Gleichgültigkeit gegenüber den schwächeren Mitgliedern der Gesellschaft zu verleiten, sondern die sozialen Kräfte der Gesellschaft zu aktivieren.

Hier ist es aufschlußreich, zwei Zahlen zueinander in Beziehung zu setzen: Einerseits ist laut einer Studie des nordrhein-westfälischen Bundes der Steuerzahler mittlerweile jeder zweite Deutsche prinzipiell dazu bereit, Steuern zu hinterziehen. Andererseits wurden von 1985 bis 1996 fast genauso viele Stiftungen gegründet wie in den 35 Jahren zuvor. Seit 1992 kommen – trotz des komplizierten und eher prohibitiven deutschen Stiftungsrechtes – jedes Jahr 200 hinzu. Jede dritte der etwa 7500 Stiftungen in Deutschland widmet sich heute schon sozialen Zwecken. Das Geld- und Sachvermögen aller deutschen Stiftungen wird auf 60 Milliarden Mark geschätzt, die jährlichen Erträge liegen bei zwei Milliarden Mark. Das *Who is Who* der Stiftungen reicht von A wie »Allianz« bis Z wie »Zeppelin«.

Die Carl-Zeiss-Stiftung gilt als die älteste deutsche Unternehmensstiftung, sie wurde 1889 gegründet. Das Stiftungsstatut von 1896 weist eine Kombination aus unternehmerischem Interesse und sozialem Bewußtsein auf. Die Stiftung wurde zur Alleininhaberin des Unternehmens, sollte den Bestand der Firma sichern und zugleich Gutes tun. Anders als heute kamen damals vor allem Werksangehörige in den Genuß der stifterischen Leistungen: Sie erhielten ein Volksbad und andere Gemeinschaftseinrichtungen, ausgewählte Mitspracherechte, Mindesteinkommen, bezahlten Urlaub und Gewinnbeteiligung.

Eine der jüngsten Stiftungen geht auf einen der Köpfe des Walldorfer Software-Riesen SAP, Dietmar Hopp, zurück. Er gab 930000 seiner Stammaktien an die gemeinnützige Dietmar-Hopp-Stiftung ab und stattete sie so mit einem Vermögen von rund 47 Millionen Mark aus. Stiftungen unterhalten in Deutschland beispielsweise ganze Krankenhäuser mit je-

Die Anzahl der Stiftungen nimmt immer mehr zu

Errichtete Stiftungen seit 1950 (kumuliert)

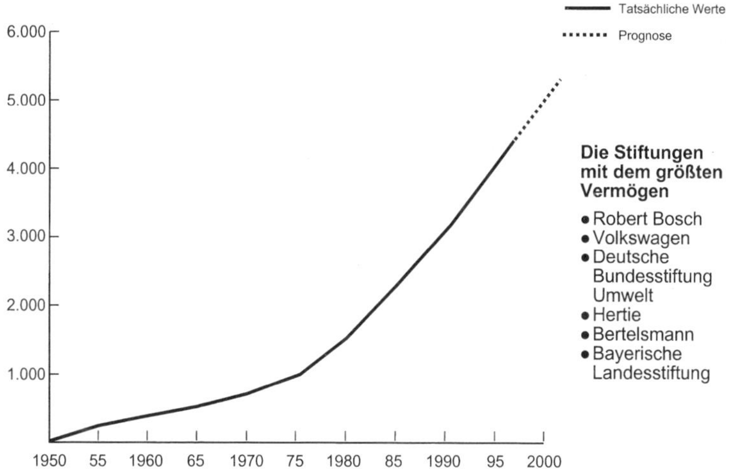

Quelle: Bundesverband Deutscher Stiftungen e.V. 1997

© McKinsey & Company, Inc.

weils 1200 Mitarbeitern (Bosch, Krupp). Die Bertelsmann-Stiftung macht immer wieder durch besonders interessante politische Aktivitäten auf sich aufmerksam. Das reicht von einem Projekt zur Schlichtung von Minderheitenkonflikten auf dem Balkan bis hin zum ersten multimedialen »elektronischen Klassenzimmer«. Neben den Unternehmensstiftungen werden in Deutschland immer mehr »Bürgerstiftungen« gegründet. Dabei stellen Unternehmen für einen guten Zweck eine bestimmte Summe zur Verfügung, und weitere private Spender müssen noch einmal den gleichen Betrag aufbringen. Eine weitere erfreuliche Entwicklung: Eine steigende Zahl vermögender Deutscher gibt einen Teil ihrer Erbschaft dem »Stifterverband der Wissenschaft«, um die Erträge der gezielten Wissenschaftsförderung zukommen zu lassen.

Die Steuerreform

Hier weist der Entwurf der großen Steuerreform den richtigen Weg. Bei den Unternehmenssteuern muß der direkte Wettbewerb der Standorte berücksichtigt werden, und deshalb wird zwangsläufig mindestens in Europa eine Harmonisierung der Unternehmenssteuern eintreten, ob wir das wollen oder nicht. Die Anpassung der Körperschaftssteuer an das Wettbewerbsniveau unserer europäischen Wettbewerber, übrigens auch an die USA und Japan, wird Beträge kosten, die der Haushalt ohne weiteres verkraften kann.

Das zentrale Problem sind die Einkommenssteuern, die in ihrer Summe, bezogen auf das Sozialprodukt, auch in Deutschland international durchaus wettbewerbsfähig sind. Das Problem besteht darin, daß in keinem Land der Welt so viele Tatbestände, die nicht rein steuerrechtliche Grundlagen haben, nach und nach in das Steuersystem eingefügt wurden: verdeckte Subventionen, Abschreibungsmöglichkeiten, die in vielen Fällen zu extremen Kapitalfehlsteuerungen führen, Zuschläge, die aus dem Industriezeitalter kommen und in einer Dienstleistungsgesellschaft mit großer Flexibilität von Arbeitszeiten nichts mehr zu suchen haben. Beispiele gibt es genug (z. B. wollen die Gewerkschaften Überstunden abschaffen. Wenn sie aber geleistet werden, sollen sie mit Steuervorteilen abgegolten werden). Im Zeitalter von Telearbeitsplätzen und in vielen anderen Bereichen, in denen der Weg von der Wohnung zum Arbeitsplatz nicht mehr die entscheidende Rolle spielt, ist auch die Absetzbarkeit der Fahrtkosten überdenkenswert. Die jetzige Regelung wirkt im übrigen ökologisch kontraproduktiv. Wenn hier mutig vorangegangen wird, dann läßt sich ein aufkommensneutrales Konzept entwickeln, das die Steuerlast erträglich macht und künftig nicht mehr den belohnt, der die cleverste Steuerpolitik für sich selbst betreibt, sondern den, der seine echte Leistungskraft besteuern läßt.

Unabhängig davon muß im Zusammenhang mit der Sozialstaatsreform noch die Frage untersucht werden, ob die Verteilung zwischen direkten Steuern, also Steuern auf die Leistung, und Kapitalerträgen im rechten Verhältnis zur Konsumbesteuerung steht.

Die Reform der Verwaltung

Viele Aufgaben, die in der Vergangenheit nach übereinstimmender Auffassung der öffentlichen Hand oblagen, können privatisiert werden. Hier sollte der Staat auf allen Ebenen seine Dienstleistungsaufgaben ohne Hoheitscharakter, wie schon begonnen, zügig abgeben. Weitgehend erreicht ist dieses Ziel bei der Telekommunikation, und planmäßig dahin unterwegs ist man bei der gelben Post. Auch die Verkehrsinfrastruktur und die Energie-, Wasser- und Abwasserversorgung können von privaten Anbietern übernommen werden. All das führt den Staat auf seine eigentlichen Aufgaben zurück, zu deren Kern beispielsweise die Rechtspflege gehört.

Darüber hinaus müßte die Verwaltung einer umfassenden Bedarfsanalyse unterzogen und mit einer Reihe von Experimenten effizienter, bürgernäher und preiswerter gemacht werden. In den neuen Ländern haben die Kommunen bei der Verbeamtung schon vielfach Zurückhaltung bewiesen, in Sachsen beispielsweise beschäftigen sie überwiegend Angestellte. Nicht nur in den Niederlanden, auch in Deutschland gibt es genügend Beispiele für Gemeinden, die ihre Geschikke produktiv selbst in die Hand nehmen. Edgar Pöpel etwa, Bürgermeister der kleinen bayerischen Gemeinde Rehau, fand vor 15 Jahren 98 städtische Mitarbeiter vor, heute sind es noch 63. Entlassen wurde niemand, freiwerdende Stellen wurden durch effizientere Organisation ersetzt. Moderne Büroausstattungen mit PC sind längst selbstverständlich, und die Gemeinde spart Millionen. Seit dem Amtsantritt des konsequenten Bürgermeisters wurde weder die Gewerbe- noch die Grundsteuer angehoben, dennoch macht die kleine Stadt, die ihren Bürgern unter anderem Hallenbad und Bücherei anbietet, im Jahr 1998 »keinen Pfennig Schulden«.

Die deutschen Verwaltungen müssen lernen, daß die nächste Verwaltungsreform nicht eine Reform der Zuständigkeiten ist, bei der Gebietsreformen im Vordergrund stehen, sondern daß die moderne Kommunikations- und Informationstechnologie die Service-Gemeinde zuläßt. Eigenverantwortliche Verwaltungsteams mit klaren Zielvorgaben und einem guten Controlling haben in anderen Ländern zu ganz erstaunlichen Resultaten geführt. Es geht freilich nicht nur um die betriebswirtschaftliche Kostenrechnung. Noch wichtiger wird eine Hinwendung zum Kunden, ein Eingehen auf die Belange des Bürgers sein, denn in den Organigrammen der Kommunalpolitiker und Beamten steht der Bürger nicht an oberster Stelle. Das Prinzip *one face to the customer* ist auch im öffentlichen Bereich möglich. Über Bürgerdienstleistungsstellen *(one-stop-agencies)* sollte der Bürger alle lokalen Behörden erreichen und seine Wünsche von »Bürgermanagern« gelöst bekommen können. Warum kann der Bürger, der neu in eine Gemeinde zieht, nicht von einer Stelle alle in diesem Fall erforderlichen Behördengänge erledigen lassen? Die dafür zu entrichtende Gebühr fällt weit geringer aus als die Kosten (insbesondere die Opportunitätskosten), die ihm bei der Wanderung durch den Behördendschungel entstehen.

Wie hervorragend solche Konzepte funktionieren können, zeigen Pilotversuche in Heidelberg und Rüsselsheim. Das Rüsselsheimer Stadtbüro hat sieben Computerarbeitsplätze, und an jedem gibt es Personalausweise genauso wie Hundesteuerformulare, amtliche Beglaubigungen, Lohnsteuerkarten oder Führungszeugnisse. Nebenbei verkauft das Büro, das in einem Einkaufszentrum liegt, städtische Theaterkarten oder Fahrkarten für Busse und Bahnen. Das Büro ist bis 18 Uhr geöffnet und verfügt sogar über eine elektronische Navigationshilfe für besonders komplizierte Fälle. »Der auskunftsuchende Bürger hat zumindest die faire Chance«, lobt der *Spiegel*, »schon beim ersten Besuch die richtigen Unterlagen zur passenden Zeit an den richtigen Schalter zu tragen.«

Eine Reihe von öffentlichen Aufgaben sollte zudem darauf hin untersucht werden, ob sie nicht wieder im Bewußtsein gemeinsamer Interessen einer selbstverwalteten Bürgergesellschaft stärker durch Ehrenamt und Teilzeit von den Bürgern in Angriff genommen werden können. Auch hier gibt es international gute Beispiele, die das Verhältnis des Bürgers zu den Gemeinschaftseinrichtungen verändern. Wer einmal mitgeholfen hat, den Spielplatz für seine Kinder aufzubauen und zu betreuen, geht mit öffentlichem Eigentum anders um als derjenige, der seine Beteiligung auf Proteste gegen fehlende öffentliche Einrichtungen beschränkt.

Alle diese Maßnahmen dürfen nicht dazu führen, daß der Staat wieder in die Rolle des Nachtwächterstaates zurückgedrängt wird. Es wäre fahrlässig, wollte man seine hoheitlichen Sicherungsfunktionen beschneiden. Eine Gesellschaft, die durch mangelnde Ordnungskraft die Sicherheit der gesamten Bevölkerung und das friedliche Miteinander nicht garantieren kann, wird auch für die Vermögenden keine befriedigende Lebenssituation schaffen. Wo die Sicherheitskräfte zu schwach sind, leben die Reichen wie in Brasilien im selbstgeschaffenen Gefängnis, um sich durch private Sicherheitsmaßnahmen vor Bedrohungen zu schützen (als Prototyp einer solchen Wohnlage darf Chaca Flores in São Paulo gelten). Es geht nicht um einen laschen Staat mit wenig Aufwand, sondern um die richtige Aufgabenzuordnung.

Die Bildungsreform

In der globalen Wettbewerbsgesellschaft ist der Staat aber auch ein wirtschaftspolitischer Partner der Industrie. Bei großen Forschungs- und Entwicklungsaufgaben oder Infrastrukturinvestitionen zum Beispiel ist er nicht nur aufgefordert, die optimale Infrastruktur für das Wachstum der Wirtschaft bereitzustellen, er muß mit Modellprojekten dazu beitragen, daß im vorwettbewerblichen Bereich Entwicklungen eingeleitet werden, die das Innovationstempo beschleunigen und damit auch die Exportfähigkeit der Volkswirtschaft heben.

In einer globalen Welt, die mit dem Internet über die Möglichkeit zu weltweiter Kommunikation, Information und Wissensbeschaffung verfügt, muß das Bildungswesen das Fundament für die Zukunftsfähigkeit der Gesellschaft und ihre qualifizierten Mitbürger legen. Lange Zeit lag Deutschland in Bildung, Wissenschaft und Forschung vorn, etwa in der Medizin. Deutschland war einmal die »Apotheke der Welt«, heute hinkt es in der Gentechnologie hinterher.

Wir brauchen Schulen, in denen die modernsten technologischen Hilfsmittel zur Verfügung stehen. Wie weit die Entwicklung mittlerweile fortgeschritten ist, zeigte sich 1998 auf der Spielzeugmesse in Nürnberg. Dort stellte die Firma Lego, die ganze Generationen mit pädagogisch anregenden Bausteinen versorgte, das Unvermeidliche vor: den programmierbaren Bauklotz. Kinder können mit ihrem PC reale Legofiguren so programmieren, daß diese sich autonom bewegen. Die Bausteine gehen zurück auf Seymour Papert, einen der Mitbegründer des berühmten Labors für Künstliche Intelligenz am Massachusetts Institute of Technology. Der Professor entwickelte seinerzeit die erste Programmiersprache für Kinder und kam zu dem Schluß: Das Programmieren von Computern ist eigentlich kinderleicht, es fördert die intellektuelle Entwicklung. Man müsse die Kinder eben nur auf geschickte Weise dafür begeistern.

Hieraus lassen sich unter anderem folgende Einsichten gewinnen. Erstens: Lernen kann Spaß machen. Zweitens: Kinder sind bereit, sich ihren Lehrstoff zu Weihnachten schenken zu lassen. Drittens: Leibhaftige MIT-Professoren begreifen die Entwicklung eines Kinderspielzeugs als Herausforderung. Ein wenig von diesem Geist sollte in unsere Schulen Einzug halten. Welche Kräfte da freigesetzt werden, zeigt ein Beispiel aus dem kleinen bayerischen Gymnasium von Wettenhausen bei Günzburg. Vier 15jährige entwickelten eine Software, die ihren Mitschülern das Pauken von Englischvokabeln erleichtert. »Vom Nachhilfeunterricht her wußte ich, wie langweilig das Büffeln von Vokabeln ist«, berichtet einer der Erfinder über die Initialzündung zu dem Englischprogramm »Able«. Sie haben es schon 30mal an der Schule verkauft und jüngst einen Preis des Sparkassen-Magazins *Puncto* gewonnen. Jetzt wollen die 15jährigen Software-Spezialisten ihr Programm auf CD brennen, mit Handbüchern versehen und großen Verlagen anbieten. Wir brauchen Lehrer, die den Umgang mit modernen technischen Hilfsmitteln beherrschen und deren gesamtes Nutzungsspektrum, und zwar im Sinne verantwortlicher Nutzung, den Schülern vermitteln können.

Ob dazu der lebenslang in der Schule verbleibende Lehrer mit Beamtenstatus der richtige Typus ist, muß bezweifelt werden. Der Austausch zwischen allen Bereichen des Lebens und der Schule bedarf einer besseren Organisation. Neben den betreuenden Lehrern müssen Praktiker aus allen Gesellschaftsschichten regelmäßig mit den Schülern diskutieren. Schüler sollten mehr als bisher das Leben in seiner Vielfalt kennenlernen. Hoffnungsvolle Ansätze sind durchaus da: Die Fraunhofer-Gesellschaft beispielsweise übernimmt Schulpatenschaften, lädt Schüler in ihre Labors ein, gestaltet

Unterrichtseinheiten oder unterstützt den Wettbewerb »Jugend forscht«.

Doch oft stoßen solche Initiativen noch auf Barrieren.

Wie die Wochenzeitung *Die Zeit* berichtet, wandte sich der Fachbereich Maschinenbau einer deutschen Universität an einen Schuldirektor mit dem Vorschlag, man wolle zusammen mit Industrievertretern den Schülern aus dem Leistungskurs Physik erzählen, welche Chance ein Ingenieurstudium bietet. Der Schuldirektor schlug das Angebot mit der Begründung aus: »Das ist mir zu industrielastig. Außerdem ist für Berufsinformation das Arbeitsamt zuständig.« So geschehen in einer deutschen Großstadt. Diese Engstirnigkeit muß aufhören.

In den USA werden Kinder bereits im Grundschulalter zu unternehmerischem Denken und Handeln erzogen, und das Leitbild »vom Tellerwäscher zum Millionär« formuliert den Anspruch. Wer die Botschaften amerikanischer und deutscher Schulbücher miteinander vergleicht, erlebt sein blaues Wunder. Technologie und Wirtschaft stehen im deutschen Schulwesen unter Grundsatz-Verdacht. »Erziehen Lehrer Kinder etwa zu kleinen Unternehmern? Fördern sie die Besessenheit, die zähe Verfolgung ungewöhnlicher Ideen, die Kalkulation des Risikos?« fragen die beiden Berliner Professoren Günter Faltin und Jürgen Zimmer in ihrem Buch *Reichtum von unten* und liefern gleich die Antwort: »Sie tun es nicht. Die Grundqualifikation des unternehmerischen Handelns wird von Pädagogen domestiziert und in die Befähigung zum Arbeitnehmerdasein transformiert.«

So produziert man Analphabeten in Sachen Entrepreneurship und eine in dieser Form ebenso unbeachtete wie verhängnisvolle Bildungskatastrophe. Nach Schätzungen des Instituts der Deutschen Wirtschaft (IW) wollen oder müssen in den kommenden Jahren rund eine halbe Million Mittelständler das Lebenswerk an ihre Töchter und Söhne weitergeben.

Doch die Nachfahren winken häufig ab – unternehmerisch denkender Nachwuchs wird in Deutschland allmählich zur Mangelware. Dabei darf die gesamtwirtschaftliche Bedeutung der Familienbetriebe nicht übersehen werden. Mehr als 78 Prozent aller deutschen Betriebe sind im Familienbesitz, kleine und mittlere Betriebe erwirtschaften 68 Prozent des Bruttosozialprodukts, beschäftigen 60 Prozent aller Arbeitnehmer und stellen 80 Prozent der Ausbildungsplätze.

Viele Wissensinhalte müssen heute nicht mehr gepaukt werden, sondern es muß gelernt werden, wo sie abgerufen werden können. Der Wettbewerb von öffentlichen und privaten Schulen sollte intensiviert werden, um aus diesem Wettstreit der Strukturen Erkenntnisse für das richtige Schulmodell von morgen zu gewinnen. Es wird die verschiedensten Modelle geben, um den unterschiedlich strukturierten Fähigkeiten der Kinder gerecht werden zu können.

Die Wissensvermittlung wird hinter die Schärfung und Schulung kreativer Fähigkeiten ein Stück weit zurücktreten. Neben dem Erwerb von Sprachkenntnissen müssen unsere Kinder vor allem früh lernen, mit ihren kreativen und musischen Fähigkeiten umzugehen. Das anregende kulturelle Umfeld muß Bedingung sein. Gerade hier können die deutschen und europäischen Kinder lernen, ihre Stärken auszuspielen.

Daneben muß das Hochschul- und Forschungswesen mit hohem Ideen- und Mitteleinsatz vorangetrieben werden. Die enge Verknüpfung von Grundlagenforschung, anwendungsbezogener Forschung, die Zusammenarbeit der Forschungsinstitute und Hochschulen, der Wissens- und Technologietransfer aus den Forschungs- und Bildungseinrichtungen heraus müssen forciert werden.

Amerikanische Hochschulen fördern gezielt den Unternehmergeist von Studenten. An 370 Colleges gibt es spezielle Studiengänge für potentielle Unternehmensgründer. In Deutschland bieten hingegen nur 11 Prozent der einschlägigen Fachbereiche Vorlesungen zum Thema Entrepreneurship an. Der erste Lehrstuhl für Entrepreneurship wurde im Wintersemester 1997/98 an der privaten European Business School (EBS) eingerichtet.

Qualifizierte Hochschulen sollten sich ihre Studenten selbst suchen können, und die Studenten sollten die Hochschule wählen können, die ihnen nach ihrer Auffassung die besten Bedingungen bietet. Es ist beispielsweise denkbar, Semestercoupons für die Dauer der jeweiligen Regelstudienzeiten auszugeben, die der Student an der Hochschule seiner Wahl einlöst. Mit jedem Coupon ist eine staatliche Zahlung verbunden, aus der sich die Hochschulen überwiegend finanzieren sollen – und zwar unabhängig davon, ob sie staatliche oder private Einrichtungen sind. Das ist zum einen ein Leistungsanreiz für die Studenten: Wenn die Coupons vor Studienabschluß aufgebraucht sind, müssen sie ihren Studienplatz selbst finanzieren (zum Beispiel über BAföG-ähnliche Darlehen). Es versteht sich von selbst, daß dann solche Unis bevorzugt werden, die ein effizientes Studium innerhalb der Regelstudienzeit gewährleisten können. Dies dürfte zum anderen die Kreativität und Leistungskraft vieler Hochschulen erheblich befördern.

Die Profilbildung muß aber noch erheblich weiter gehen. Jede Universität soll entscheiden können, ob sie mit dem staatlichen Regelentgelt pro Student zufrieden ist oder eine zusätzliche Gebühr erhebt. Neben »Massenunis« völlig neuer Art, die hocheffizient zum Standardtarif ausbilden, bestünden solche, die nach dem Motto »klein, aber fein« arbeiten und dafür mehr Geld verlangen. Weitere Typen werden sich im Wettbewerb von selbst herausbilden, es ist genug Platz für alle da, die Studierenden eine lohnende Ausbildung bieten.

Das problematische Thema der Studiengebühren kann nicht ausgeklammert werden. Solche Gebühren können aber eben nur über zusätzliche Leistungen an den Hochschulen gerechtfertigt werden. Im Zentrum der Reform soll nicht die Senkung der Kosten, sondern die Erhöhung der Leistungsfähigkeit der Universitäten stehen. Studiengebühren und Leistungsnachweise führen zu einem gesunden Wettbewerb. Wenn die heutigen für die Hochschulen eingesetzten Mittel mit umfassenden Stipendien- und Darlehensangeboten verknüpft werden, dann können diejenigen, die aufgrund ihrer persönlichen Qualifikation die Voraussetzungen für das Hochschulstudium erfüllen, so finanziert werden, daß die Barriere der Studiengebühren keine Rolle spielt. Der Zugang zum Hochschulsystem muß für alle offen bleiben. Die Kinder vermögender oder einkommensstarker Eltern aber werden dann den Staat überhaupt nicht mehr belasten, weil sie ihre Studiengebühren selbst bezahlen. Heute bereits läßt sich eine wachsende Zahl betuchter Eltern das Studium ihrer Kinder im Ausland eine Stange Geld kosten. Im internationalen Wettbewerb der Studienangebote werden wir unsere Besten verlieren, wenn wir unsere Hochschulen nicht wieder an die Spitze im internationalen Wettbewerb führen.

Dazu gehört eben auch, daß das Studienmaterial und die Vorlesungen außer in Deutsch, wo nötig, in Englisch angeboten werden, weil wir sonst international befähigte Professoren und Studenten nicht mehr bekommen werden. Gerade im Bildungs- und Hochschulwesen sollte mit Modellen und Experimenten das Ausbrechen aus den festgefahrenen Strukturen geprobt werden. Hochschulen sollten selbständig und weitgehend autonom entscheiden können, wieviel sie für Lehre und Forschung ausgeben wollen. Es muß ihnen gestattet werden, sich selbst zu vermarkten und auch Drittmittel zu akquirieren. Erfolgreiche Unternehmer wie Erich Sixt, Inhaber der Sixt-Autovermietung mit 2,1 Milliarden Mark Umsatz (1996), verheißen privaten Universitäten große Zukunftschancen: »Mein Tip: Die Gründung privater Hochschulen, die sich als Produktions- oder Dienstleistungsunternehmen verpflichten, Gewinne zu erwirtschaften. Alle Studenten sind Unternehmer.«

Trotz der fortschreitenden Globalisierung suchen nur wenige Deutsche eine Herausforderung im Ausland. In China oder Japan leben zehnmal so viele Amerikaner wie Deutsche (Bevölkerungsverhältnis 3:1). Umgekehrt zieht es immer weniger Studenten aus diesen Ländern an deutsche Universitäten – dafür um so mehr an amerikanische. Sie kehren in ihre Heimat zurück und wirken dort als Multiplikatoren amerikanischer, nicht deutscher Technik. In den USA dauert ein Hochschulstudium nur halb so lang wie in Deutschland. Dennoch sind die Amerikaner in den Schlüsseltechnologien führend.

Zwei zentrale Begriffe drängen sich hier auf: Wettbewerb und Experiment. Wo immer im internationalen Bereich Herausforderungen gegeben sind, muß im Benchmarking – also am besten Konkurrenten – ermittelt werden, wo die optimalen Lösungen sind, von denen wir lernen können. Wer nicht zum Experiment und zum Wettbewerb fähig ist, wird seinen Standard insgesamt verlieren. Hier ist die größte Verantwortung im Generationenvertrag, denn wer keine wettbewerbsfähigen Leistungsträger heranbildet, wird auch nicht mehr die Kraft zum sozialen Ausgleich, zu einer solidarischen Gesellschaft haben. Über Investitionen im Bildungswesen, in Forschung und Wissenschaft, werden wir ebenso wie über Kultur- und Kreativinvestitionen erkennen, daß Sozialpolitik auch eine sehr langfristige Komponente hat.

Die deutsche Gesellschaft muß sich wieder Ziele setzen. In vielen Bereichen, wie etwa der Medizin, der Chemie, moderner *health care*-Methoden bis hin zu modernen Formen der sozialen Nachbarschaft, den Selbsthilfegruppen des Genossenschaftswesens, stammen grundlegende Ideen aus Deutschland. Jakob Fugger begründete im 16. Jahrhundert die Fuggerei und das, was wir heute als »Sozialsponsoring«

bezeichnen. Er war seiner Zeit damit weit voraus. Aufstieg und Macht des Fuggerschen Handelsimperiums sind durchaus mit dem Aufstieg der neuen Giganten des Informationshighways zu vergleichen – aber wer erfindet die digitale Fuggerei? Das Siedlungsprojekt »Heimchen« des Vorgängers der heutigen Hoechst AG erhielt im Jahre 1900 auf der Pariser Weltausstellung als soziale Innovation eine der höchsten Auszeichnungen. Das kleine Arbeiterhaus mit Gärtchen verband den Aspekt der Selbstversorgung, der Freizeitbeschäftigung, der Gesundheit, der Vermögensbildung und der Alterssicherung. Wo bleibt das Projekt »Heimchen 2000«?

Deutschland müßte sich wieder an die Spitze solcher Entwicklungen hocharbeiten und Modelle entwickeln, an denen die Welt interessiert ist. Eine Politik allerdings, die der Nation keine Ziele mehr setzt, für die sie sich begeistern kann, die junge Menschen anstatt zu Begeisterungsfähigkeit und Stolz auf Leistung zum Anspruchsdenken erzieht, wird die Reformkraft nicht haben, um sich wieder an die Spitze im internationalen Wettbewerb zu setzen.

Es ist bezeichnend, daß der Bundespräsident in seiner Rede zur Situation des Bildungswesens am häufigsten das Wort »Experiment« verwendete. Reformen können ja durchaus erst einmal in begrenztem Umfang auf ihre Auswirkungen hin getestet werden. Was sich im *trial and error*-Verfahren im kleinen bewährt, kann später auf das große Ganze übertragen werden. Wir brauchen bedenkenträgerfreie Zonen: Warum nicht einzelnen Stadtverwaltungen, Finanzämtern, Schulen oder Universitäten diesen Status einräumen?

Es gibt kaum eine Gesellschaft, die risiko- und experimentierfeindlicher ist als die deutsche. Diejenigen, die sich mit Vorschlägen hervorwagen, werden solange mit Einwänden überhäuft, bis sie nur noch ganz flach atmen können. Dabei bleibt nicht nur die Ausführung von Ideen auf der Strecke, sondern bereits der Versuch, überhaupt etwas vorzuschlagen.

Dieser pathologische Reformstau muß durchbrochen werden. Hierfür gilt die Maxime: Wer Vorschläge mit einem entschlossenen »Ja, aber« kontert, erhält Platzverweis – es sei denn, er hat eine bessere Idee. Die Zukunft ist offen und will gestaltet sein – Zukunftsentscheidungen sind stets mit einem Risiko verbunden. Hier geht es um eine Reform der Mentalität und des Denkens, die letztlich aus der Bildung und Erziehung kommen muß.

Eine neue Gründerzeit

In Deutschland fehlt es nicht an Arbeit – es fehlt an Unternehmern. Neues Wachstum, mehr Beschäftigung und einen aussichtsreichen Platz in der weltweiten Konkurrenz werden wir erreichen, wenn es uns gelingt, unsere einstige Stärke wiederzubeleben: Unternehmertum und Innovationsgeist.

Diese mentalen Standortqualitäten haben in den vergangenen Jahrzehnten erheblich an Stellenwert eingebüßt. Die Selbständigenquote ist von 23 Prozent im Jahre 1960 auf 11 Prozent im Jahre 1996 gesunken. Die Zahl der im öffentlichen Dienst Beschäftigten ist im gleichen Zeitraum von acht auf 16 Prozent gestiegen. Der Saldo aus Unternehmensgründungen und Liquidationen ist in Deutschland während der letzten Jahre gesunken. Diesen Trend gilt es umzukehren.

»Wir brauchen in Deutschland wieder Gründerjahre, eine neue Wagniskultur, einen Mentalitätswandel hin zu mehr Risikobereitschaft, Flexibilität und Wandel«, schreibt Bundespräsident Roman Herzog, »damit wieder so viele Menschen wie in den fünfziger und sechziger Jahren den Sprung in die Selbständigkeit wagen.«

Lediglich ein Drittel der deutschen Unternehmen mit mehr als 500 Millionen US-Dollar Umsatz wurde nach 1960 gegründet, in den USA entstanden in dieser Zeitspanne mehr als die Hälfte der heutigen Großunternehmen. Wir wissen, daß jede erfolgreiche Neugründung im Schnitt drei bis vier Arbeitsplätze schafft; bei wachstumsorientierten Gründungen liegt diese Quote sogar deutlich höher.

Im Silicon Valley wurden allein im stark expandierenden High-Tech-Bereich seit 1959 über 230000 Arbeitsplätze geschaffen; das entspricht einer jährlichen Steigerungsrate von sieben Prozent. Anstatt über die Schaffung von zwei Millionen neuen, abhängigen Beschäftigungsverhältnissen bis zum

Jahr 2000 nachzudenken, sollten wir alles tun, um die Zahl der Unternehmensgründungen deutlich zu steigern und den Anteil der Selbständigen unter den Erwerbstätigen wieder auf mindestens 15 Prozent anwachsen zu lassen.

McKinsey hat ein internationales Projektteam gebildet, das in über 40 Fallstudien und zahlreichen Einzelprojekten Strategien für Wachstum und Innovation erarbeitet hat. Egal, ob im amerikanischen Silicon Valley, im schottischen Silicon Glen, im indischen Bangalore oder dem Multimedia Super Channel in Malaysia – überall spielt ein Netzwerk junger Gründer beim Aufbau der Zukunft eine wichtige Rolle. Dies gilt auch für die Bundesrepublik.

Mit Businessplan-Wettbewerben in Berlin und München haben die örtlichen Hochschulen in Zusammenarbeit mit McKinsey und weiteren Partnern 1996 und 1997 konkrete Schritte unternommen, um die Unternehmerkultur – das neue Erlernen des Gründens – in Deutschland zu beleben. Ziel war es, beispielhafte Gründungen anzuregen, Netzwerke zwischen Innovatoren, Hochschulen, Venture-Capital-Gebern und erfahrenen Unternehmern zu etablieren und einen sich selbst verstärkenden Gründungsprozeß in Gang zu setzen.

Das Niveau und die Leidenschaft der jungen Teilnehmer wirkten sich ansteckend aus. Im Rahmen des ersten Businessplan-Wettbewerbs haben insgesamt 317 Gründerteams aus Universitäten und Forschungseinrichtungen in einem dreistufigen Prozeß Geschäftsideen in detaillierte Businesspläne umgesetzt. In Berlin und München sind bereits 28 neue Unternehmen aus dem Wettbewerb hervorgegangen, 56 weitere Teams planen diesen Schritt für die nächsten Monate.

Die internationale Expertise von McKinsey und die Erfahrungen aus Berlin und München sind schließlich in die große StartUp-Gründerinitiative eingeflossen, die McKinsey 1997 zusammen mit dem Magazin *Stern* und den Sparkassen unter der Schirmherrschaft des Bundespräsidenten Roman Herzog ausgeschrieben hat. An dem hochdotierten Wettbewerb konnten Unternehmenskonzepte aus allen Wirtschaftsbereichen – von High-Tech über Dienstleistungen bis zum Handwerk – teilnehmen. Der Erfolg war beeindruckend: Über 50000 junge Menschen, die mit dem Gedanken an Selbständigkeit spielen, forderten die Bewerbungsunterlagen an. Es gingen unter anderem 2185 mühevoll ausgearbeitete Businesspläne ein, aus denen 11 Bundes- und 200 Landessieger ausgelesen wurden.

Als deutsche Spezifika stellten sich heraus:

- Nahezu alle neuen Geschäftsideen sollen als Teamgründung umgesetzt werden.
- Der Teilnehmerkreis bestand nahezu ausschließlich aus jungen, oft unter 30 Jahren alten Menschen.
- Etwa 80 Prozent der Einsender waren Akademiker.
- Die Einsendungen und in Sonderheit die preisgekrönten Arbeiten (s. a. Kapitel »Katalog der Hoffnung«) bestanden überwiegend aus technischen Dienstleistungen, darunter viele integrative Ideen, die mehrere Wissens- oder Technikbereiche miteinander verknüpfen und integrieren. Die deutschen Stärken der Systemintegration sind also in der jungen Generation nicht verlorengegangen.

Wer unter Deutschlands Jugend Initiative sät und ihre Leistung belohnt, der wird reichlich ernten. Positive Rollenmodelle von Gründern wie Bill Gates oder Steve Jobs müssen nicht auf ewig eine amerikanische Erscheinung bleiben – vielleicht gibt es solche Idole eines Tages auch hierzulande. Denn es tut sich was im Lande: Die Deutschen nehmen neue Ideen auf, erinnern sich an alte Stärken – oder kombinieren beides. Im folgenden möchten wir anhand von drei Schlaglichtern kurz zeigen, wie die Dinge in Bewegung kommen.

Innovative community: Ein Spaziergang durch Jena. Auf

Schritt und Tritt trifft man auf die Spuren des früheren Großunternehmens Carl Zeiss Jena. Man könnte die These wagen, daß hier vor über hundert Jahren das erste High-Tech-Valley in der Geschichte überhaupt entstand. Die weitgehend auf Optik und Feinmechanik ausgerichtete Produktion war von vorneherein wissenschaftsintensiv. Der Eintritt des Universitätsprofessors Ernst Abbe in das Zeiss-Unternehmen im Jahre 1866 demonstriert das augenfällig (das Beispiel sei heutigen Professoren zur Nachahmung empfohlen). Die Anforderungen der Naturwissenschaften an technische Geräte – man denke nur an Astronomie und Mikroskopie – erhöhten sich gegen Ende des vorigen Jahrhunderts sprunghaft (so wie heute wieder). Ein weiterer, das Wachstum der Firma stimulierender Faktor war die glückliche Verknüpfung mit der Universität. Sie beschleunigte das Tempo, verwissenschaftlichte die Produktion und sicherte einen Konkurrenzvorsprung – das Silicon Valley läßt grüßen.

Ein paar hundert Kilometer weiter südwestlich vollzog sich eine ähnliche Entwicklung. Am 2. Juli 1900 steigt das erste Luftschiff, der Zeppelin, in der Nähe von Friedrichshafen über dem Bodensee auf. Tausende ehrfürchtiger Zuschauer beobachten, wie der 62jährige Graf Ferdinand von Zeppelin einen scheinbar verrückten Traum wahr macht. Hundert Jahre später können Ökonomen an diesem Beispiel zurückverfolgen, wie sich Innovationszellen oder sogenannte Cluster entwickeln. Die Region wurde gleichsam zu einem »Silicon Valley« der Luftfahrt. Zahlreiche Zulieferer, deren Namen heute noch in den Ohren klingen, entstanden: Maybach lieferte Zeppelinmotoren, wurde schließlich zum Luxusautohersteller und zum Ahnen des heutigen Triebwerkeherstellers MTU. Die Zahnradfabrik Friedrichshafen konstruierte für Graf Zeppelin Kegelradgetriebe und entwickelte sich zu einem der größten Getriebehersteller der Welt. Auch das Luftfahrtunternehmen Dornier wäre ohne die Urzelle Zeppelin nicht entstanden. Im heutigen Jargon könnte man sagen, Graf Zeppelin hat eine »dynamische und innovative Community« aufgebaut, die ihresgleichen suchte.

Die Bildung von Clustern wie in Jena oder am Bodensee braucht Zeit und hängt von einer Vielzahl von Voraussetzungen ab. Deutschland braucht frische Cluster, braucht heute neue Zentren für die Informations- und Biotechnologie. Die jungen Gründerteams mit den verwegenen Ideen sind die »Zeppelins« und »Abbes« von heute. Auch Großunternehmen brauchen in einem gewissen Umfang eine chaotische Neugründerszene, in der von unten nach oben eine Innovationswelt entsteht.

Eine *innovative community* läßt sich nicht am Reißbrett entwerfen. Sie ist im Grundsatz ungesteuert und wird sich gemäß den in einer Region vorhandenen Stärken und Anziehungskräften entwickeln. Ein deutsches Silicon Valley wird anders aussehen als sein amerikanisches Vorbild. Es hat andere Individuen, andere Belohnungsmechanismen und Wertesysteme sowie möglicherweise andere Inhalte. Nur eines wird ihnen gemeinsam sein: Ideen, Unternehmer und Risikokapital werden eine kritische Masse erreichen, in der sie sich gegenseitig verstärken.

In den USA gibt es neben dem Silicon Valley-Cluster weitere Cluster wie die »Route 128« in der Region von Boston. Letztere ist deshalb so bemerkenswert, weil das Gebiet bis etwa 1970 wegen der Abwanderung von Schuh- und Textilunternehmen ein wirtschaftliches Notstandsgebiet war. Innerhalb von dreißig Jahren entstand um das Massachusetts Institute of Technology (MIT) herum eine blühende High-Tech-Landschaft. Drei Universitäten, Großunternehmen wie IBM, Digital, Raytheon und Textron sowie Tausende neu gegründeter Kleinunternehmen bilden heute das kreative Rückgrat der Region. Angestoßen wurde das Ganze durch:

- Einsatz von Grundlagenforschern für marktorientierte Anwendungsforschung,
- intensiven regelmäßigen Wissensaustausch zwischen Hochschule und Industrie,
- Anschubfinanzierung durch Projekte aus dem Verteidigungshaushalt der USA,
- Gründungsunterstützung durch den Bostoner Risikokapitalfonds.

In Europa ist es ebenfalls gelungen, Clusterbildungen in bestimmten Regionen zu orchestrieren:

- Thames Valley. In der Nähe des Londoner Flughafens Heathrow, an der Autobahn M 4, hat sich die führende High-Tech-Agglomeration Großbritanniens herausgebildet. Spitzenunternehmen der elektronischen, pharmazeutischen, Telekommunikations- und Informationsindustrie sind hier versammelt (z.B. Microsoft, AT&T, 3Com, BT, Novell). Allein acht der zehn größten amerikanischen Informationstechnologiekonzerne haben hier ihren Standort, die beiden anderen sind nicht weit entfernt. Das Wachstum der Region wird derzeit nur dadurch gebremst, daß erschlossene Flächen für Neuansiedlungen knapp werden und kurzfristig nicht mehr genügend qualifizierte Arbeitskräfte angeworben werden können. Die Arbeitslosenquote der Region ist die niedrigste in ganz Großbritannien.
- Silicon Glen. Die Schotten erfanden das Fahrrad, das Telefon und das Penicillin. In dieser Tradition betreibt Schottland heute erstklassige Forschung in den Bereichen Telekommunikation und Software. Der Elektronikbereich ist hier in den letzten zehn Jahren siebenmal schneller gewachsen als alle anderen Wirtschaftssektoren. In Silicon Glen haben 550 Elektronik- und 400 Software-Unternehmen sowie sieben Fabrikationsstätten für Halbleiter ihren Sitz. Mehr als 60 Prozent der britischen und 12 Prozent

der europäischen Halbleiter werden in Schottland produziert. Desgleichen 70 Prozent der europäischen Notebooks, 40 Prozent der in Europa verkauften Markencomputer und 27 Prozent der weltweit gefertigten Bankautomaten. Die schottische Elektronikindustrie beschäftigt fast 46000 Mitarbeiter, weitere 20500 Menschen sind in den Zulieferbetrieben tätig. Das gesamte *Who is Who* der großen Informationstechnologiekonzerne ist in Silicon Glen versammelt. Die Schotten legten in Zusammenarbeit mit den Universitäten Förder- und Hilfsprogramme für Unternehmensgründer auf. »Locate in Scotland« der Scottish Development Agency (SDA) betreute 1996 fast 5000 Neugründungen. Das Ausbildungsniveau von Jungunternehmern und Arbeitnehmern ist hervorragend. Dreizehn Universitäten und 50 Colleges bilden in Schottland die höchste Anzahl von Hochschulabsolventen pro Einwohner – verglichen mit den anderen Staaten der EU aus. Diese Quote wird nur von Norwegen und den USA übertroffen. Hinzu kommen die kostenlose Hilfe bei der Ansiedlung durch »Locate in Scotland« sowie Unterstützung beim Erwerb von Grund und Boden und weitere finanzielle Hilfen. Die Lebensqualität in Schottland ist hoch, nicht zuletzt dank der schönen Landschaft.

Gute Nachrichten kommen jetzt auch aus einer schönen Landschaft in Deutschland. Südlich von München, im »Isar Valley«, hat sich mittlerweile etwa ein Viertel der deutschen Arbeitsplätze im Bereich der Biotechnologie angesiedelt. Bayern hat längst vor der Neufassung des Gentechnikgesetzes 1990 erkannt, wie wichtig das politische Klima für die Ausbreitung dieser Branche ist. Bereits vor 1990 wurden Genehmigungen für gentechnische Anlagen binnen weniger Wochen erteilt. Die weitaus meisten davon dienen jedoch nicht gewerblichen, sondern Forschungszwecken. Eines der

Hauptzentren ist Martinsried bei München, wo 1995 das Innovations- und Gründerzentrum Biotechnologie Martinsried mbH (IZB) im Auftrag des Freistaates Bayern etabliert wurde. Hier sollen Spitzenwissenschaftler mit risikofreudigen Unternehmern zusammengebracht werden.

Zentrale Aufgabe des IZB ist der weitere Aufbau und die laufende Betreuung des neu errichteten Gründerzentrums. Hier werden Kooperationen zusammengeführt und Kontakte zu nahegelegenen Institutionen hergestellt. Zwei Max-Planck-Institute für Biochemie und Psychiatrie liegen ebenso in unmittelbarer Nachbarschaft wie die Forschungseinrichtungen des Klinikums Großhadern und das Genzentrum der Münchner Ludwig-Maximilians-Universität. Die Universität wird unmittelbar am IBZ eine neue Fakultät für Biologie errichten. Auch Hoechst Marion Roussel hat sich mit seinem »Zentrum für angewandte Genomforschung« auf diesem Gelände niedergelassen.

Es haben sich bereits zehn Unternehmen mit über 100 Arbeitsplätzen angesiedelt, bald werden es 250 sein. Alle Räume des ersten, vom bayerischen Staat mit 28 Millionen Mark finanzierten Bauabschnitts sind inzwischen an deutsche, aber auch an amerikanische und kanadische Interessenten vermietet. Eingerichtete Laborflächen zu günstigen Mieten sollen Existenzgründer in ihrer Anfangsphase finanziell entlasten. Sie können außerdem auf die Beratung durch die Fraunhofer-Management GmbH zurückgreifen – vom Busineßplan über die Wahl der Rechtsform bis hin zu Marketing, PR und Werbung.

Die Ansiedlung eines ersten deutschen Clusters scheint mit diesem Forschungscampus gelungen. Schon zeichnet sich ein starkes Kooperationsnetzwerk ab, und zahlreiche Synergien entstehen. Profunde Grundlagenforschung und risikofreudige Unternehmer finden zusammen; die Region entfaltet eine starke Sogkraft auf Forscher und Ärzte. Wissenschaftliche Forschung, Ausbildung und Wissenstransfer erfolgen bereits über gemeinsame Nachwuchsgruppen, etwa der Max-Planck-Gesellschaft und der Boehringer Mannheim GmbH.

Aus Privatisierungserlösen hat der Freistaat Bayern eine Risikokapitalgesellschaft aufgebaut. Sie stellt einem privaten Investor, der sich zu einem Engagement entschließt, stille Beteiligungen zur Verfügung und sichert die Betreuung des jungen Unternehmens. Eine kleine, überwiegend von der Industrie getragene Aktiengesellschaft kann in frühen Phasen einer Unternehmensgründung helfen, wofür sie eine Beteiligung an dem Unternehmen erhält. Im Großraum München wurden 45 Prozent des bislang in junge Biotechnologieunternehmen geflossenen privaten Kapitals investiert.

Aber vielleicht wird in Deutschland ja auch einmal darüber nachgedacht, wie Innovationen auf dem Weg über das Steuersystem gefördert werden könnten. Denkbar wäre beispielsweise eine 200prozentige Abschreibungsmöglichkeit für Investitionen in besonders zukunftsfähige Projekte, die (ganz im Gegensatz zu vielen anderen Abschreibungsmöglichkeiten) letztendlich dem ganzen Land zugute kommen.

Die neuen Netz-Berufe: New York, Silicon Valley. Während im kalifornischen Silicon Valley Technologie und Software die Triebkräfte aller Netz-Aktivitäten sind, blüht in New York das Geschäft mit dem Inhalt *(content)*. Ein Konglomerat aus Kreativität, Kunst, Design, Experiment und Performance schafft immer neue Inhalte und Ausdrucksformen für das Netz der Netze. Im Großraum der Metropole soll es inzwischen 5000 Unternehmen geben, die Online-Magazine, Web-Formate, Web-Seiten oder neue Dienstleistungen ausbrüten. Allein in Manhattan sind es 2200 Firmen, doppelt so viele wie vor zwei Jahren. Im Großraum New York zählen sie inzwischen etwa 56000 Beschäftigte und mithin mehr Arbeitsplätze als die großen Verlagshäuser und TV-Studios.

Ähnliche Zusammenballungen gibt es nahe der Filmindustrie in Los Angeles, in den Londoner Vierteln Soho und St. Paul's. Auch in Deutschland wächst in Hamburg, Düsseldorf/Köln, Stuttgart und München eine Infrastruktur der *content provider* heran. Hochmotiviert und von der Aussicht auf schnellen Erfolg getrieben, rollen junge Teams diesen Markt auf. Der Markt der Möglichkeiten im Multimediabereich ist riesig: Schulsoftware und Stadtmagazine, Reisebüro und Online-Warenhaus, Nachschlagewerke und Auto-Atlas, Online Banking und das tönende Musiklexikon, Bürosoftware und Spiele – Tag für Tag werden neue Bereiche für das Internet erschlossen.

Den größten Engpaß bilden dabei nicht die Journalisten, Lektoren, Grafiker, Künstler oder Werber, sondern die Informatiker. Der Engpaß ist so groß, daß der Nachwuchs von großen Unternehmen wie Hewlett Packard praktisch vom Fleck weg engagiert wird. Jörg Menno Harms, Deutschland-Chef des Computerkonzerns, erklärt: »Wir könnten in Deutschland 20000 Arbeitsplätze besetzen, aber der Markt ist leergefegt.«

Nach Prognosen des Instituts der deutschen Wirtschaft soll sich die Beschäftigung im Multimediabereich bis zum Jahr 2000 verdreifachen und etwa 50000 Arbeitsplätze bieten. Bislang sind Multimediaberufe eine Domäne der Akademiker, etwa 80 Prozent weisen einen Hochschulabschluß auf. Der deutsche Multimediaverband hat inzwischen vier Tätigkeitsfelder für diesen Zukunftsmarkt definiert:

- Konzeptioner: Entwicklung und Konzeption von Anwendungen, Begleitung des Multimediaprojekts bis zur Auslieferung an den Kunden,
- Screen-Designer: Entwickeln und Umsetzen von grafischer Gestaltung in den neuen Medien,

- Programmierer: Entwicklung von multimedialen Produktionen auf dem PC mit Hilfe von Autorensystemen und Programmiersprachen,
- Projektleiter: Management von Multimediaprojekten, Controlling, Kundenberatung.

Neben diesen Berufsbildern existieren weitere Nischen für Multimediajobs, zum Beispiel Online-Redakteur. Besondere Bedeutung dürfte aber der Informationsbroker erlangen. Er sucht das Internet mit seinen über 9000 On- und Offline-Datenbanken nach bestimmten Informationen ab und bereitet sie für seinen Auftraggeber auf. Das reicht von der Patent-Recherche bis zur Beobachtung von Wettbewerbern. Zu diesem Zweck muß er das Angebot und die Stärken der Datenbanken kennen und beurteilen können, wo welche Information zu einem Sachgebiet am schnellsten, billigsten und effektivsten zu ermitteln ist. Neben den etwa 100 bis 200 freiberuflichen Brokern gibt es immer mehr festangestellte Informationsbeschaffer in den Researchabteilungen von Unternehmensberatungen, Banken und Versicherungen. Und der Bedarf wird weiter wachsen: So verlangt die wachsende Anwendung der Telemedizin beispielsweise nach medizinischen Informationsbrokern, die in kürzester Zeit für eine Operation wichtige Informationen oder Referenzfälle in die Kliniken liefern.

Das Bildungssystem ist der raschen Entstehung und Veränderung dieser Berufsbilder kaum gewachsen. Quereinsteiger – vom Physiker bis zum Mediziner – und Autodidakten haben in dieser informellen Branche gute Chancen. Bei der Auswahl von Mitarbeitern zählt oft nicht die Ausbildung, sondern die schlichte Frage: Wer kann es?

Das neue Handwerk. Am 29. September 1615 marschierten Kölner Handwerker bewaffnet über den Rhein nach Mülheim. Sie zerstörten Häuser und Gewerbebetriebe. Die

Kleinunternehmen im freien Mülheim arbeiteten mit modernen mechanischen Werkzeugen und stellten ohne Rücksicht auf Zunft oder Gesellenbrief Hilfskräfte ein. Dadurch erdrückten sie die streng nach Zunftregeln organisierten Kölner Handwerker. Ihre Vernichtungsaktion konnte den Siegeszug des freien Gewerbes allenfalls kurzfristig aufhalten. Wenn man so will, ein früher Fall von freiem Wettbewerb. Seit dem Mittelalter sind die strengen Regulierungen und Beschränkungen des Handwerks immer wieder Anlaß für Auseinandersetzungen.

Dennoch: Ohne das Handwerk – ohne die international anerkannte moderne Berufsausbildung und ohne den vielgelobten Mittelstand – sähe die deutsche Wirtschaft ganz anders aus. In den handwerklichen Berufen arbeiten 563 000 Unternehmer mit 6,2 Millionen Beschäftigten. Nimmt man die handwerksähnlichen Betriebe hinzu, sind es sogar 700 000 Unternehmer mit sieben Millionen Beschäftigten. Das Verhältnis der Beschäftigten in der Industrie und im Handwerk veränderte sich von zwei zu eins im Jahre 1977 auf heute etwa eins zu eins. Das Handwerk war somit noch nie so wichtig wie heute. Immerhin erlernen 39 Prozent aller Auszubildenden in Deutschland ein Handwerk.

Gegenwärtig existieren 127 als Handwerk anerkannte Berufe und 50 handwerksähnliche Gewerbe. Für die Berufe des Handwerks ist die Meisterprüfung (Großer Befähigungsnachweis) erforderlich, handwerksähnliche Gewerbe dürfen ohne diesen Nachweis ausgeübt werden. In keinem Land ist das Handwerk so stark reguliert wie in Deutschland durch seine Handwerksordnung. Zwar stellt sie hohe Qualität und eine gute Ausbildung sicher, beschränkt aber in der Praxis den Marktzugang, verhindert durchaus den Wettbewerb und erschwert Neugründungen.

Ohne den Zwang des Meisterbriefes könnten sich etwa sechs Millionen Beschäftigte des Handwerks und eine Million arbeitslose Facharbeiter selbständig machen. Würde nur jeder Hundertste von dieser Möglichkeit Gebrauch machen, entstünden etwa 250000 neue Arbeitsplätze (bei drei bis vier Arbeitsplätzen pro Neugründung). Angesichts dieser Zahlen ist fraglich, wie lange sich eine Volkswirtschaft das Wettbewerbsverbot noch leisten will. Zumal bei näherem Hinsehen oft eine gehörige Portion Willkür und Bigotterie im Spiel ist: So wird die Ausbildung bei der Telekom zum Fernmeldetechniker nicht mit Meisterbrief anerkannt. Oder: Selbständige Köche brauchen im Gegensatz zu selbständigen Bäkkern keinen Meisterbrief. Wettbewerber aus den EU-Staaten benötigen geringere Voraussetzungen für den Marktzugang als Deutsche. Die Inländer werden offenkundig diskriminiert. Das Handwerk tut sich letztendlich auch selbst keinen Gefallen, weil handwerklich Qualifizierte schlichtweg den Ausweg in der Schwarzarbeit suchen. Allein der Ausfall an Mehrwertsteuer wird auf 13 Milliarden Mark geschätzt. In ganzen Landstrichen der Eifel oder der Schwäbischen Alb wurden die Häuser mit sogenannten »Muskelhypotheken« gebaut.

Die Zeit ist reif für einen Schnitt: Bei dem raschen Wandel der Berufsbilder sollte die Zulassung zur Unternehmensgründung nicht vom Meisterbrief abhängig gemacht werden (60 bis 70 Prozent aller Gesellen wollen sich selbständig machen). Denn gerade an der Schnittstelle zwischen Handwerk und Dienstleistung wird in der Zukunft eine Vielzahl neuer Berufsbilder entstehen, die von der bisherigen traditionellen Entwicklung nicht mehr »eingefangen« werden können.

Das klassische Handwerk verändert sich und bietet vielfältige neue Chancen. Der Inhaber eines Meisterbriefs wird auch in Zukunft – vielleicht sogar noch mehr – Kunden finden, die wieder Wert auf Qualität und lebenslange Produkte legen. »Es gibt sie noch, die guten Dinge«, verheißt der Katalog des Versandhauses Manufactum. Angeboten werden Produkte aus hochwertigen Materialien – Holz, Edelstahl, Wolle, Leinen –, zum Teil mit klassischem Design und alter Handwerkstradition verbunden. Die Versandfirma hat sich inzwischen zu einem Shooting-Star der Branche entwickelt.

Die aktuelle ästhetische Frage lautet: Was kann ich noch aus meiner Wohnung entfernen, um sie schöner zu machen? Dies führt zu einer »Fortsetzung der Genußgeschichte mit anderen Mitteln«, so der Trendforscher Matthias Horx. *Lifestyle 2000*, eine Studie des International Research Institute on Social Change, kommt zu dem Schluß: »Der neue Verbraucher der Zukunft nimmt Abschied vom alten Paradigma des Massenkonsums – er bevorzugt wenige, luxuriösere Güter, tauscht also bewußt Quantität gegen Qualität ein.«

Mit hochwertiger Computertechnologie und neuen Produktionsmöglichkeiten kann das Handwerk maßgeschneiderte Fahrräder, Brillen, Anzüge, Möbel bis hin zu ganzen Fertighäusern quasi von der Stange anbieten (die Informationstechnologie wird nebenbei auch die Zugangsbeschränkungen in bestimmten Bereichen des Handwerks durchlöchern). Beim Projekt »Maßschuhe aus dem Computer« vermessen Kameras den Fuß des Kunden, und ein Computer fräst nach den Daten einen Leisten. Das über diesen gearbeitete Paar Maßschuhe kostet rund 400 statt bislang knapp 200 Mark. »Mit diesem System kann das Schuhmacherhandwerk gerettet werden«, glauben die Erfinder.

Die Zahl der »klassischen« Handwerker wie Tischler, Schuhmacher, Schneider, Uhrmacher und Sattler ist in den Jahren von 1963 bis 1995 dramatisch zurückgegangen. Von 31 000 Schneidern im Jahre 1963 sind heute noch ganze 1200 übriggeblieben – die unzähligen kleinen Reparaturschneidereien, die oft von Zuwanderern betrieben werden, allerdings nicht mitgezählt. Hier ist eine Dienstleistungs- und Handwerkssubkultur entstanden, die Menschen ein selbständiges

Auskommen ermöglicht, obwohl sie praktisch über keine Investitionsmittel verfügen.

Am anderen Ende der Handwerksskala führen die zunehmenden High-Tech-Dimensionen dazu, daß viele der kleinen Betriebe kapitalintensiver werden. Moderne, mit Informationstechnologie aufgerüstete Maschinen bedingen erhebliche Investitionen mit Fremdkapital. Auch die Grenze zwischen Handwerk und Industrie wird sich vielfach verwischen. Der Trend zum individualisierten Massenprodukt läßt sich vom Schuh bis zum Fertighaus praktizieren. Inzwischen greifen auch Handelsketten die neuen Möglichkeiten der Maßanfertigung auf.

Es ergeben sich ferner Möglichkeiten für Kooperationen zwischen Handwerkern und Designern, Planern oder Künstlern. Mit den neuen Informationstechniken können Netzwerke leichter bei Werbung, Einkauf, Verkauf oder Ausbildung zusammenwirken und sich neue Wertschöpfungsketten erschließen. Die Grundzelle handwerklicher Tätigkeit wird immer öfter ein unternehmerisch eigenständiges Team von fünf bis 15 Beteiligten sein, die sich auf ihre besonderen Stärken konzentrieren und (oft nur auf Zeit) für eine maßgeschneiderte Leistung zusammentun.

Tom Malone vom Massachusetts Institute of Technology nennt diese zukunftsorientierte Betriebsform das Projekt des *movie shooting*: Wie bei einem Spielfilm unterschiedliche Spezialisten auf Zeit zusammenarbeiten, um ein Projekt zu realisieren, genauso werden in Zukunft immer häufiger industrielle Wertschöpfungsprozesse organisiert. Ist der »Film« fertig, brechen die einzelnen Mitwirkenden zu einem neuen Engagement auf und treten in neue Teams ein.

Wird Bürgerarbeit konkurrenzfähig?

»Hoffentlich geht uns bald die Arbeit aus«, schreibt die Zürcher *WeltWoche* und fügt hinzu: »Die krampfhafte Suche nach neuen Jobs kann die Gesellschaft nicht integrieren, sondern bloß spalten.« Wir halten dagegen und empfehlen: Neue Jobs suchen, aber nicht mit Krampf, sondern mit Kreativität. Es werden mehr sein, als mancher denkt. Und in der Überbrückungsphase Alternativen schaffen, weil wir die Jobs auf der einen Seite nicht so schnell finden können, wie wir sie (zumindest derzeit) auf der anderen Seite verlieren. Um nur ein Beispiel zu nennen: Im Wohnungsbau stecken noch Rationalisierungspotentiale von bis zu 75 Prozent. Diese Entwicklung wird mit Schlechtwettergeld nicht lösbar sein.

Wir müssen deshalb mit Modellen experimentieren, die den klassischen Arbeitsmarkt ergänzen können oder eine zumindest zeitweise Alternative bieten. Daran hat bei allen (oft taktischen) Differenzen im Detail sowohl der Staat als auch die Wirtschaft ein Interesse. Der Staat, weil er die Zeche nicht mehr bezahlen kann. Die Wirtschaft und alle, die davon leben, weil sie einen stabilen Staat brauchen.

Es kann nicht schaden, zunächst einmal eine Bestandsaufnahme der in Deutschland täglich geleisteten Arbeit zu machen. Das Statistische Bundesamt hat letztes Jahr im Auftrag des Bundesministeriums für Familie, Senioren, Frauen und Jugend die Zeitbudgets der Bundesbürger analysiert. Ein Blick in die Zahlenkolonnen verrät, daß in einer normalen Woche im Durchschnitt alle Personen über 12 Jahren 50 Stunden arbeiten. 28 Stunden davon sind unbezahlte, 22 (also der geringere Teil) bezahlte Arbeit. Frauen leisten dabei mit 35 Stunden pro Woche deutlich mehr unbezahlte Arbeit als Männer mit 20 Stunden.

Einige Personengruppen haben eine erheblich höhere Arbeitsbelastung. Alleinerziehende mit kleinen Kindern sind mit über 77 Stunden wöchentlich die am stärksten belastete Personengruppe (und nicht etwa die Manager). Vollzeiterwerbstätige Frauen mit Kindern unter sechs Jahren haben eine Gesamtarbeitszeit pro Woche von rund 71 Stunden.

Private Netzwerke sind insbesondere für junge Familien gängige Praxis: 43 Prozent aller Ehepaare mit Kindern unter sechs Jahren werden von Verwandten, Freunden oder Nachbarn bei der Betreuung ihrer Kinder unterstützt. Von den über 70jährigen erhalten 37 Prozent – vor allem bei hauswirtschaftlichen Tätigkeiten – zusätzliche Hilfe. Insgesamt ein Drittel aller privaten Hilfeleistungen für andere Haushalte wird von Freunden und Nachbarn und zwei Drittel werden von Verwandten erbracht.

Es gilt zwei Dinge festzuhalten. Erstens: In der Bundesrepublik wird bereits mehr unbezahlte als bezahlte Arbeit geleistet. Insgesamt kommen auf 60 Milliarden Stunden Erwerbsarbeit 95,5 Milliarden Stunden unbezahlte Arbeit, vor allem im Haushalt und bei der Kinderbetreuung. Zweitens: Es gibt funktionierende Netzwerke der Nachbarschaften und Familien von beachtlichen Dimensionen. Ohne die vielfältigen Tätigkeiten in Haushalten, Vereinen und Wohlfahrtsverbänden würde unsere Volkswirtschaft nicht funktionieren. Das Rad muß also nicht neu erfunden werden, es existiert in Deutschland eine soziale Tradition, auf der aufgebaut werden kann.

Sie ist auch im Bereich der ehrenamtlichen Tätigkeiten lebendig. Zwar entfallen bislang nur etwa vier Prozent der unentgeltlich geleisteten Arbeiten auf ehrenamtliches Engagement und soziale Hilfe. Der Gegenwert beträgt jedoch 80 Milliarden Mark und entspricht damit etwa acht Prozent der gesamten Nettolohnsumme in Deutschland. Es stimmt auch nicht, daß das soziale Engagement in der Bundesrepublik zurückgeht. Der Anteil der in Vereinen, Verbänden und sozialen Diensten ehrenamtlich mithelfenden Personen ist gestiegen. Von Engagement-Blockade keine Spur. Wenn sie mitbestimmen können und einen Sinn in ihrem Einsatz sehen, haben die Deutschen die Solidarität nicht verlernt. Denken wir nur an die jüngsten Erfahrungen beim Hochwasser im Oderbruch. Dieser uneigennützige Einsatz erfolgt in der Regel nicht mangels einer Erwerbsarbeit, sondern wird neben einer bezahlten Arbeit geleistet. Der Anteil von Arbeitslosen an ehrenamtlicher Tätigkeit ist bezeichnenderweise heute noch stark unterdurchschnittlich.

Die Erwerbsarbeit beherrscht in unserem kulturell verordneten Selbstwertgefühl nach wie vor unser Dasein – ein Ehrenamt gilt allenfalls als Sahnehäubchen obendrauf. Ohne bezahlte Arbeit fehlt gleichsam der Kuchen – und das Sahnehäubchen allein ist nicht sinnstiftend. Dies ist zumindest derzeit noch so. Eine der frühesten und radikalsten Formulierungen dieser das Menschsein angeblich überhaupt erst begründenden Arbeitsmoral findet sich in der Bibel. Dort heißt es im zweiten Brief des Paulus: »Denn schon als wir das letzte Mal bei euch waren, schärften wir dies euch ein: Wer nicht arbeiten will, soll auch nicht essen.«

Aus der Paradoxie, daß einerseits das Volumen an Erwerbsarbeit schrumpft, sie andererseits entscheidend für unser Selbstwertgefühl ist, leitet der Soziologe Ulrich Beck die Idee seiner »Bürgerarbeit« her. Zum einen soll mit ihr »Arbeit« auch außerhalb von Staat und Markt und innerhalb des gemeinwohlorientierten Freiwilligensektors gesellschaftlich aufgewertet, finanziell abgesichert und in neue Rollen gegossen werden. Zum anderen ist Bürgerarbeit nicht mehr nur Arbeit, sondern zugleich schon Nichtarbeit, nämlich gemeinsames politisches Handeln. Bürgerarbeit soll sozusagen als dosierte Entzugstherapie für die von der Droge Arbeit abhängige Gesellschaft fungieren.

Beck versteht sein Konzept als »Chance in der Krise«. Er erklärt es so: »Nichtmarktgängige, gemeinwohlorientierte Tätigkeitsfelder können und müssen erschlossen und zu einem neuen, sozial verführerischen Zentrum gesellschaftlicher Aktivität gebündelt werden.« Deshalb schlägt er vor: »Warum nicht Themen wie Bildung, Umwelt, Gesundheit, Sterbehilfe, Betreuung von Obdachlosen, Asylbewerbern, Lernschwachen sowie Kunst und Kultur zum Gegenstand selbstorganisierter, grundfinanzierter Bürgerarbeit unter der Regie eines ›Gemeinwohlunternehmers‹ machen?« Die Städte sollen dank Bürgerarbeit bewohnbarer, die Kultur soll bunter und die Demokratie lebendiger werden. Beck geht es ausdrücklich nicht um eine Beschäftigungstherapie für Menschen ohne Arbeitsplatz, sondern um den Aufbau einer engagierten Bürgerschaft. Wer keine anderen Einkünfte hat, soll mit einem Bürgergeld aus den Sozialhilfekassen unterstützt werden.

Solche Konzepte sind es allemal wert, ausprobiert zu werden. Sie können das Problem der Arbeitslosigkeit sicherlich entschärfen, zumal die wirklichen Problemgruppen bislang nur ein sehr geringes ehrenamtliches Engagement aufweisen. (Vielleicht ist aber auch noch niemand auf die Idee gekommen, sie zu fragen.) Warum sollte jemand, der schlicht fußballbegeistert ist, nicht den Sportplatz des Fußballvereins fürs Spiel vorbereiten und den Rasen mähen? Zur Belohnung wird er Ehrenmitglied, kann kostenlos zu den Auswärtsspielen mitfahren und profitiert vom gegenseitigen Hilfsnetzwerk solcher Vereine.

Vorerst aber wird eher umgekehrt ein Schuh daraus: Menschen, die im Arbeitsprozeß stehen, sollen mehr Anreize bekommen, zunächst einen Teil ihrer Zeit der Bürgerarbeit zu widmen (und dafür etwas weniger bezahlt zu arbeiten). Analog zur Arbeitslosenversicherung schließen sie damit quasi eine persönliche Selbstwertversicherung ab. Sollten sie ihren

Arbeitsplatz ganz oder teilweise verlieren, fängt das Netzwerk der Bürgerarbeit sie psychisch auf, stellt weiterhin den sozialen Austausch und Erfolgserlebnisse sicher. Der einzelne bleibt aktiver Teil des sozialen Gefüges und in der Gesellschaft willkommen.

»Unsere Untersuchungen haben gezeigt, daß derjenige sehr viel besser mit vorübergehender Arbeitslosigkeit zurechtkommt, welcher sich zuvor bürgerschaftlich engagiert hat«, sagt der Münchner Sozialwissenschaftler Gert Mutz. Er erläutert in der *Zeit* das Münchner »Vierschichtenmodell«: »Die Menschen sollen weiterhin in Erwerbsarbeit sein, wenn auch womöglich in geringerem Umfang, und sich nebenbei bürgerschaftlich engagieren: Unser Modell umfaßt viele Tätigkeitsfelder, die unterschiedlich kombiniert werden können: Phasen der Erwerbsarbeit wechseln mit Zeiten der Weiterbildung, dazwischen kann es Phasen verstärkter Eigenarbeit und Zeiten des bürgerschaftlichen Engagements geben.«

Am besten zurechtkommen mit dem öfter wechselnden Portfolio dürften wohl die Frauen: Sie sind die Pionierinnen der lebensunternehmerischen Flexibilität. »Sie waren es, zunächst der Not gehorchend, weil sie sich schon in der industriellen Vergangenheit einen höheren Grad des Alltagspragmatismus und ein viel breiteres Spektrum menschlicher Fähigkeiten bewahren mußten als die auf eindimensionale Berufslaufbahn programmierten Männer«, schreibt der Autor Christian Lutz in der Kulturzeitschrift *du*. Frauen verfügen über ein durch soziale Verantwortung geschärftes vorausschauendes Eigeninteresse – und somit über eine geradezu prototypische Eigenschaft, die wir dem Deutschland von morgen wünschen.

Anfang der neunziger Jahre hat die damalige baden-württembergische Landesregierung das Modellprojekt der »Seniorengenossenschaften« angestoßen. Das Konzept ist ebenso einfach wie einleuchtend: Jedes Miglied wird aufgefordert, etwas von seiner »Zeit« zu spenden. Die Genossenschaftsmitglieder – der Großteil von ihnen ist selbst schon im Rentenalter – bringen ihre Kraft und Erfahrung ein, um alten, immobilen Mitbürgern bei den großen und kleinen Problemen des Alltags zu helfen. Ziel ist es, den alten Menschen so lange wie möglich ihre Selbständigkeit und Selbstverantwortung in den eigenen vier Wänden zu erhalten. Für jede »gespendete« Stunde gibt es einen Gutschein. Diesen können die Genossen Senioren später, wenn sie selbst der Hilfe bedürfen, bei der Genossenschaft einlösen – dann sind sie es, denen geholfen wird.

Die zahlreichen Modelle von Bürgerarbeit scheinen uns letztendlich auch deshalb interessant, weil sie mit einem flexiblen Arbeitsmarkt kompatibel sind. Ein Unternehmen kann beispielsweise bewährte Mitarbeiter auch in Zeiten schlechter Konjunktur am Ort halten, indem diese ihre Tätigkeit stärker oder zeitweise ganz auf den Sektor der Eigen- oder Bürgerschaftsarbeit verlagern. Es lassen sich vielfältige Mischformen vorstellen: Gemäß dem einfachen Prinzip *be a good citizen* bezahlen einige amerikanische Unternehmen ihren Mitarbeitern für einen Teil ihres sozialen Engagements weiterhin den regulären Lohn und unterstützen so die Gemeinde. Die Unternehmen nehmen die Möglichkeit wahr, ihren Standort und das Gemeinwesen mitzugestalten.

Das Instrumentarium von Arbeitszeitverkürzung, Fortbildungsurlaub, Bürgerarbeit und Eigenarbeit wird derzeit in immer neue Kombinationen gegossen. Egal, ob sie nun »Bürgerarbeit«, »Tätigkeitsgesellschaft«, »Multiaktivität«, »New Work« oder »Dritter Sektor« genannt werden, für alle gilt: Probieren geht über Studieren. Unternehmen, Mitarbeiter, Gewerkschaft und Gemeinde müssen im konkreten Einzelfall am Runden Tisch Sinnhaftigkeit und Finanzierbarkeit solcher Projekte überprüfen. Die allgemeintheoretischen

Vorabgefechte über Pro und Contra solcher Initiativen verlaufen zwar auf hohem intellektuellen Niveau, leiden aber zwangsläufig unter einer ärgerlichen Kenntnislosigkeit in bezug auf Erfahrungen aus erster Hand.

Wie sich die Modelle und Pilotprojekte im einzelnen entwickeln, wird immer wieder überraschend sein.

So erfreut das Modell der Viertagewoche von Volkswagen einen Teil der örtlichen Wirtschaft, während es einen anderen verärgert. In Wolfsburg boomen die Baumärkte, weil offensichtlich mehr Arbeit in Eigenregie durchgeführt wird. Hingegen jammern die Handwerker, weil sie vermuten, daß es sich bei einem Teil dieser Selbsthilfe schlicht um Schwarzarbeit handelt. Ein Teil der Arbeitswelt hat sich, so schreibt der *Spiegel,* bereits »unauffällig von der kapitalistischen Produktionsweise abgekoppelt«. So seien in Deutschland nicht nur schätzungsweise sechs Millionen Schwarzarbeiter (die geschätzte Wertschöpfung entspricht ca. 15 Prozent des Bruttoinlandsproduktes) am Werk: »Oft Hand in Hand mit ihnen bosseln nach Feierabend Millionen Bürger am Häusle, Auto oder an der Schrankwand.« Damit könnte sich eine Prognose bewahrheiten, die der Freizeitforscher Horst W. Opaschowski schon in den siebziger Jahren wagte: Die Grenzen zwischen Heim- und Handwerker verwischen. Dies kann auch als Zukunftschance begriffen werden. Opaschowski: »In solchen Tätigkeiten suchen und finden die Menschen das, was in vielen hauptberuflichen Tätigkeiten verlorengegangen ist: Sinnbezug, Selbstdarstellung und Erfolgserleben.«

Was in Wolfsburg und anderswo aus der Viertagewoche und aus sich selbst heraus entsteht, hat der amerikanische Philosoph Frithjof Bergmann in sein Teilzeit-Arbeitsmodell »New Work« integriert. In Zusammenarbeit mit General Motors und den Gewerkschaften sollen die von Rationalisierung betroffenen Mitarbeiter einer Automobilfabrik ihre Arbeit in drei Einheiten gliedern: »Zwei Tage wird regulär gearbeitet, zwei Tage der Woche widmet man dem ›high-tech‹ self-providing, also der Selbstversorgung auf hohem technischen Niveau, und an zwei Tagen tun die Leute das, was sie immer wollten.« Bergmann glaubt, daß »Technologie, richtig angewandt,« die Menschen »außerordentlich unabhängig machen könnte«. Er sieht eine Überflußgesellschaft neuer Qualität heraufziehen: »Eine viel größere Zahl von Menschen würde in jeder Hinsicht kreativere, innovativere und autonomere Arbeit leisten – das Ergebnis ist Reichtum im Überfluß.«

Der ehemalige Leiter des Instituts für Wasser-, Boden- und Lufthygiene des Bundesumweltamtes, Professor Karl Aurand, möchte die Probleme des ländlichen Raumes (zunehmende Flächenstillegungen, immer mehr Höfe werden aufgegeben) mit den durch Teilzeitarbeit in der Industrie entstehenden Freiräumen verknüpfen. Nach Aurands Ansicht könnten sich Industriearbeiter, die Unterstützung ihrer Arbeitgeber vorausgesetzt, in aufgegebenen Landwirtschaftsbetrieben Ferienwohnungen ausbauen, kleine Werkstätten einrichten, Gärten anlegen (vier Tage Industriearbeit, drei Tage Leben auf dem Lande). Durch Selbstversorgung und zeitweise Vermietung könnten sie sich so ein zweites Standbein schaffen. Umgekehrt würden in manches Dorf wieder neues Leben und neue Aktivität einziehen. Auch solche Konzepte sind dazu angetan, wieder reguläre Erwerbsarbeitsplätze zu generieren (das Gartenhobby zählt heute schon zu den umsatzstärksten Freizeitbereichen überhaupt).

Die Deutschen als Volk der Tüftler und Bastler werden Geschmack an den neuen Möglichkeiten der Zeitsouveränität finden. Manch ein VW-Arbeiter dürfte doch heute schon nicht mehr in die einstige Fünftagewoche zurückkehren wollen. Das neue Arbeitszeitmodell, aus der Not geboren, gibt ihm mehr Freiraum zur Selbstverwirklichung und verhilft ihm unter dem Strich zu mehr Lebensqualität. Kurzum: Für ihn ist dieses System konkurrenzfähig. Und genau darum muß es auch bei den Formen der Bürgerarbeit und des freiwilligen sozialen Engagements gehen: Sollen sie Erfolg haben, müssen sie konkurrenzfähig werden. Das kann freilich nur funktionieren, wenn sich die Beteiligten unter dem Strich einen Vorteil versprechen. (Wobei man realistisch bleiben muß: Derzeit kann sich in der Bundesrepublik nur ein Drittel aller Vollzeitbeschäftigten eine kürzere Arbeitszeit mit Lohnkürzung vorstellen.)

Der Weg dorthin mag weit sein, aber ganz unwahrscheinlich ist eine solche Entwicklung nicht. Es deutet sich ja lediglich an, daß in der nachindustriellen Ära die Grenzen zwischen den verschiedenen Tätigkeiten wieder ähnlich verwischen, wie dies in der vorindustriellen Ära ganz normal war. Die postindustrielle Gesellschaft dürfte auf einem höheren Niveau lediglich bestimmte Komponenten wiederentdecken. Vor der Erfindung von Dampfmaschine und Fließband war die Beschäftigung in Erwerbs- und Privatleben noch gleich viel wert. Erst mit der industriellen Revolution wurde beides auseinandergerissen, und es entwickelte sich das heutige Zweiklassensystem der Tätigkeiten. Anerkennung genoß fortan nur noch jene Tätigkeit, die sich in Geld ausdrücken ließ.

Und wenn mit immer neuen Erfindungen und Technologien immer größere Kapitalvermögen und deren Erträgnisse in den Investitionssektor der Volkswirtschaft fließen und unser Wohlstand insgesamt beständig weiterwächst, warum soll nicht aus der hektischen Arbeitsgesellschaft von gestern und der in Gehetzte und Arbeitslose zweigeteilten Bevölkerung eine Bürgergesellschaft mit mehr Muße werden?

Warum kann in der Flexibilität der morgigen Gesellschaft nicht die Chance des kritischen Mitgestaltens für weit mehr Individuen als heute liegen?

Deutschland als Integrator

Die Zukunft wird vom Zusammenwachsen geprägt sein. Die Trennschärfe zwischen den Naturwissenschaften weicht der fachübergreifenden Zusammenarbeit. Das gleiche gilt für die Wirtschaft. Die Zukunft gehört Systemanbietern und Dienstleistern. Die Bausteine für eine erfolgreiche Zukunft sind in Deutschland vorhanden, wir wollen sie im folgenden beispielhaft anhand von vier Zukunftsvisionen zusammenfügen.

1. Das Land, in dem die Gesundheit zu Hause ist

Baustein 1: Alle Gesundheitssysteme der industrialisierten Welt waren und sind auch weiterhin Wachstumsmärkte. Die Ausgaben für Gesundheit zeigen in allen Ländern beträchtliche Zuwachsraten. Je besser und ausgereifter die medizinische Versorgung wird, um so mehr Behandlungsbedürftige wird es geben. Weil man vor siebzig Jahren Insulin erfunden hat, können Diabetiker heute ein relativ normales Leben führen, die früher an dieser Krankheit gestorben wären. Im Jahr 2015 werden die 50- bis 60jährigen die größte Bevölkerungsgruppe sein.

Baustein 2: Aufgrund der demographischen Veränderungen und des medizinischen Fortschritts kommt auf das Gesundheitssystem eine Kostenlawine zu, der mit einer umfassenden Reform Rechnung getragen werden muß. Es geht dabei nicht einmal darum, die Kosten zu senken, sondern es wäre bereits ein Erfolg, sie nicht weiter ansteigen zu lassen. Die Frage lautet: Wie können wir den Bürgern einen gleichberechtigten Zugang zur nationalen Gesundheitsversorgung ermöglichen und dabei die Finanzierbarkeit sicherstellen? Dies wird nur im Rahmen eines Systems möglich sein, das auf Effizienz, Konkurrenz und Kontrolle setzt und die blokkierenden Institutionen und Interessengruppen entmachtet. Als Leitplanke bietet sich hier das System des *Managed Care* an. Das Ziel kann nicht eine bloße Deregulierung sein, da ein völlig freier Markt im Gesundheitswesen nicht funktioniert und unethisch wäre. Wir brauchen aber neue Versorgungsangebote mit folgenden Kernelementen: Gemischte Arztgruppen (30 bis 50 Ärzte unterschiedlicher Fachrichtung) übernehmen die Verantwortung für das zur Verfügung stehende Budget von Patienten. Ein Risikostrukturausgleich stellt dabei mehr Budget für ältere Patienten sicher, hinzu kommt eine Rückversicherung der Ärzte für besonders schwere oder teure Fälle. Ein Zulassungsgremium sichert und kontrolliert die Qualität der Ärzte und fungiert als Beschwerdestelle für Patienten. Die verschiedenen Anbieter konkurrieren im Wettbewerb untereinander und dürfen durch Werbung auf ihre Leistungen und Konditionen aufmerksam machen. In den USA haben sich inzwischen völlig neue Versorgungsformen mit maßgeschneiderten Versicherungspaketen entwikkelt. Dies muß auch in Deutschland möglich sein. In München haben sich in einem ersten Projekt 200 Ärzte und 60000 Versicherte zu »ArztPartner« zusammengefunden und Verträge mit zwei privaten Versicherern (Vereinte, Bayerische Versicherungskammer) abgeschlossen. ArztPartner als sogenannter *intermediary* (frei übersetzt: »Vermittler«) setzt auf Managed Care durch mehr Service und Transparenz – nicht durch Einschränkung.

Baustein 3: Managed Care hat in den Vereinigten Staaten zu einem hochinnovativen Gesundheitsmarkt geführt. Der hohe Wettbewerbsdruck forciert neue Operationsmethoden, medizinisch-technische Geräte und Arzneimittel. Die Erkenntnisse der nordamerikanischen Medizin sind weltweit bahnbrechend, die USA gelten als das innovativste Land im medizinischen Sektor. Deutschland hat den Anschluß in der Medizintechnik, der Pharmazie, der Biotechnologie aber keineswegs verloren. Ein reformiertes Gesundheitssystem würde die Innovationskraft dieser Bereiche fördern und wäre obendrein ein intelligentes Konjunkturprogramm. 1996 wurden 270 Milliarden Mark für das deutsche Gesundheitssystem ausgegeben. Wir möchten, daß die Patienten von diesem Geld maximal profitieren. Und dies wird nur dann der Fall sein, wenn das Geld für die besten Leistungsträger aufgewendet wird.

Baustein 4: Sowohl in der sogenannten minimal invasiven Medizin, bei der mit Hilfe kleinster Nano-Roboter im Körperinneren operiert wird, als auch im Bereich der Telemedizin gibt es in Deutschland einen beachtlichen Stand der Forschung und Technik. Früherkennung und schmerzlosere Eingriffe gehören ebenso zu den Fortschritten wie elektronische Prothesen, die Seh- und Hörfähigkeit wiederherstellen. Auch die neuen Informationstechnologien drängen mit Macht in den Bereich der Medizin. Sie ermöglichen Diagnosen und Operationen über Kontinente hinweg und machen Informationen für den Arzt schnell zugänglich. Gleichzeitig verbessern und vereinfachen sie die Arztausbildung: Schon heute werden Operationen am Bildschirm virtuell geübt. Hier tun sich für Software-Entwickler große Chancen auf.

Baustein 5: Deutsche und europäische Pharmaunternehmen gehören zu den führenden Anbietern in der Welt. Die deutsche Biotechnologie holt auf, derzeit gibt es etwa 300 Biotech-Unternehmen im Land, die Zahl der Arbeitsplätze soll bis zum Jahr 2000 bei 40000 liegen. Die Gentechnik kann helfen, neben Erbkrankheiten Menschheitsgeißeln wie Krebs, Aids oder Malaria zu besiegen. Zahlreiche neue Medikamente verdanken wir mittlerweile der Gentechnik. Unter den 10 umsatzstärksten Pharmaprodukten befinden sich bereits drei gentechnisch hergestellte Medikamente: Das bei der Zuckerkrankheit eingesetzte rekombinante Insulin, das blutbildende Erythroprotein sowie rekombinante Interferone (die beispielsweise bei Hepatitis oder Multipler Sklerose zum Einsatz kommen). Vom einfachen präklinischen Test bis zur Herstellung von künstlichen Organen wird die Gentechnik in der Medizin keinen Stein auf dem anderen lassen. Die Möglichkeiten der Gentherapie gehen weit über die Behandlung von Erbkrankheiten hinaus, da sie eines Tages auch bei vielen anderen Gesundheitsstörungen helfen kann. Bedenkt man den rasanten Fortschritt der Gentechnik seit ihrer Erfindung 1973, so ahnt man, was in fünfzig oder hundert Jahren möglich sein wird.

Allein in Deutschland wuchs der Biopharmamarkt von 1,1 Milliarden Mark 1993 auf 2,1 Milliarden 1997. Für die nächsten fünf Jahre wird ein jährliches Wachstum von 13 Prozent erwartet. Längerfristig sollen gentechnisch hergestellte Medikamente 20 bis 25 Prozent des gesamten Pharmamarktes ausmachen. Viele Erkenntnisse aus der medizinischen Forschung fließen auch in die Entwicklung neuer ertragreicherer Pflanzen oder gesünderer Lebensmittel und neuer Werkstoffe (und umgekehrt). Gesundheit, Landwirtschaft, Lebensmittelindustrie und Umweltschutz befruchten sich bei der Biotechnologie gegenseitig.

Baustein 6: Gesundheitsleistungen sind sehr personalintensiv. Hier bieten sich weniger Rationalisierungsmöglichkeiten als in anderen Bereichen. Für den Arbeitsmarkt werden die persönlichen Dienstleistungen, die vom Arzt über die Krankenschwester bis zum Masseur oder Therapeuten reichen, eine wachsende Bedeutung haben. Große internationale Dienstleister wie Peter Dussmann führen heute schon mit großem Erfolg komplette Altersheime und Kliniken und glauben auch in Deutschland an einen wachsenden Markt: »In Deutschland sehe ich vor allem bei Krankenhäusern und

Altenheimen noch großen Bedarf für unsere Angebote.« Abhängig Beschäftigte können von einem reformierten Gesundheitssystem ebenso profitieren, wie sie für sich neue Formen der Selbständigkeit auftun können. Auch der sogenannte Dritte Sektor, das soziale Engagement der Bürger, kann sinnvoll miteinbezogen werden.

Baustein 7: Ein florierendes und innovatives Gesundheitssystem zieht die besten internationalen Wissenschaftler und Techniker an und strahlt automatisch auch auf die Universitäten aus. So könnte die medizinische Ausbildung in Deutschland wieder eine Spitzenstellung erringen und Studenten aus aller Welt anziehen.

Baustein 8: Deutschland verfügt über eine hervorragende Infrastruktur, die dem Gesundheitssystem im weiteren Sinne zuarbeitet: Da wäre die ökologische Forschung, die Schadstoffe und ihre Auswirkungen auf den Menschen untersucht und vermeidet. Da wäre der wachsende Markt für gesunde Ernährungsmittel. Da wäre aber auch der präventive Sektor der Fitneß und Freizeit.

Die Vision: Es wird Aufgabe der nächsten Jahre sein, diese Bausteine zusammenzuführen. Ein intelligent reformiertes Gesundheitssystem kann dabei die Rolle des Katalysators spielen. Deutschland hat die Chance, etwas Ganzheitliches zu schaffen und Gesundheit in all ihren Facetten zu einem exportfähigen Erfolgsprodukt zu machen. Der Platz der Welt-Gesundheitsmetropole ist noch vakant, ergreifen wir die Chance (ähnlich wie wir einmal die Apotheke der Welt waren).

Für das Jahr 2010 würden wir uns dazu Meldungen wie die folgenden wünschen:

»Südkorea importiert deutsches Gesundheitssystem.« – »Münchner Biotechnologieteam erhält den Nobelpreis für Impfstoff gegen Malaria.« – »Universitäts-Klinikum Heidelberg erwirtschaftet 250 Millionen Mark Rekordgewinn.«

2. Das Land, das Kilometer verkauft

Baustein 1: Sämtliche Prognosen sagen für die Industriestaaten, aber insbesondere für die aufstrebenden Länder wie China und Indien, eine rapid steigende Nachfrage nach Verkehrsleistungen voraus. Mobilität wird eines der größten Geschäfte der Zukunft.

Baustein 2: Die deutsche Automobilindustrie steht so gut da wie nie zuvor. Die Produktivität wurde erhöht, und es entstanden moderne Fertigungsstätten im In- und Ausland. Neue erfolgreiche Modelle repräsentieren einen hohen technischen Standard und zeigen, daß die Ingenieure und Designer wieder Spaß an ihrer Arbeit haben (dürfen). Gleichzeitig rüsten sie sich für neue Herausforderungen. In naher Zukunft sind weitere Innovationen zu erwarten. Grundsätzliche technische Durchbrüche könnten deutschen Herstellern gar zur Alleinstellung verhelfen: Daimler-Benz etwa will bis zum Jahr 2005 ein abgasfreies Brennstoffzellen-Auto auf der Basis der neuen A-Klasse auf den Markt bringen. Mit Chrysler zusammen könnte Daimler jetzt als erster die Brennstoffzelle zum Industriestandard machen.

Baustein 3: In Form »geklonter Fabriken« wird deutsches Fertigungs-Know-how exportiert. Ideen und Design, schlanke Produktion, die Qualitätskontrolle, die Ausbildung der Mitarbeiter: In Deutschland produziertes Wissen wird verkauft. Fabriken wie die neue Opel-Produktionsstätte in Eisenach oder das Smart-Werk im elsässischen Hambach taugen als Gesamtsystem für den Export. Das thüringische Opel-Werk hat bereits 1465 ausländische Opel-Mitarbeiter für einen Einsatz in ihren Heimatländern ausgebildet.

Baustein 3: Da der Individualverkehr beinahe vier Fünftel des Verkehrsaufkommens ausmacht, wird die Verkehrslenkung mit Hilfe der »Telematik« oder des »kooperativen Fahrens« immer dringlicher. Auf europäischer Ebene haben 12

Fahrzeugfirmen an dem Projekt »Prometheus« teilgenommen. Die sicher autopilotierte Fahrt von München nach Stuttgart entlastet Fahrer und Fahrzeug. In Stuttgart und München laufen aufwendige deutsche Versuche (»Storm«/ Munich Comfort). Die Satellitennavigation und die modernen Informationstechnologien eröffnen weitgehende Möglichkeiten für den Individualverkehr und für seine Vernetzung mit anderen Verkehrsträgern. Aus einem Wust von Informationen berechnet das System eine freie Route zum Ziel. Die Daimler-Benz-Tochter Debis wagt sich jetzt ausgerechnet ins notorisch verstopfte Tokio, um das Daimler-Benz-Navigationssystem erstmals mit Verkehrsmeldungen zu koppeln.

Baustein 4: Ohne die Ergänzung durch moderne öffentliche Verkehrsmittel und Bahnen fährt das Automobil in den Stau. Die Telematik kann auch die Effizienz der öffentlichen Systeme steigern und dafür sorgen, daß der Bus nicht in dem Moment abfährt, in dem die Straßenbahn ankommt. Software-Entwickler sind gefordert: Wo bleibt der für einen normalen Menschen verständliche elektronische Fahrplan?

Baustein 5: Die Schiene erlebt eine Renaissance. Seit 1994 die Bahn in Deutschland privatisiert wurde, stiegen bundesweit die Zugkilometer im regionalen Verkehr um 13 Prozent. Moderne Züge und Straßenbahnen gewinnen im Nahverkehr wieder Passagiere zurück. Auf den Fernstrecken wetteifert der ICE mittlerweile erfolgreich mit den Fluglinien. In der Eisenbahn schlummert noch ein erhebliches Modernisierungspotential, und private Anbieter werden es nutzen – so man sie läßt. Und dies gilt weltweit: Auch in Los Angeles gibt es wieder eine Stadtbahn – *made by Siemens*. Der Weltmarkt für Schienenfahrzeuge soll bis zum Jahr 2005 auf 3,5 Milliarden Mark ansteigen – eine Verdopplung gegenüber 1996.

Wen wundert es, daß sich immer mehr Ingenieure und

Verkehrswissenschaftler mit dem Schienenfahrzeug als Super-High-Tech-Kandidat anfreunden.

Baustein 6: Car-Pools und Car-Sharing werden mittlerweile von großen Unternehmen wie Lufthansa oder Daimler-Benz für ihre Dienstwagenflotten kultiviert. Dieses Know-how wird in neue Angebotsformen und Dienstleistungen münden und neben dem Autobesitzer den neuen Typus des nur zeitweisen Autonutzers kreieren.

Baustein 7: Der Tourismus gilt als zweitgrößte Industrie der Welt und ist ein Kind der Mobilität. Die deutschen Reiseveranstalter und ihre Zulieferer (Bahn, Luftfahrt, Bus, Leihwagen) haben große Erfahrungen in der Bewältigung von Mobilitätsströmen. Sie verkaufen Erholung in aller Welt und suchen sich die dafür günstigsten Kilometer. Der Mobilitätsdienstleister muß nicht mehr erfunden werden, er hat sich längst etabliert.

Die Mobilität der Zukunft wird von der Integration der verschiedenen Verkehrsträger geprägt werden. Der beste Weg dorthin bedarf des Anstoßes durch klare staatliche Rahmensetzung: zum Übergang zu einer – im eingependelten Zustand – subventionsfreien Finanzierung von Verkehrsträgern und Infrastruktur durch konsequente Weitergabe aller anfallenden Kosten, Aufhebung von effizienzmindernden Wettbewerbsbeschränkungen und konsequenten Privatisierung von Transportbetrieben wie auch von Infrastruktureinrichtungen. Diese Maßnahmen müßten ergänzt werden durch die Verlagerung öffentlicher Mittel von der Subventionierung defizitärer Angebotssysteme zur direkten Unterstützung sozial schwacher Leistungsnachfrager. Das wäre dann die große Verkehrsreform. Deutschland hat alle Bausteine in der Hand, um ein Modellprojekt für den integrativen Verkehr der Zukunft zu werden. Mobilität wird mit dem persönlichen digitalen Assistenten zu einer neuen Qualität: ob per Auto, Bahn oder Flugzeug.

Unsere Vision dabei: Die anderen verkaufen den Stau, wir die Kilometer.

Die passende Schlagzeile dafür gibt es schon (s. o.): »Daimler-Benz bringt Japaner schneller ans Ziel.«

3. Das Land, aus dem der blaue Himmel kommt

Baustein 1: Die deutsche Gesellschaft für technische Zusammenarbeit (GTZ) veröffentlichte 1997 eine Umfrage unter der Bevölkerung von 24 wichtigen Ländern in fünf Kontinenten, die 60 Prozent der Weltbevölkerung stellen. Der »International Environment Monitor« zeigte erstaunlich geringe Unterschiede in der Einschätzung des Umweltschutzes. Auch in den Entwicklungsländern sind die Menschen offenbar immer weniger bereit, eine Form von Wachstum zu tolerieren, die rücksichtslos auf Kosten der Umwelt geht. Als »ernst« oder »sehr ernst« werteten insbesondere die Bewohner armer Länder ihre Umweltprobleme: Zum Beispiel in Indien 94 Prozent, Chile 90 Prozent und in Polen 89 Prozent. (Zum Vergleich: in Deutschland 79 Prozent, Holland 66 Prozent, in der Schweiz 54 Prozent.) Die Forderung, dem Umweltschutz müsse auch dann Priorität eingeräumt werden, wenn er wirtschaftliche Entwicklungen verlangsame, erscheint vor allem in den sich entwickelnden Ländern bemerkenswert: In Südkorea vertraten 63 Prozent, in Chile 59 und in Indien 50 Prozent der befragten Bevölkerung diese Ansicht. Die Diskussion um mehr Umweltschutz wird zeitverzögert in diesen Ländern einsetzen. Mehr Wohlstand zieht wachsendes Umweltbewußtsein nach sich.

Baustein 2: Mehr Wohlstand und Umweltschutz müssen kein Widerspruch sein. »Der chinesische Kohleverbrauch könnte um etwa ein Viertel gesenkt werden, wenn man in der Industrie und in den Kraftwerken auf einen technologischen Stand käme, wie er heute in Westeuropa üblich ist«, sagt Volkmar Köhler, Ex-Staatssekretär im Bundesministerium für wirtschaftliche Zusammenarbeit und Mitglied einer vom chinesischen Staatsrat berufenen Umwelt-Beratungskommission. Der saure Regen aus China richtet mittlerweile auch in Japan und Thailand große Schäden an und verstärkt die gesamtasiatische Einsicht, daß mehr gegen die Umweltverschmutzung getan werden muß. Im vergangenen Herbst war die chinesische Regierung gezwungen, wegen der unerträglichen Wasserverschmutzung Tausende Papierfabriken und Färbereien zu schließen. Dadurch ist das ohnehin riesige Heer der Arbeitssuchenden noch größer geworden. Volkmar Köhler: »Man mußte also sehenden Auges soziale Probleme in Kauf nehmen – wegen der Umweltsituation.« Das heißt, in den aufstrebenden Nationen entsteht ein großer Markt für den Einsatz westlicher Umwelttechnologie und umweltintegrierter Produktionsverfahren.

Baustein 3: Nach aktuellen Schätzungen wird der globale Markt für Umwelttechnologie bis zum Jahr 2005 auf 1,2 Billionen Mark wachsen. Deutsche Unternehmen liegen mit den USA gleichauf, jedes der Länder hält derzeit einen Weltmarktanteil von etwa 19 Prozent.

Baustein 4: Das amerikanische Nachrichtenmagazin *Time* widmete im Frühjahr 1998 eine Titelgeschichte dem Thema »Wie Technologie die Umwelt heilt, statt sie zu zerstören«. Viele der »glänzenden Ideen«, so lernten die Leser aus dem Text, stammen aus Deutschland. Der Himmel über der Ruhr ist längst wieder blau, die Belastung von Luft, Wasser und Menschen mit Schadstoffen ging in Deutschland gegenüber den sechziger Jahren teilweise sogar beträchtlich zurück. Das Umweltbewußtsein deutscher Unternehmen ist zum selbstverständlichen Bestandteil der Unternehmenskultur geworden. Die neue europäische Öko-Audit-Verordnung

»über die freiwillige Beteiligung gewerblicher Unternehmen an einem Gemeinschaftssystem für das Umweltmanagement und die Umweltbetriebsprüfung« (so das offizielle Eurodeutsch) wird nirgendwo vergleichbar beherzt aufgegriffen wie hierzulande. Deutsche Unternehmen repräsentieren etwa 80 Prozent aller in der europäischen Union bisher erfolgreichen Auditierungen.

Baustein 5: Die Beliebtheit der ökologischen Effizienz steht in unmittelbarem Zusammenhang mit ihrem ökonomischen Nutzen. Die Zukunft gehört dem produktionsintegrierten Umweltschutz, der Belastungen von vorneherein vermeidet. Schon heute machen neue Anlagen nachsorgende Technik wie Filter- oder Kläranlagen häufig überflüssig und sparen Geld. Statt, wie prognostiziert, auf 200 Liter anzusteigen, sank beispielsweise der Wasserverbrauch in Deutschland von rund 145 Litern Anfang der neunziger Jahre auf heute 128 Liter pro Kopf und Tag. Wurden früher in der Lackiererei eines Automobilwerks noch 1000 Liter pro Karosse verbraucht, so liegt dieser Wert im neuen Opel-Werk in Eisenach bei 200 Litern – Tendenz weiter sinkend. In der Papierherstellung wird heute 40mal weniger und beim Packpapier sogar 600mal weniger Wasser pro Kilogramm verbraucht als vor hundert Jahren. Ähnliche Erfolge hat der Energiesektor zu verzeichnen. Moderne deutsche Gaskraftwerke können die Energie bis zu 90 Prozent ausnutzen – und sie können gleichsam in Serie preiswert gebaut werden.

Baustein 6: Neue Ideen brauchen Symbole. Mit dem gewaltigen Frachtluftschiff Cargo-Lifter nimmt derzeit geradezu ein Symbol für saubere Technik und ihre Exportchancen Gestalt an. In Brandenburg entsteht unter der Beteiligung von Siemens und ABB derzeit eine riesige neue Werft. Bis zum Jahr 2000 werden 220 Mitarbeiter den ersten Cargo-Lifter startbereit gemacht haben. Der moderne 242 Meter lange Zeppelin soll überdimensionale Fracht wie beispielsweise Kraftwerksturbinen nonstop, umweltfreundlich und punktgenau in nahezu jeden Winkel der Erde transportieren. Die maximale Zuladung beträgt 160 Tonnen und die Nonstop-Reichweite 10000 Kilometer. Wenn alles gutgeht, wird der erste Cargo-Lifter über der Weltausstellung in Hannover schweben und Werbung für eine saubere Sache machen.

Die Vision: In der nachhaltigen Wirtschaft von morgen ersetzt der Rohstoff Wissen den Naturverbrauch. Die Informationstechnologie erleichtert die Integration der verschiedenen Verfahren und kann zu einem weiteren Quantensprung in der Systemtechnik führen. Die derzeit noch enge Interpretation von »Umwelttechnik« wird erweitert werden und ganz automatisch in Produkten, Verfahren und Dienstleistungen enthalten sein. Der amerikanische Autor Gregg Easterbrook faßt den Bereich in seinem Umwelt-Bestseller *A Moment on Earth* mit dem Schlagwort *cleantech* zusammen. Dazu gehören auch Wettbewerb und die Einführung der Kostenwahrheit im Energie-, Verkehrs- und Umweltbereich. Sie werden saubere Technik zu einem abgasfreien Motor der Wirtschaft machen.

Für das Jahr 2010 wünschen wir uns dazu die Schlagzeile: »China hat den blauen Himmel von der Ruhr importiert.«

4. Das Land, in dem die gesündesten Kartoffeln wachsen

Baustein 1: Ende des 18. Jahrhunderts bestimmte ein in deutschen Staaten erlassenes Gesetz, daß nicht mehr Holz eingeschlagen werden dürfe, als nachwachsen könne. Dieser bahnbrechende Akt verhalf der deutschen Forstwirtschaft zu ihrem guten Ruf und machte sie zu einem oft nachgeahmten (und vielfach unerreichten) Vorbild in der Welt. Für das Prinzip wurde der Begriff Nachhaltigkeit geprägt, der heute weiter gefaßt wird und mit dem englischen Wort *sustainability* Auferstehung feiert. Ziel des *sustainable development* ist es, »die Bedürfnisse der heute lebenden Menschen zu befriedigen, ohne künftigen Generationen die Optionen zur Befriedigung ihrer Bedürfnisse zu nehmen«. Nun gehört der Erhalt der natürlichen Lebensgrundlagen zu den elementaren Zielen des Wirtschaftens. Der Verband der chemischen Industrie etwa möchte diesen Begriff dahingehend erweitern, daß er gemeinsame Zielsetzungen der verschiedenen gesellschaftlichen Gruppen umfaßt, und spricht von einem »Integrationsmodell der Nachhaltigkeit«. Hoechst-Chef Jürgen Dormann formuliert es so: »Wer bei dem Thema nur an Umweltschutz denkt, wird der Sache nicht gerecht.« Seiner Ansicht zufolge gehören »soziale und wirtschaftliche Anforderungen gleichrangig dazu«. Die unwiederbringliche Zerstörung natürlicher Ressourcen ist ebensowenig zukunftsfähig wie fehlende Gesundheitsversorgung, Hygiene, Nahrung, Ausbildung und Menschenrechte in weiten Teilen der Erde. Dormann: »Auch die hohe Arbeitslosigkeit in Westeuropa ist nicht zukunftsfähig.«

Baustein 2: Welternährungsgipfel 1996 in Rom. Der Generaldirektor der UN-Ernährungs- und Landwirtschaftsorganisation (FAO) Dr. Jacques Diouf verweist darauf, daß die Weltbevölkerung von derzeit 5,7 Milliarden Menschen bis zum Jahr 2030 voraussichtlich um rund drei Milliarden wachsen wird. Nach Studien der FAO müsse die Nahrungsmittelproduktion um etwa 75 Prozent gesteigert werden, was bei entsprechender Aufmerksamkeit für die Probleme der Landwirtschaft auch möglich sei, aber sorgsamen Umgang mit den Ressourcen Land und Wasser nötig mache. Gleichzeitig verweist die FAO auf die Zahl der unterernährten Menschen, die sich auf rund 840 Millionen beläuft und damit etwa ein Fünftel der Gesamtbevölkerung in den Entwicklungsländern ausmacht.

Baustein 3: »Die Gen- und Biotech-Revolution wird die industrielle Revolution in den Schatten stellen«, sagt Robert T. Fraley von der Agrardivision des *life science*-Unternehmens Monsanto. Die Gen- und Biotechnologie revolutioniere nicht nur die Landwirtschaft, sondern auch die Ernährungsindustrie, die Pharmaherstellung und die Gesundheitsversorgung – und damit mehr als die Hälfte des Weltbruttosozialprodukts. Ähnlich wie einst die industrielle Revolution die Stärke der heute führenden Wirtschaftsnationen begründet habe, lege die Gen- und Biotechnologie die Grundlagen für den zukünftigen Wohlstand. Monsanto bringt derzeit rund ein Dutzend weiterer Biotech-Pflanzen auf den Markt, die höhere Erträge versprechen, weniger Pestizide benötigen oder andere günstige Eigenschaften haben.

Bob Shapiro, der Monsanto-Präsident, sieht in solchen Entwicklungen den einzigen Weg, die sprunghaft wachsende Weltbevölkerung zu ernähren, ohne die Umwelt mit immer größeren Mengen Pestiziden und den dazugehörigen Begleiterscheinungen wie erhöhtem Energieverbrauch zu belasten.

Baustein 4: Heribert Offermanns, im Vorstand der Degussa und Vorsitzender des Fonds der chemischen Industrie, der die Verbindung zu den Hochschulen pflegt, sieht in jüngster Zeit in Deutschland »verbesserte Rahmenbedingungen« für die Biotechnologie dank dem novellierten Gentechnikgesetz. Den von Forschungsminister Jürgen Rüttgers initiierten Bio-Regio-Wettbewerb nennt er sogar einen »Bombenerfolg«. An dem Förderprogramm mit einem Budget von 250 Millionen Mark beteiligten sich 17 Regionen, und zusätzliches privates Kapital in Höhe von 565 Millionen Mark wurde angezogen. Bisher führte das Programm zu 90 Neugründungen. Vier Regionen (München, Rheinland, Rhein-Neckar-Dreieck und Jena) erhalten in den nächsten Jahren bevorzugt Fördermittel aus dem Bio-Regio-Topf für die Entwicklung neuer Produkte. »Überall in Deutschland regt sich Unternehmergeist«, sagt Heribert Offermanns. Er reicht von der BASF mit der BASF-Lynx Bioscience in Heidelberg und Bayer mit der Arthemis Pharmaceuticals in Köln (jeweils mit amerikanischen Partnern) über Hoechst mit der Stärkung seines Gentechnikzentrums in Martinsried bei München bis zu Schering und deren Engagement in der Gentechnik. »Die Biotechnologie in Deutschland ist dabei keineswegs nur ein Tummelplatz der Giganten«, betont Offermanns und verweist auf die vielen kleinen Gründer. In Jena bildet sich ein interessanter neuer Schwerpunkt für die Biotechnologie im wissenschaftlichen Gerätebau mit seiner großen Tradition heraus.

Baustein 5: »Biotechnica« in Hannover 1997. Die Messe präsentiert sich mit einer Rekord-Ausstellerzahl von 578 Unternehmen und vielen neuen Ideen. Sie reichen von intelligenten Managementsystemen zur Bewältigung der zahlreichen Vorschriften bis hin zur Informationsvermittlung im Life-Science-Bereich via Datenbank und Internetrecherche. Vor allem aber präsentiert sich eine Branche beinahe unerschöpflicher Ideen. Neben dem Schwerpunkt der medizinischen Anwendung bietet die Biotechnologie in vielen weiteren Bereichen Lösungen. Hier nur einige Schlaglichter: Die Vielzahl der Lebewesen der marinen Biosphäre ist bislang nicht erfaßbar und kaum beschrieben. Man kennt zwar 95 Prozent der Fische, aber nur fünf Prozent aller bakteriellen Organismen. Der Lebensbereich mariner Organismen umfaßt Temperaturextreme vom arktischen Frost bis zu 350 Grad heißen Quellen und Geysiren. Ihre Eigenschaften werden bei der Entwicklung neuer Arzneien und Proteine, aber auch für umweltverträgliche Biofrostmittel und Färbemittel eine große Rolle spielen.

Die Eigenschaften bestimmter Pflanzen, Stickstoff aus der Atmosphäre aufzunehmen, soll auf andere Sorten übertragen werden. Dies könnte den problematischen Stickstoffdünger ersetzen. Andere Sorten sollen resistent gegen Schädlinge gemacht werden, um den Einsatz von Pestiziden zu verringern. In der zweiten Hälfte der achtziger Jahre trug beispielsweise die Entwicklung schädlingsresistenter Manioksorten dazu bei, daß in Zaire die gefährdete Nahrungsmittelversorgung sichergestellt werden konnte. Am Institut für genbiologische Forschung in Berlin widmet man sich vor allem der Kartoffel. Nährstoffreiche Sorten, die die Sonnenenergie besser umsetzen oder über zusätzliche Aminosäuren verfügen, stehen dort auf dem Entwicklungsplan.

Grundsätzlich interessieren die Forscher Pflanzen, die Dürre, Hitze, Kälte, nährstoffarme oder salzhaltige Böden besonders gut vertragen. Deren Eigenschaften können ebenfalls auf Nutzpflanzen übertragen werden. Das Magazin *New Scientist* berichtet aktuell über Forschungen an Sorten, deren Wurzeln wie beim Wein im Boden bleiben und die so Erosion verhindern könnten. Hinzu kommt die wachsende Bedeutung der Pflanzen als nachwachsende Rohstoffe für die Industrie. Sie stellen bereits acht Prozent der gesamten Rohstoffmenge und haben damit mengenmäßig eine ähnliche Bedeutung wie Erdgas. Und hier schließt sich der Kreis zur deutschen Tradition der Nachhaltigkeit in der Forstwirtschaft.

Die Vision: Deutschland wird zur Heimat einer integrativen Biotechnologie. Mit der Erforschung des menschlichen Erbgutes auf molekularer Ebene wächst das Verständnis dafür, wie und wann Nährstoffe vom Körper aufgenommen und verarbeitet werden. Kombiniert man dies mit der Fähigkeit, Pflanzen gentechnisch maßzuschneidern, ergibt sich erstmals die Möglichkeit, Landwirtschaft, Nahrungsmittelindustrie sowie Pharmaindustrie und Gesundheitsversorgung auf wissenschaftlicher Basis zu integrieren. Dies ist auch eine Chance für die Universitäten, neue und in jeder Hinsicht zukunftsfähige Studiengänge zu entwickeln.

Für das Jahr 2015 wünschen wir uns in dieser Hinsicht folgende Schlagzeile: »Partei der Grünen ehrt Berliner Biotechnologen für Erfindung einer nährstoffreichen Anti-Erosionskartoffel.«

Katalog der Hoffnung

Was in Deutschland auf dem Weg ist

Jeder möchte gerne nach oben. Dadurch wird die Gesamtfitneß, das ist die Gesamtleistungsfähigkeit der Sozietät, erhöht. Nur so haben Gruppen überlebt.

Felix von Cube, Verhaltensbiologe

Initiativen

Busineßplan-Wettbewerb: Gehobene Schätze

Der in den vorherigen Kapiteln bereits angesprochene Busineßplan-Wettbewerb soll eine Kultur des kontinuierlichen Nachdenkens über Geschäftsgelegenheiten und Ideen im High-Tech-Bereich fördern. Diese Kultur muß in den Schulen, den Hochschulen, in den mittelständischen Unternehmen, aber ebenso in den großen Konzernen zur Selbstverständlichkeit werden.

Es genügt nicht, eine Idee zu haben, es geht darum, sie professionell in eine Gründungsstrategie für ein Unternehmen zu überführen. Dieser »Busineßplan« formuliert den Kundennutzen und das Marktpotential einer Idee und muß alle für einen Kapitalgeber relevanten Informationen enthalten. Das Vorbild für die ersten deutschen Wettbewerbe 1996/97 lieferte eine entsprechende Aktion am Massachusetts Institute of Technology (MIT), das seit 1989 mit großem Erfolg einen solchen Gründerwettbewerb durchführt.

Das Projektmanagement der ersten deutschen Pilotprojekte in Berlin und München übernahm McKinsey. In Berlin fungierten die Freie Universität Berlin, die Humboldt-Universität und die Technische Universität als Träger, in München die Ludwig-Maximilians-Universität, die Technische Universität und die Fachhochschule. Die Wettbewerbe richteten sich an Studierende, Doktoranden und Wissenschaftler, aber auch an ambitionierte Unternehmer, die bereits eine Firma gegründet haben und ihren Geschäftsplan mit professioneller Unterstützung realisieren und weiterentwickeln wollen. Ein differenziertes Förderangebot – von der Informationsveranstaltung über betriebswirtschaftlichen Know-how-

Austausch bis hin zur Schulung in Analyse und Darstellungsmethoden – vermittelt den Teilnehmern ein professionelles Geschäftsverständnis und hilft ihnen, gründungsrelevante Fähigkeiten zu optimieren. Ein Busineßplan-Wettbewerb beinhaltet typischerweise ein intensives, monatelanges Trainings- und Coaching-Programm. Die besten Bewerber erhalten darüber hinaus Geldpreise bis zu 30000 Mark.

In Berlin und München wurden insgesamt 317 Wettbewerbsarbeiten eingereicht – ein sehr ermutigendes Ergebnis. Zum Vergleich: Am MIT werden pro Jahr etwa 100 Einsendungen registriert. Mehr als 70 Prozent der Geschäftsideen bezogen sich auf neue Produkte mit den Schwerpunkten Software/Kommunikation/Internet sowie Biotechnologie/Medizintechnik. Der Rest der Einsendungen setzte auf innovative Dienstleistungen. Über 70 Prozent der Teams, die in die enge Auswahl kamen, wurden von der Jury eine Aussicht auf Finanzierung bescheinigt. Die Teams planen für das fünfte Jahr ihrer Gründung im Schnitt einen Umsatz von etwa 30 Millionen Mark, und es wird erwartet, daß ihre Aktivitäten insgesamt zur Schaffung von 4000 Arbeitsplätzen in den teilnehmenden Regionen beitragen werden. Eine Umfrage im Februar 1998 ergab, daß 28 der High-Tech-Geschäftsideen bereits in eine Firmengründung gemündet waren und 56 Teams im Begriff waren, diesen Schritt zu vollziehen. Welche qualitative Substanz vom Busineßplan-Wettbewerb zutage gefördert wurde, zeigt folgende Vergleichszahl: Von fast 10000 Gewerbeanmeldungen, die in München 1996 registriert wurden, bezogen sich nur 30 auf Gebiete mit High-Tech-Potential. Der Busineßplan hat demgegenüber alleine mindestens 40 High-Tech-Gründungen vorangebracht.

Hier einige Beispiele, die für sich sprechen:

Kelman GmbH. Hier haben sich ein Kaufmann und ein Forscher zusammengetan, die beide am Technologie-Campus in Berlin arbeiten. Ihr Produkt ist ein Computerprogramm, das die Kosten der Pharmaindustrie für die Forschung und Entwicklung neuer Medikamente drastisch senken könnte. Grob gesagt, geht es um folgendes: Bisher bestimmt die Pharmaforschung Zielmoleküle, an denen ihre Medikamente angreifen, durch Experimente und gibt dafür im Schnitt zehn Millionen Mark aus. Die Berliner können nun anhand der Genstruktur zweier Proteine voraussagen, wie wahrscheinlich es ist, daß diese miteinander reagieren. Mit Hilfe ihres Computerprogramms wird der Weg zu neuen Medikamenten gezielter, schneller und ökonomischer. Bei Kelmann sollen laut Planung im Jahr 2002 bereits 50 Mitarbeiter beschäftig sein.

Broadband Network Design Ingenieursgesellschaft mbH (BNeD). BNed wurde im November 1996 von fünf Nachrichtentechnikern des Heinrich-Hertz-Institutes in Berlin gegründet. Die Geschäftsidee besteht im Entwurf von spezieller Computer-Software für Analyse, Entwurf und Optimierung von Glasfasernetzen. Durch den Einsatz neuer Technologien können die Übertragungsraten auf Glasfasernetzen vervielfacht werden, was angesichts der rasant wachsenden Datenströme immer dringlicher wird. Während bisher aufwendige Laboruntersuchungen für die Optimierung der Netze notwendig waren, löst BNeD das Problem per Computersimulation und hat den Ehrgeiz, seine Software zum Standard für entsprechende Verfahren zu machen. Nach eigenen Angaben zählen bereits Bosch-Telekom, die Deutsche Telekom, die Cambrian Systems Corporation sowie das Heinrich-Hertz-Institut in Berlin zu den Kunden. Das Marktpotential ihres Produkts schätzen die fünf Unternehmensgründer auf 250 Millionen Mark.

NxN Digital Entertainment GmbH ist die Gründung eines gemischt deutsch-amerikanischen Duos. Der Münchner Physiker Gregor von Scheidt tat sich mit einem kalifornischen Software-Spezialisten zusammen, der bereits ein solches Unternehmen in den USA aufgebaut hatte (400 Mitarbeiter, Verkaufspreis 110 Millionen Mark). NxN vermarktet weltweit ein neues Entwicklungssystem für Multimediaanwendungen und Computerspiele (es bietet auch Service und Beratung an). In den nächsten fünf Jahren will Gregor von Scheidt, der inzwischen sein Unternehmen allein führt, seinen Umsatz auf 80 Millionen Mark steigern, um es in naher Zukunft an die Börse zu bringen. Danach gedenkt er, zu neuen Ufern aufzubrechen.

Gleich drei herausragende Wettbewerber kommen aus dem Feld der Biotechnologie:

Structure LifeScience (SLS). Das fünfköpfige Münchner Team, darunter der Nobelpreisträger Professor Robert Huber, will auf der Basis eines Kooperationsabkommens mit der Max-Planck-Gesellschaft Produkte und Dienstleistungen für die Strukturaufklärung von Proteinen anbieten. Mit innovativen Methoden soll die Wirkstofforschung in der Medizin und im Pflanzenschutz vorangetrieben werden.

Die *Wilex-Biotechnology GmbH* (s. a. Kapitel »Minds of Change«) entstand aus der klinischen Forschergruppe der Frauenklinik der Technischen Universität München. Hier werden neue Substanzen zum Einsatz in der Krebstherapie entwickelt. Nach mittlerweile fünf- bis sechsjähriger Forschung erwarten die Gründer in den nächsten Jahren Therapeutika entwickeln zu können, die eine Ausbreitung von Krebszellen unterbinden sollen.

Das *L-Tech*-Team der Friedrich-Schiller-Universität in Jena befaßt sich mit der Entwicklung und Vermarktung neuer und schneller zum Ziel führender Methoden zur Synthese von Proteinen für die pharmazeutische Industrie.

Die bisherigen Erfolge des Busineßplan-Wettbewerbs können gar nicht hoch genug bewertet werden. Grund genug, daß jede Industrie- und Handelskammer in Deutschland für ihre Region einen solchen Wettbewerb initiieren und regelmäßig wiederholen sollte. Für 1997/1998 wurde jetzt auch in Köln eine solche Initiative gestartet, die vom Verband Neues Unternehmertum e.V. Köln getragen wird. In München hat der Förderkreis Neue Technologien e.V. den Wettbewerb für die Zukunft institutionell verankert. In Berlin teilen sich das Existenzgründer-Institut Berlin e.V, die Investitionsbank Berlin sowie das Bildungswerk der Wirtschaft das künftige Projektmanagement.

StartUp-Wettbewerb: Ein Gewinn für alle

Die Idee des gemeinsam von McKinsey, dem Magazin *Stern* und den Sparkassen Ende 1997 ins Leben gerufenen Gründungswettbewerbs StartUp fand in den vorigen Kapiteln ebenfalls bereits Erwähnung. Der wesentliche Unterschied zum Busineßplan-Wettbewerb besteht darin, daß sich die Aktion an Gründungswillige quer durch alle Branchen richtet und ihnen den Sprung in die Selbständigkeit erleichtern will. »Es geht darum, angesichts von sechs bis sieben Millionen Menschen ohne Beschäftigung eine Gründungswelle zu initiieren«, sagt Werner Funk, der Chefredakteur des *Stern*; *Stern*-Wirtschafts-Ressortchef Dieter Hünerkoch, Spiritus rector des Programms, fügt hinzu: »Wir wollen für ein ›Jugend forscht‹ für Existenzgründungen sorgen – nicht nur im High-Tech-Bereich, sondern auch im Handwerk und bei den Dienstleistungen.« Dr. Horst Köhler, ehemaliger Präsident des Sparkassen- und Giroverbandes, verspricht allen Teilnehmern eine Rückmeldung der Juroren – auch wenn sie nicht zu den Preisträgern gehören: »Schon die Teilnahme soll ein Gewinn sein.« Diese bisher größte Aktion ihrer Art in der Bundesrepublik brachte ebenfalls überaus ermutigende Resultate. Von 2185 Bewerbungen kürte die Jury 200 Landessieger und elf Bundessieger. Nennen wir diese unter Anspielung auf die Fußball-Nationalmannschaft »die glorreichen elf«. Sie sind der beste Beweis dafür, daß es in Deutschland nicht an Ideen mangelt. In alphabetischer Reihenfolge:

1. *AeroLas GmbH, München.* Die beiden Unternehmensgründer entwickelten im Rahmen ihrer Tätigkeit als wissenschaftliche Assistenten an der Technischen Universität München zusammen mit dem Inhaber ihres Lehrstuhls sogenannte aerostatische Luftlager. Das sind hochpräzise Gleitlager mit Luft als Schmiermedium. Das Münchner Team hat die Qualität dieser Lager erheblich verbessert und gleichzeitig die Herstellungskosten so gesenkt, daß sie jetzt für die Serienfertigung in Frage kommen. Dies erschließt dem jungen Unternehmen vielfältige Chancen. Die Lager können in hochsensiblen Meßgeräten ebenso eingesetzt werden wie in Mikroskopen, Teleskopen, Präzisionsmaschinen, Elektronikbauteilen, Lithografiergeräten, Dentalbohrern oder Bohr- und Fräsmaschinen für die Uhrenindustrie. Das aktuelle Marktpotential liegt bei 100 Millionen Mark und wird in den nächsten Jahren voraussichtlich stark ansteigen.
2. *BIOPURE Medizinprodukte GmbH, Rostock.* Anfang 1997 gründeten Wissenschaftler und Ärzte dieses Rostocker Unternehmen mit Unterstützung des Bundesministeriums für Bildung und Forschung. Die Gründer haben zuvor an der Klinik für innere Medizin in Rostock das »Mars«-Leberersatzverfahren entwickelt und patentieren lassen. Bisher wurden rund 40 lebensbedrohlich erkrankte Patienten mit außergewöhnlich erfolgreichen Ergebnissen behandelt. Jetzt sollen diese Erkenntnisse in das erste marktfähige BIOPURE-Produkt umgesetzt werden – eine künstliche Leber. Das Marktvolumen wird weltweit auf 3,5 Milliarden Mark geschätzt. BIOPURE wird am Ende des dritten Geschäftsjahres mit einem Umsatz von 35 Millionen Mark etwa ein Prozent des

Weltmarktes bedienen. Langfristig wird ein Marktanteil von fünf Prozent und ein Mitarbeiterstab von 100 Personen angestrebt.

3. *BioVisioN GmbH & Co. KG, Hannover.* Die Firma ist aus der Grundlagenforschung des niedersächsischen Instituts für Peptid-Forschung (IPF) in Hannover hervorgegangen. Das unabhängige medizinisch-biotechnologische Forschungs- und Entwicklungsunternehmen untersucht die körpereigenen Substanzen aus der Stoffklasse der Peptide, die es für die medizinische Therapie nutzbar machen will. Peptide sind kleine Eiweißstoffe (Proteine), die von allen Körperzellen gebildet werden. Bei nahezu allen Erkrankungen ist die Zusammensetzung der Blutpeptide verändert – hier liegt also ein Schlüssel für die Früherkennung von Krankheiten. Peptide können aber auch als Therapeutika eingesetzt werden. Ein Beispiel dafür ist das Insulin, das bei zuckerkranken Patienten eingesetzt wird. BioVisioN hat Zugriff auf eine einmalige Peptidbank und patentierte neue Verfahren für die gezielte Suche nach Peptiden. Das im November 1997 gegründete Unternehmen startet mit zehn hochqualifizierten Mitarbeitern und will in den nächsten zehn Jahren einen Wert von 100 Millionen Mark erwirtschaften.
4. *DSPecialists GmbH, Berlin.* DSP vertreibt und entwickelt Soft- und Hardware für die Entwicklung »digitaler Signalprozessoren«, die das Herzstück beispielsweise von Handys bilden. Vier ehemalige Mitarbeiter des Heinrich-Hertz-Instituts in Berlin haben Verfahren kultiviert, die die Entwicklungsarbeiten auf diesem Gebiet signifikant vereinfachen und erleichtern. Das Unternehmen wurde 1997 gegründet, und die Aussichten werden von der Jury als »sehr gut« eingeschätzt.
5. *FUTURA Software GmbH, Frankfurt/M.* Die neue Planungs- und Steuerungs-Software »AVAplus« verhilft der

Baubranche zu schneller Kostentransparenz. Erstmals wird dafür eine kaufmännische Software (AVA) mit einer Software für computergestütztes Konstruieren (CAD) kombiniert.
Von der Planung und Konzeption über den Betrieb bis hin zum Abbruch eines Gebäudes behält das digitale Modell stets den Kostenüberblick. Ausschreibungen für Bauleistungen können präzise und schnell erstellt, Baukosten bereits in einer sehr frühen Planungsphase mit großer Genauigkeit berechnet und Alternativen in wenigen Minuten überprüft werden. In drei Jahren sollen 1750 installierte Programme in ganz Europa Planern die Arbeit erleichtern und Bauherren Baukostensicherheit garantieren.

6. *HMS, München.* In Deutschland haben 14 Millionen Menschen Hörprobleme, aber nur zwei Millionen der Betroffenen benutzen Hörhilfen. Der Grund: Hörprobleme und die damit verbundenen Untersuchungen und Geräte sind den Menschen peinlich, sie sind als »Altersleiden« stigmatisiert. HMS hat ein neues High-Tech-Hörgerät entwickelt, das anonym im Versandhandel oder Kaufhaus erworben und risikolos eingesetzt werden kann. Der »AudioMax« sieht nicht aus wie eine Hörhilfe oder Prothese, sondern erinnert eher an einen kleinen HiFi-Knopf im Ohr. Und der Clou: Er kostet nur etwa zehn Prozent eines vergleichbaren handelsüblichen Hörgeräts. Später soll der kleine Ohrwurm zu einem direkt im Ohr tragbaren Handy weiterentwickelt werden.
7. *HSD Dämmprodukte GmbH, Gelsenkirchen.* Schalldämmplatten gegen den Lärm von rückenden Stühlen oder turnenden Kindern sind unverzichtbar. Rainer Triems HSD-Platte besteht zu 100 Prozent aus Altholz wie Obstkisten oder Paletten. Diese werden zu »Hackschnitzeln« verarbeitet, dann in Kartonagen aus Recy-

clingpappe gepreßt und mit Folie aus Maisstärke ummantelt. Der Dämmplatte für Zwischenetagen werden nicht nur gute Dämmwerte bescheinigt, sie ist auch vollständig biologisch abbaubar. »Sechzig Prozent der Deutschen würden gern umwelfreundlich bauen, verwenden aber aus Kostengründen immer noch umweltbelastendes Material«, erklärt der Maschinenbauingenieur. Die von ihm entwickelte Dämmplatte liegt weit unter vergleichbaren ökologischen Dämmplatten und kann preislich auch mit Kunststoffen konkurrieren. Mit seinen sieben Mitarbeitern peilt Triem für das kommende Jahr fünf Millionen Mark Umsatz an.

8. *Laserline GmbH, Koblenz.* Zwei Ingenieure entwickeln neue Geräte, die mit Hilfe sogenannter Diodenlaser beispielsweise beim Naht- und Punktschweißen von Kunststoffen und Metallblechen eingesetzt werden können. Auch das Hartlöten, Härten und die Laseroberflächenbeschichtung gehören zu den Anwendungsbereichen. Weltweit existiert derzeit kein industrieller Wettbewerber, der Systemlösungen für die Direktbearbeitung mit Diodenlasern über 1000 Watt anbietet. Diodenlaser sind Halbleiterbauelemente, die elektrische Energie in optische Energie umwandeln. Der Wechsel von den konventionellen Gas- und Festkörperlasern zu den Diodenlasern kommt einem Quantensprung gleich, wie etwa seinerzeit die Ersetzung der Röhrentechnik durch die Transistoren auf dem Gebiet der Elektrotechnik. Dennoch ist eine Nutzung dieser Potentiale für die direkte Materialbearbeitung bisher nicht erfolgt. Derzeit läßt sich ein Weltmarktpotential von 200 Millionen Mark abschätzen, bis zum Jahr 2000 soll es bereits bei 500 Millionen Mark liegen.

9. *ORCA Engineering GmbH, Bremerhaven.* Das Unternehmen beschäftigt sich mit der Konstruktion von kom-

plexen Maschinenräumen und industriellen Großanlagen, die Erstellung aller notwendigen Fertigungszeichnungen eingeschlossen. Dies geschieht mit Hilfe von computeranimierter Design-Software. Der Kunde kann sein Produkt am Bildschirm räumlich betrachten oder sogar den gesamten Komplex durchlaufen. Auch dieses Unternehmen wurde 1997 gegründet. Vier Mitarbeiter der in Konkurs gegangenen Schichau Seebeckwerft wagten damit den Sprung in die Selbständigkeit und gewannen den Geschäftsführer eines bedeutenden Ingenieurbüros für Schiffsbau als fünften, nicht tätigen Gesellschafter. Der Auftragsbestand ist bereits bis Ende 1998 gesichert. Neben den vier tätigen Gesellschaftern sind derzeit zusätzlich drei Ingenieure beschäftigt.

10. *TIMEHOUSE Handels GmbH, Hamburg.* Die Gründer möchten eine Uhrenfirma ins Leben rufen, die im stagnierenden Uhrenmarkt mit innovativen Produkten neue Impulse setzt. Einer der Gesellschafter gehört zu den Urvätern des Swatch-Konzepts. »S.T.A.M.P.S« ist eine Fun-Uhr und kann an einer Halskette, einem Armband oder einer Haarspange befestigt oder mit Hilfe einer selbsthaftenden Folie beliebig oft an eine Stelle geklebt und auch wieder abgenommen werden. Der Clou: Der Käufer erhält gleich vier Uhren auf einmal, die ähnlich wie ein Briefmarkenstreifen gedruckt und über eine Perforierung miteinander verbunden sind (daher S.T.A.M.P.S/»Briefmarken«). Das Design variiert, für junge Leute gibt es Entwürfe wie »erste Wohnung« oder »letzte Zigarette«.

11. *WebCAT Solutions GmbH, Flöha (Sachsen).* Die elektronischen Medien Internet, Intranets und CD-ROM werden für Verkauf und Vertrieb immer wichtiger. Die interaktiven Angebote und Netzwerke verbinden die Vorteile von Massen-Aussendungen mit Verkaufsgesprächen, also

individueller Kommunikation und direktem Feedback. Die Standard-Software webcat erlaubt es Unternehmen, elektronische Kataloge und Info-Systeme für alle gängigen Betriebssysteme zu erstellen – und dies viel einfacher und flexibler als bisher (webcat ermöglicht es, zugleich die Kataloge auf Papier darzustellen). Eine vergleichbar praktische Software ist bislang nicht auf dem Markt. Webcat kommt rechtzeitig zur Revolutionierung des Handels und des Vertriebs durch das Internet. Als Partner für den Vertrieb interessiert sich unter anderen die Siemens Nixdorf Informationssysteme AG.

Lehre und Forschung

Max-Planck-Gesellschaft

Deutschlands größte Organisation für Grundlagenforschung hat den Elfenbeinturm der Wissenschaft verlassen. »Wir haben mit ›Garching Innovation‹ eine Gesellschaft, die nichts anderes macht, als Lizenzen und Patente zu vermarkten und zu helfen, daß Forscher, die Firmen gründen wollen, dies aus der Max-Planck-Gesellschaft heraus tun können«, erklärt Präsident Hubert Markl. Und er fügt hinzu: »Wer so erfolgreich ist, daß er nicht nur sein eigenes Gehalt verdient, sondern noch zwei Leute anstellen kann, der tut das sozial Verantwortlichste, was man überhaupt tun kann.«

Garching Innovation (GI) verwaltet derzeit 220 Lizenzen, von denen 180 bereits Einnahmen erzielen. Das erfolgreichste Projekt »Flash« resultiert aus der Kernspintomographie. Elf von 13 Unternehmen, die weltweit diese Diagnose-Apparaturen herstellen, erwarben Lizenzen von Garching Innovation (darunter Siemens, Bruker, Philips, Toshiba, Picker). Das Projekt ist eines der wenigen Beispiele, wo Fördermittel des Bundes vollständig zurückgezahlt werden konnten.

1997 startete die Max-Planck-Gesellschaft ein Gruppenprogramm für Nachwuchsforscher in den Biowissenschaften mit Schwerpunkt in medizinisch relevanten Bereichen. Das Industrieunternehmen Boehringer Mannheim übernimmt eine Hälfte der Finanzierung, die andere Hälfte steuert der Freistaat Bayern bei. Die Max-Planck-Gesellschaft stellt Infrastruktur, Laboratorien und Arbeitsmöglichkeiten an ihrem Institut für Biochemie zur Verfügung. Boehringer Mannheim erhält eine Option für die Verwertung der Forschungen.

Aus Kooperationen der Max-Planck-Gesellschaft sind inzwischen zahlreiche Unternehmensgründungen hervorgegangen. *Evotec* wendet evolutiv-biotechnologische Methoden an, die am Max-Planck-Institut für biophysikalische Chemie unter der Leitung von Manfred Eigen (Nobelpreis für Chemie 1967) entwickelt wurden. Das 1991 gegründete Unternehmen *Sugen* wendet Forschungen auf dem Gebiet der biologischen Signaltransduktion an. Die Aktien der Firma werden seit 1994 an der New Yorker Börse gehandelt. *PlantTec* wurde 1996 in Berlin aus dem Institut für genbiologische Forschung und dem Max-Planck-Institut für molekulare Pflanzenphysiologie in Golm heraus gegründet. Hier wird an Nutzpflanzen mit neuen Eigenschaften gearbeitet. *HepaVec* entwickelt Systeme zum Einschleusen von Genen in Leberzellen. Die Basis der Firma besteht unter anderem aus Max-Planck-Patenten und soll neuartige Therapeutika für genetisch bedingte Krankheiten und Lebertumore hervorbringen.

Fraunhofer-Gesellschaft

Die Forschungsergebnisse und Dienstleistungen der Fraunhofer-Institute werden von der Industrie in zunehmendem Maße in Anspruch genommen. 1997 stieg das Finanzvolumen der Auftragsforschung um 5,2 Prozent, die Wirtschaftserträge konnten sogar um knapp 15 Prozent auf 363 Millionen Mark erhöht werden. Mehr als 2700 Kunden nutzten die Kompetenz der Institute, um neue Produkte und Verfahren zu entwickeln. Zwei Drittel davon waren kleine und mittlere Unternehmen. Auch die Zahl der Fraunhofer-Patente stieg weiter an, 1997 kamen 398 neue Anmeldungen hinzu. Vielfältige Vernetzungen und institutsübergreifende Teams bearbeiten gemeinsame Projekte. Das Fraunhofer-Institut für Arbeitswirtschaft und Organisation (IAO) engagiert sich beispielsweise im bislang immer noch unterschätzten Bereich der technischen Dienstleistungen. Mit einer eigenen Zeitschrift und einer hervorragenden Pressearbeit plaziert die Fraunhofer-Gesellschaft High-Tech-Themen erfolgreich in den Medien und trägt so zu einer verstärkten Akzeptanz des Wissenschafts- und Technikstandortes Deutschland bei.

Private Universitäten und Hochschulen

Sie werden unter anderem mit Spenden und Engagement der deutschen Wirtschaft und von privaten Mäzenen unterhalten und sind ein Zeichen für einsetzenden Wettbewerb unter den Hochschulen. Allerdings kommt nur die *Wissenschaftliche Hochschule für Unternehmensführung* (Otto-Beisheim-Hochschule) in Koblenz gänzlich ohne staatliche Zuschüsse aus. Die Schule wurde 1984 gegründet, der Studiengang Unternehmensführung dauert vier Jahre, wovon zwei Semester im Ausland verbracht werden. Pro Studienjahr muß ein dreimonatiges Berufspraktikum durchgeführt werden, davon mindestens eines im Ausland. Die 1973 in Berlin gegründete *Europäische Wirtschaftshochschule* ist eine Niederlassung der Ecole des affaires de Paris (EAP). Die Studiendauer beträgt drei Jahre, davon wird jeweils ein Jahr an der EAP in Paris, Oxford und Berlin (Alternativ: Paris, Madrid, Oxford) studiert. Unterrichtssprache ist die jeweilige Landessprache. In jedem Land wird ein dreimonatiges Berufspraktikum absolviert. Die *Handelshochschule Leipzig* wurde 1996 eröffnet. Das Hauptstudium der Betriebswirtschaftslehre nimmt zwei Jahre in Anspruch; ein Auslandssemester wird an einer Partneruniversität verbracht. Die *European Business School*, Schloß Reichartshausen, existiert seit 1971 und ist seit 1989 als private wissenschaftliche Hochschule anerkannt. Die Studiendauer beläuft sich je nach Abschluß auf vier bis fünf Jahre (Betriebswissenschaftslehre oder Wirtschaftsinformatik). Zwei Semester werden an ausländischen Hochschulen verbracht, hinzu kommen insgesamt zwölf Monate Pflichtpraktika, darunter ebenfalls einige im Ausland. Die *Universität Witten/Herdecke* ist eine Gründung aus dem Jahr 1982. Private Finanziers sind die Bertelsmann-Stiftung, die *Zeit*-Stiftung und die Alfried-Krupp-Stiftung; darüber hinaus werden aber staatliche Zuschüsse benötigt. Neben den Wirtschaftswissenschaften können auch Medizin, Zahnmedizin, Naturwissenschaften, Umweltwissenschaften und als Besonderheit ein Studium generale belegt werden. Darin werden neben Sprachen Kenntnisse aus den Bereichen Philosophie, Geschichte, Literatur und Kunst vermittelt.

Staatliche Universitäten

Für Reformansätze an staatlichen Universitäten stehen beispielsweise die *Technische Universität München* sowie die *Gesamthochschule Kassel*. In München verfolgt der amtierende Präsident Professor Wolfgang A. Herrmann einen Weg der Öffnung nach innen und außen. Die innere Öffnung soll durch die Überwindung von Fakultätsgrenzen zu fachübergreifenden Lehr- und Forschungsgebieten sowie zu neuen Studienangeboten »zwischen den Fächern« führen. So wurde beispielsweise ein neuer Studiengang Restaurierung, Kunstwissenschaft und Konservierung beschlossen. Geplant ist ferner ein Studiengang Chemie-Ingenieurswesen mit dem Schwerpunkt Biotechnologie sowie ein Lehr- und Forschungsgebiet, das sich mit der Chemie, Physik und Technologie von Baumaterialien befaßt. Neu ist auch die Bewertung der Lehrveranstaltungen durch die Studierenden. Künftig soll ein Leistungsmodell, das gleichgewichtig auf den Faktoren Forschung und Lehre aufbaut, den Stellenplan steuern.

Die Öffnung der Universität nach außen manifestiert sich beispielsweise in einem Schülerprogramm, bei dem Kontakte zwischen Professoren und Schülern von 200 Gymnasien hergestellt werden. Auch die Öffnung zur Wirtschaft hin wird aktiv betrieben.

Die *Gesamthochschule Kassel* bemüht sich, durch Konzentration ihres Angebotes ihre Wettbewerbssituation zu verbessern. Zwei Drittel der Studierenden können in ihren Fächern gestufte Abschlüsse erwerben: ein erstes Diplom, das dem Fachhochschulabschluß entspricht, und ein zweites als Universitätsabschluß. Auch wird die Möglichkeit geschaffen, mit den Abschlüssen international übliche Standards zu erwerben. Abschluß 1 kann auch als »Bachelor« zertifiziert werden, Abschluß 2 als »Master«.

Wirtschaft

Der Leuchtturm SAP

»Autofahrer, die nach 21 Uhr abends auf der A5 an dem badischen Provinzstädtchen Walldorf vorbeifahren, erleben Seltsames«, schreibt die *Wirtschaftswoche*, »mitten im Gewerbegebiet ragt ein erleuchteter Bürokomplex hervor.« Und in den Fluren arbeiten um diese Zeit nicht etwa die Putzkolonnen: »Vielmehr sind es Software-Tüftler, die ihren Programmen noch den letzten Schliff geben wollen oder in einer Videokonferenz mit Kollegen in Japan, China oder Kalifornien diskutieren.« Der noch bis in die Nacht hinein erleuchtete Walldorfer Komplex darf getrost als ein Leuchtturm der deutschen Wirtschaft bezeichnet werden.

Die Software-Schmiede SAP (s. a. Frivole Ideen im Kapitel »Minds of Change«) ist das einzige nach dem Krieg in Deutschland gegründete Unternehmen, das es in die *top ten* geschafft hat. Der Umsatz des 1972 praktisch ohne Startkapital gegründeten Unternehmens überstieg im Jahre 1997 sechs Milliarden Mark. Flache Hierarchien, hohe Eigenverantwortung der Mitarbeiter, Motivation, Arbeit in unabhängigen Projektteams, ein gutes Gespür für die Bedürfnisse der Kunden, rechtzeitige Internationalisierung, geschickte Partnerschaften sowie weit überdurchschnittliche Ausgaben für Forschung und Entwicklung haben diesen Erfolg begründet. SAP steht damit für ein junges Unternehmen, für High-Tech, für eine internationale Firmenkultur und für Lust an der Leistung.

Und die SAP-Story ist das beste Mittel gegen den deutschen Frust, weil sie zeigt: Auch in Deutschland sind große Erfolgsgeschichten möglich – so schlecht können die Bedingungen also nicht sein. SAP avancierte inzwischen zu einem

Medienliebling und macht sich solcherart doppelt um den Standort verdient. Die zahllosen SAP gewidmeten Veröffentlichungen befördern ein positives Unternehmer- und Gründerbild – und das ist in Deutschland wahrlich keine Selbstverständlichkeit. Die Faszination des Unternehmens liegt nicht zuletzt in einem reizvollen Paradox: In Gestalt von SAP hat sich eine in vielfacher Hinsicht sehr undeutsche Firma installiert – und dies mit deutscher Gründlichkeit (aber vielleicht liegt ja gerade darin die Zukunft).

Die Telekommunikation

Mannesmann Mobilfunk. Der traditionelle Röhren- und Anlagenbauer Mannesmann hat sich durch sein Telekom-Engagement eine ungewöhnlich positive strategische Position gesichert. Er stellt sich heute mit seinen Telekom-Interessen weit besser dar als viele andere europäische Anbieter (s. a. Nicht in die Röhre geschaut im Kapitel »Minds of Change«).

Mobilcom. Das im Jahr 1991 gegründete Unternehmen gehört zu den sehr erfolgreichen Providern im inländischen Mobilfunkmarkt. Dieser Markt ist in Deutschland zwischen Netzbetreibern (D- und E-Netze) und netzunabhängigen Providern aufgeteilt. Zu letzteren zählt Mobilcom. Das Unternehmen vermarktet seine Dienste über selbständig festgesetzte Tarife und eigene Anschlüssse bei den verschiedenen Netzbetreibern. Ende 1992 verzeichnete die Gesellschaft 13500 Teilnehmer und einen Umsatz von 14 Millionen Mark. Bis Ende 1997 konnte die Teilnehmerzahl auf 230000 und das Umsatzvolumen auf gut 376 Millionen Mark gesteigert werden. Der Absatz der Mobilcom-Produkte erfolgt über den Fachhandel, den Direktvertrieb und über 92 Mobilcom-Shops, die immer erfolgreicher werden.

Dussmann-Gruppe. Peter Dussmann hat sich 1963 mit 2000 Mark Kredit und einer kleinen Putzkolonne in München selbständig gemacht. Der gelernte Buchhändler regiert mittlerweile von Berlin aus das größte Service-Unternehmen Deutschlands. In 22 Ländern beschäftigt die Gruppe 37000 Menschen in 250 verschiedenen Berufen vom Chefarzt über den Gärtner bis zur Putzhilfe. Zwei Drittel der Kunden leben nördlich der Mainlinie und in Ostdeutschland, wobei der Firmensitz in Berlin als Sprungbrett nach Osteuropa genutzt wird. Der Umsatz der Dussmann-Gruppe betrug 1997 schätzungsweise 1,6 Milliarden Mark. Der Umsatz im Bereich Gesundheit und Senioren lag 1996 bei 343 Millionen Mark. Die Gruppe betreibt 50 Altenheime und 11 Krankenhäuser. Das Catering in Krankenhäusern, Seniorenzentren, Betriebs- und Schulrestaurants ergab einen Umsatz von 486 Millionen Mark.

LSG Lufthansa Service/Sky Chefs. Lufthansa Service beliefert nicht nur die Lufthansa mit Bordverpflegung. Das Unternehmen ist mittlerweile eine weltweit erfolgreiche Marke, die auch Party Service und Einzelhandel betreibt. Der konsolidierte Konzernumsatz betrug 1996 rund 1,5 Milliarden Mark. Rund 37000 Mitarbeiter bereiten für über 260 Airlines Bordmenüs zu. Mit einer Leistung von 330 Millionen Flugmenüs im Jahr ist LSG Lufthansa Service/Sky Chefs damit das global führende Unternehmen in dieser Wirtschaftssparte, wobei insbesondere in Asien noch erhebliche Wachstumspotentiale gesehen werden. Auch sollen, so Geschäftsführer Helmut Woelki, neue Geschäftsfelder erschlossen werden.

Als zweites und drittes Standbein neben dem Flug-Catering ist man dabei, neue Engagements im Food-Catering einzugehen (abseits vom Airline-Geschäft) sowie die Expansion in die Theater- und Themengastronomie zu betreiben.

Bofrost. Der Gründer von Bofrost, Josef H. Boquoi, übernahm mit 19 Jahren das Management der kleinen elterlichen Kaffee- und Kornrösterei. Viele seiner ländlichen Kunden hatten damals schon eine Tiefkühltruhe, und so kam er 1966 auf die Idee, Privathaushalte mit Tiefkühlspezialitäten und Eiskrem direkt zu beliefern. Was mit einem VW-Transporter und fünf Mitarbeitern begann, mündete bis heute in 120 Bofrost-Niederlassungen mit rund 8000 Mitarbeitern in Deutschland und Europa. Bofrost erzielte 1996 rund 1,8 Milliarden Mark Jahresumsatz und hält beim Tiefkühl-Heimdienst einen Marktanteil von über 60 Prozent. Für die kommenden Jahre sieht Boquoi seine großen Chancen vor allem in Europa: »Wir stehen erst am Anfang. Und nichts spricht dagegen, daß wir in den nächsten Jahren unsere Kundenzahl auf sechs Millionen verdoppeln.«

Call Center. Hinter dieser Bezeichnung stehen Anrufzentralen, Orte, an denen Firmen Telefonanrufe ihrer Kunden entgegennehmen oder von wo aus sie diese anrufen. Call Centers sind heute für den Verkauf und den Kundenservice beinahe unerläßlich und werden häufig von Dienstleistern betrieben. Die moderne Informationstechnologie macht die Anrufzentralen zu einer immer effektiveren Alternative, auch für den Direktvertrieb. Der Markt wächst jährlich um bis zu 40 Prozent. In Deutschland beträgt das Marktvolumen der Call Centers bereits 400 Millionen Mark, und es arbeiten fast 120000 Menschen in dieser Branche. Teilzeitbeschäftigung ist weit verbreitet. Fast 70 Prozent der Mitarbeiter sind Frauen. Ein typisches Monatseinkommen (Vollzeit) liegt bei 3500 Mark brutto. Große Call Centers unterhalten beispielsweise die Lufthansa, die Bank 24, Advance Bank, ComDirekt und die Telekom AG. Etablierte Banken und Versicherungen richten weitere Call Centers ein.

Erfolgreiche Generationswechsel

Viele Firmenchefs schrecken vor Begriffen wie Nachfolge oder Generationswechsel zurück. Sie fürchten sich vor Alter, Leerlauf und Machtverlust. Wenn das Unternehmen ein Lebenswerk darstellt, fällt der Abschied oft besonders schwer. Bei keinem anderen Thema in einem Unternehmerleben spielen Emotionen, Ängste und Ungewißheiten eine so große Rolle wie in der Frage der eigenen Nachfolge. Nur etwa ein Viertel aller Nachfolgeregelungen – so eine Untersuchung der Handwerkskammer Stuttgart – verläuft ohne Probleme. Hier möchten wir einige Unternehmen vorstellen, die durch einen gelungenen und rechtzeitigen Generationswechsel erfolgreich blieben.

Sixt: Erich Sixt, 52, überführte den eher bescheidenen lokalen väterlichen Autoreparatur- und -vermietungsbetrieb in eine ganz andere Art von Unternehmen und stieg zu Deutschlands erfolgreichstem Autovermieter auf. Die Sixt AG hat ihren Anteil am Autovermietgeschäft in Deutschland von 8,8 Prozent 1991 auf 24 Prozent 1996 gesteigert, der Umsatz verdoppelte sich in dieser Zeit von 1,1 Milliarden Mark auf 2,1 Milliarden. Zum Umsatz tragen das Kerngeschäft der Autovermietung mit 35 Prozent, der Handel mit den gebrauchten Mietfahrzeugen mit 58,5 Prozent, das Leasinggeschäft mit 6,1 Prozent bei. Sixt hat beispielsweise die größte Mercedes-Flotte aller europäischen Autovermieter und nutzt sein Einkaufsvolumen zur Erzielung von beträchtlichen Mengenrabatten. Die Fahrzeuge werden nach vier bis sechs Monaten verkauft, dadurch fallen kaum Ausgaben für Reparatur oder Verschleiß an. Die Haupterfolgsfaktoren von Sixt sind:

- Eine aggressive und originelle Werbung (1983 bietet Sixt mit dem Slogan »Neid und Mißgunst« einen Porsche für 99 Mark am Tag an),

- Innovativer Service, beispielsweise durch Buchungsautomaten an den Flughäfen,
- Vernetzung des Leihwagenangebotes mit Flugzeug und Bahntransport,
- Dank seiner Unabhängigkeit von Autokonzernen führt Sixt stets die attraktivsten Modelle im Programm.

Sixt setzt derzeit auf eine europäische Expansion, auf eine Kooperation mit dem ADAC und baut als neuen Unternehmenszweig das Reisegeschäft auf. Reisenden werden Flüge renommierter Linienfluggesellschaften und Mietwagen ausländischer Anbieter vermittelt.

Henkel KGaA. Das Unternehmen hat als weltweit erfolgreicher Spezialist für angewandte Chemie eine hervorragende Stellung. Henkel produziert chemische Produkte, Oberflächentechnologien, Kosmetik- und Toilettenartikel, Klebstoffe, Reinigungs- und Waschmittel. Dazu gehören eine Vielzahl von erfolgreichen Dachmarken wie »Persil«, »Spee«, »Weißer Riese« oder Klebstoffe wie »Pritt« und »Pattex«. Außerdem werden gewerbliche Großverbraucher mit Halbfertigprodukten beliefert. Ständige Forschungsleistungen und Innovationen sichern den Erfolg des Unternehmens nachhaltig.

Henkel ist mittlerweile mit 245 Unternehmen in 60 Ländern präsent. Der Konzernumsatz stieg von 2,9 Milliarden Mark im Jahr 1970 auf 16 Milliarden im Jahr 1996. Der Konzern beschäftigt weltweit 52433 Mitarbeiter. Henkel ist eines der internationalsten deutschen Unternehmen, denn zwei Drittel der Beschäftigten arbeiten außerhalb Deutschlands. Auf dem chinesischen Markt ist Henkel mit seinen Waschmitteln die Nummer zwei. Zusammen mit der Jiao-Tong-Universität in Shanghai hat Henkel ein Management Training Center eingerichtet, dessen Seminare zumeist in Mandarin gehalten werden.

In den USA wurde 1996/1997 das bekannte Kleb- und Dichtstoffunternehmen »Loctite« übernommen.

Henkel ist der weltweit größte Hersteller von fettchemischen Produkten auf der Basis nachwachsender Rohstoffe und setzt beispielsweise auf die Sonnenblume als wichtigen Öllieferanten. Ehrgeiziges Ziel des Konzerns ist es, in Fragen des Umwelt- und Verbraucherschutzes eine Führungsposition innerhalb des globalen Wettbewerbs einzunehmen. Nach dem Ausscheiden des visionären Konrad Henkel aus der aktiven Geschäftsführung übernahm ein professionelles Top-Management das Unternehmen. Die Familie nimmt derzeit nur noch im Gesellschafterausschuß und im Aufsichtsrat Einfluß.

Kärcher. Die Marke steht für moderne Reinigungssysteme und kann fast für jedes Problem im Bereich von Transport und Gebäuden eine Lösung bieten. Kärcher hat bei Hochdruckreinigern die Weltmarktführerschaft erreicht. Das starke Wachstum resultiert aus der Beschränkung auf Kernkompetenzen und die Erschaffung neuer Märkte, beispielsweise durch den ersten tragbaren Hochdruckreiniger für Privatkunden. Der Umsatz stieg von 37 Millionen Mark im Jahre 1974 auf 1,3 Milliarden Mark im Jahre 1997. Kärcher besitzt weltweit 30000 Verkaufsstellen und ist in 29 Ländern mit eigenen Vertriebsgesellschaften vertreten. Werke in Brasilien und Kalifornien dienen der Versorgung des amerikanischen Marktes. Etwa die Hälfte aller Mitarbeiter ist im Ausland beschäftigt, die Firmensprache ist Englisch.

Kärcher steigerte seinen Bekanntheitsgrad durch spektakuläre Reinigungsaktionen. Beispielsweise wurde 1985 die Freiheitsstatue in New York auf Hochglanz gebracht, 1990 die Christus-Statue auf dem Zuckerhut. Auch das Brandenburger Tor erhielt nach der Wende eine kostenlose Kärcher-Dusche.

Der legendäre Firmengründer Alfred Kärcher führte seinen Betrieb nach dem Motto: »Wenn die Konkurrenz meine Geräte nachmachen kann, habe ich schon wieder etwas Neues erfunden.« Alfred Kärcher kehrte nicht aus dem Zweiten Weltkrieg zurück, so daß seine Frau Irene das Unternehmen weiterführen mußte. Zusammen mit dem engagierten Roland Kamm machte sie aus Kärcher ein Weltunternehmen. Seit dem Tod von Frau Kärcher leitet Kamm das Unternehmen zusammen mit seinen Geschäftsführerkollegen in der bewährten, kreativen Manier.

Der Heimwerkerboom

OBI. Der Branchenführer der Bau- und Heimwerkermärkte in Europa ist eine nach dem Franchise-System aufgebaute Gruppe mit der Systemzentrale in Wermelskirchen. Das Unternehmen profitiert vom deutschen Do-it-yourself-Boom: Das Marktvolumen stieg von knapp drei Milliarden Mark im Jahre 1970 auf heute 65 Milliarden. In Deutschland erhielt das Geschäft nach der Wiedervereinigung zusätzliche Dynamik. Die starke Heimwerkertätigkeit (und die zunehmende Schwarzarbeit) ist auch eine Reaktion auf die hohen Preise für Handwerker. Die 326 OBI-Märkte in Europa beschäftigen etwa 15000 Mitarbeiter und erwirtschafteten 1997 einen Umsatz von zirka 5,6 Milliarden Mark. Die Systemzentrale ist ein reines Dienstleistungsunternehmen, das ausschließlich Service anbietet. Für Sortimente ohne starke Herstellermarken entwickelte OBI allerdings zehn Eigenmarken als Qualitätsalternative. (Selbst die Frau von »Kaiser« Beckenbauer wirbt im Fernsehen für OBI-Märkte.) Das Unternehmen vertreibt außerdem in Zusammenarbeit mit der Bausparkasse Schwäbisch Hall und der Bien Haus AG Eigenheime zum Selbstausbau. Die gesamte Datenverarbeitung wurde als eigenständiges Unternehmen ausgelagert.

Nach Ansicht von OBI verbindet das Franchise-Konzept die Vorteile eines Großunternehmens, beispielsweise bei Einkauf und Logistik, mit den Vorzügen eines mittelständischen Betriebs, etwa beim engen Kundenkontakt. Das Unternehmen fördert die Mitarbeiter durch vielfältige Weiterbildungsangebote. Die Vergütung wird stark erfolgsabhängig gestaltet. Darüber hinaus können sich Mitarbeiter seit 1980 am Gesamtunternehmen beteiligen, Mitarbeiter der einzelnen Märkte auch an dem OBI-Markt, in dem sie arbeiten.

Kreative Wertschöpfung

Bertelsmann Distribution. Schon in den Anfängen des Verlages Carl Bertelsmann im 19. Jahrhundert wird sein Bestseller *Die kleine Missionsharfe* zwei Millionen mal verkauft. Für die Buchclubs des Hauses, die nach 1945 zunächst eines der wichtigsten Geschäfte darstellten, werden rasch hohe Kompetenzen in der Kundenbindung und im intelligenten Buchversand entwickelt. Reinhard Mohn leitete das Unternehmen seit 1947 in der fünften Gründergeneration; er führte noch die heute gültige Firmenkultur mit ihrer dezentralen Organisation, dem großen Handlungsspielraum und damit der angemessenen Verantwortung für die einzelnen Mitarbeiter ein. Sie erhalten im Gegenzug für ihre »unternehmerische Leistung« weitgehende Rechte, werden in wichtige Entscheidungen eingebunden und am Geschäftserfolg durch die Ausschüttung von Bertelsmann-Genußscheinen beteiligt. Parallel bildeten sich Profit-Center-Strukturen heraus, die zuerst interne, dann externe Dienstleistungen erbringen. Die Mitte der achtziger Jahre entstandene Bertelsmann Distribution – in ihren Anfangstagen bloßer Packer und Versender von Büchern für den Club – entwickelte sich rasant und dynamisch in mehr als 200 Ländern weltweit zum international agierenden Dienstleister für Medien und Kommunikation.

Die Bertelsmann Distribution hat ihre eigene Wertschöpfungskette und die ihrer Kunden längst auf- und ausgebaut, verlängert und optimiert. Folgerichtig zählen zu ihren Geschäftspartnern 30 der 200 größten deutschen Unternehmen (u. a. Lufthansa, Deutsche Bank, Microsoft, BMW und Volkswagen). Heute stellt die einfache Auslieferung von Büchern nur noch ein einzelnes Feld der umfassenden, maßgeschneiderten Angebotspalette der Dienstleistungen dar. Längst sind die Installation und Gestaltung medienneutraler Datenbanken und multimediale Anwendungen einschließlich des *e-commerce* Selbstverständlichkeit. Im Verbund mit anderen Unternehmen der Bertelsmann AG offeriert die Bertelsmann Distribution spezialisierte, individualisierte und optimierte Kommunikations- und Medienlösungen für effiziente Waren-, Werte- und Informationslogistik. Die große Flexibilität des Hauses spiegelt sich beispielsweise in den vielgestaltigen, mitbestimmten Arbeitszeitmodellen für die Mitarbeiter wider.

Plettac AG. Das im sauerländischen Plettenberg ansässige Unternehmen erstellt Gerüste, Hallen und Zelte. Sie werden produziert, montiert und verliehen. Neben dem Baubereich werden Gerüste vor allem im Schiffsbau, der Industrie und in chemischen Werken eingesetzt. Hinzu kommt die Produktion von Sicherheitstechnik und Schmiedeteilen für die Auto- und Nutzfahrzeugindustrie. Bei der Akquisition neuer Unternehmen werden stets synergetische Verknüpfungen der Sparten angestrebt. Als Hersteller von Gerüstsystemen nimmt Plettac eine marktführende Position ein und hat seinen Umsatz von 1992 bis 1996 auf 977 Millionen Mark verdreifacht. Das Wachstum des Unternehmens gründet in erster Linie auf seinem Dienstleistungsangebot: Vermietung, Montage und Instandhaltung von Gerüsten. Der Spiritus rector der Unternehmensgruppe, der frühere Chefjustitiar und Vorsitzende von Bayer AG Leverkusen, Dieter Buttgereit, ist selbst am Unternehmen beteiligt und hat es geschafft, Top-Talente in das Land hinter den sieben Bergen zu ziehen. Er macht die Plettac AG zunehmend auch für internationale Investoren interessant.

Würth. Die Würth-Gruppe vertreibt 50000 Artikel der Montage- und Befestigungstechnik wie Schrauben, Möbel- und Baubeschläge, Dübel, Hand-, Elektro- und Druckluftwerkzeuge. Die Produkte werden unter eigener Marke angeboten und weltweit über einen Außendienst direkt an Handwerksbetriebe, mittelständische Unternehmen, zunehmend aber auch an die Großindustrie geliefert. Weltweit beliefert Würth 1,3 Millionen Kunden und verzeichnet seit Jahren zweistellige Zuwachsraten. Die Expansion, insbesondere in den USA, soll fortgesetzt werden. 1997 stieg der Umsatz gegenüber dem Vorjahr um 26,2 Prozent auf 6,2 Milliarden Mark. Das Betriebsergebnis erreichte 1997 den Wert von 430 Millionen Mark. Der Erfolg beruht vor allem auf großer Kundennähe: Von 24000 Mitarbeitern sind 12000 im Kundendienst beschäftigt. Kundenaufträge kommen zu 97 Prozent innerhalb von 24 Stunden nach Eingang in der Zentrale in Künzelsau zur Auslieferung. Die Kundenwünsche aus persönlichen Kundenkontakten gehen durch institutionalisierte Gremien (»Vertrauenskunden«) direkt in die Entwicklungsarbeiten ein. Würth hat es geschafft, in einem Markt von *no name*-Produkten zu einer echten Qualitätsmarke zu werden. Neben einem umfangreichen Aus- und Weiterbildungsprogramm befördert Würth die Unternehmenskultur: Im Bürotrakt der Firmenzentrale befindet sich ein eigenes Museum mit moderner Kunst (und ein Schraubenmuseum).

Beide Autoren erinnern sich noch gerne an eine Würth-Führungstagung Ende der achtziger Jahre. Reinhold Würth plädierte in seiner Rede für eine kompromißlose Expansion (und hatte recht), verteilte namentlich Lob und Tadel und empfahl seiner versammelten Führungsmannschaft mit schwäbischer Sparsamkeit: »Passet beim Späth und beim Henzler gut auf, so viel erfahret ihr selten, ond des au no umsonscht.«

Brokat Informationssysteme. Das 1994 gegründete Stuttgarter Unternehmen entwickelt Software-Lösungen für Finanzdienstleister und hat sich innerhalb kürzester Zeit zu einem der international führenden Anbieter von integrierten Systemen für Online Banking und Online-Zahlungssysteme entwickelt. Brokat konnte als erster eine Online-Zahlungsinfrastruktur offerieren und ist als *end to end*-Anbieter von Lösungen für Zahlungen im Internet derzeit weltweit noch ohne Konkurrenz. Zur Zeit gehört das Unternehmen zu den am schnellsten wachsenden Software-Häusern der Welt. Inzwischen wurden Niederlassungen in London, Zürich und Singapur gegründet. Bis heute haben sich über 1000 Banken, Discount Broker, Versicherungsgesellschaften und Rechenzentren aus aller Welt für die Brokat-Technologie entschieden. Das Unternehmen, das von fünf gleichberechtigten Geschäftsführern geleitet wird, zählt mittlerweile über 200 Mitarbeiter.

SCM Microsystems Inc. Das 1990 in München gegründete Unternehmen verlagerte drei Jahre später seinen Hauptsitz nach Los Gatos in Kalifornien. Der Hersteller von Systemen sowie Sicherheits- und Zugangskontrollgeräten für den *electronic-commerce* via Internet profitiert von den hohen Zuwachsraten im elektronischen Handel und Direktverkauf. Das Unternehmen unterhält Forschungs- und Entwicklungseinrichtungen in Erfurt und La Ciotat (Frankreich) und läßt durch Fremdfirmen größtenteils in Singapur produzieren. Der Umsatz stieg 1996 bereits auf 25 Millionen US-Dollar, und es werden weiterhin zweistellige Zuwachsraten erwartet.

Siemens. »Mikroprozessoren und Speicherchips sind die Nervenzellen des digitalen Zeitalters«, schreibt die *Wirtschaftswoche*. Computer, Telefone, Flugzeuge, Autos, selbst Waschmaschinen und Kinderspielzeug sind nicht mehr ohne Chip denkbar. Eine konkurrenzfähige Chip-Produktion ist für eine Volkswirtschaft des 21. Jahrhunderts daher von höchster strategischer Bedeutung – beinahe so, wie es früher die Rüstungsindustrie war.

Der weltweite Bedarf an Speicherchips soll sich in den nächsten Jahren mehr als vervierfachen, bereits heute setzen die Hersteller jährlich mehr als eine viertel Billion Mark um. Es herrschen jedoch Überkapazitäten, und der Preisverfall ist dramatisch (1995/96 rund 80 Prozent). Ein gnadenloser Wettlauf: Das Geschäft macht stets derjenige, der Chips der nächsten Generation als erster zur Marktreife bringt (mehr Speicherplatz pro Fläche und damit geringere Fertigungskosten).

Nach einer langen, von Rückschlägen gekennzeichneten Aufholjagd und Milliardeninvestitionen gelang dem Siemens-Bereich für Halbleitertechnik der Anschluß in der Chip-Herstellung. Im November 1995 nahm (auch dank hoher staatlicher Subventionen) das neue Chip-Werk in Dresden seine Produktion auf und unterbot in den Produktionskosten die koreanischen Hersteller, die bis dahin am billigsten produzierten. Jeweils ein weiteres neues Werk wurde inzwischen in Taiwan und in Großbritannien in Betrieb genommen. In einem Joint-venture mit Toshiba und IBM in East Fishkill (USA) entwickelte Siemens den bis dahin schnellsten und kleinsten 256-Megabyte-Speicher (Entwicklungskosten eine Milliarde Mark).

Zusammen mit Motorola setzt sich das Unternehmen 1998 mit einer neuen Produktionstechnik bei der Herstellung von Mikroprozessoren und Speicherchips an die Weltspitze. Die neue Fertigungstechnik soll nicht nur die Produktion noch komplexerer Chips erlauben, sondern auch mit bis zu 30 Prozent geringeren Fertigungskosten den Billiganbietern Paroli bieten. Zudem soll pro Fertigungsgang die doppelte Menge Chips produziert werden können. Die weltweit erste dieser 300-Millimeter-Fertigungsanlagen soll noch in diesem Jahr in Dresden aufgebaut werden. Die Entwicklung des Prototyps wird die deutsch-amerikanische Kooperation 1,5 Milliarden Mark kosten, der Bund steuert 187 Millionen Mark bei, der Freistaat Sachsen voraussichtlich 120 Millionen. Die Konkurrenz ist derweil noch nicht über das Planungsstadium hinausgekommen.

Spectro Gesellschaft für Spectrometrie mbH & Co. KG. Der Physiker Paul K. Friedhoff hatte in den siebziger Jahren eine Idee und war davon überzeugt, damit in eine Marktlükke zu stoßen. Mit beweglichen Kompaktlabors sollten Metalle gleich vor Ort auf ihre chemische Zusammensetzung untersucht werden können. Doch sein Arbeitgeber winkte ab, und Friedhoff wagte den Sprung in die Selbständigkeit. Heute ist Spectro Weltmarktführer für diese Geräte und erzielt mit Kunden aus Industrie und Forschung über 120 Millionen Mark Umsatz jährlich (1995).

ELSA AG. Das Aachener Unternehmen ging 1980 aus dem Umfeld der Aachener Hochschule hervor. Nach bescheidenen Anfängen zählt ELSA heute zu den weltweit führenden Herstellern von Produkten für Computergraphik und Datenkommunikation für den PC. ELSA gründete inzwischen Tochterunternehmen in Kalifornien und Taiwan. Der Umsatz im Jahr 1997 lag bei 287 Millionen Mark.

Öffentlicher Bereich

Und es geht doch: Mit der *bayerischen Bauordnungsnovelle* von 1994 ist eine ordnungspolitische Grundentscheidung gefallen: weg vom etablierten Betreuungsdenken, hin zu einer neuen Verantwortlichkeit des mündigen Bürgers. Die vorbeugende Prüfung von Bauvorhaben wird auf einen unverzichtbaren Kernbereich beschränkt. Hält sich der Bauherr an den jeweils gültigen Bebauungsplan, so besteht sogar Genehmigungsfreiheit. Die Verfasser von Bauentwürfen werden ebenso wie die Gutachter stärker in die Pflicht genommen (oder ein privater Sachverständiger übernimmt diese Verantwortung). Nachdem das Verfahren zunächst nur bei Wohngebäuden geringer Höhe erprobt wurde, soll es jetzt auch für Hochhäuser und Gewerbegebäude (bis auf wenige Ausnahmen) zur Regel werden. Die Rechtstreue der Bauherren hat nicht abgenommen. Das Prinzip Selbstverantwortung funktioniert (bei Mißbrauch drohen im übrigen unverändert Sanktionen).

Ludwigshafen 2000. Der Stadt Ludwigshafen drohte 1994 bei einer Belastung von 500 Millionen Mark Gesamtschulden der finanzielle Ruin. Konjunktur- und Strukturprobleme hatten die Steuereinnahmen drastisch sinken lassen, während sich beispielsweise die Sozialausgaben verdoppelten. Von jeder ausgegebenen Mark fehlten 19 Pfennige für einen ausgeglichenen Haushalt. Sollte das finanzielle Chaos die ehemals reiche Chemiestadt nicht lähmen, mußte dringend gehandelt werden. Die Stadt beauftragte McKinsey mit einem Konzept für die Reform der Stadtverwaltung, das sich am Leitbild einer modernen bürgerorientierten Verwaltung ausrichtete und von einem neuen Aufgabenverständnis geprägt war. Oberbürgermeister Dr. Wolfgang Schulte nennt die wichtigsten Eckpfeiler: »Wir haben auf die Amtsleitung verzichtet und eine Fachbereichsleiter-Ebene eingeführt. Die Fachbereichsleiter sind nicht mehr Lebenszeitbeamte, sondern bekommen Zeitverträge, damit sie klare Zielvorgaben erfüllen.« Statt 42 Ämtern gibt es heute noch 10 Fachbereiche, statt 107 Abteilungen 43 Sparten. Schulte: »Ein Riesenkraftakt einer Verwaltung, die bisher nur fortgeschrieben wurde, sich nie reformierte, die nie richtig innovativ war – in der Tat ein Quantensprung.« Derzeit spart Ludwigshafen etwa 50 Millionen Mark jährlich auf Dauer ein, in einer Zehnjahresperspektive soll der Verwaltungshaushalt jährlich um 110 Millionen Mark und der Vermögenshaushalt um 40 Millionen Mark entlastet werden.

Das Sachsen-Modell. Der Freistaat Sachsen hat ein Pilotprojekt ins Leben gerufen, um in ausgewählten Betrieben gemeinsam mit der Geschäftsführung und der Belegschaft maßgeschneiderte Modelle der Mitarbeiterbeteiligung zu entwickeln. »In Deutschland ist seit Jahrzehnten über Vermögensbildung geredet, aber kein Durchbruch erzielt worden«, sagt Wirtschaftsminister Kajo Sommer der *Süddeutschen Zeitung* und gibt sich überzeugt, »daß wir im Jahr 2000 in Sachsen eine volkswirtschaftlich relevante Zahl von Unternehmen mit Mitarbeiterbeteiligungen haben werden«. In 12 Betrieben mit insgesamt 2300 Mitarbeitern werden Workshops durchgeführt. Jedes Unternehmen soll sich sein Modell maßschneidern, Mitarbeiterdarlehen sind ebenso denkbar wie Belegschaftsaktien oder direkte Anteile an einer GmbH. Betreut wird das Projekt von McKinsey, die Dresdener Universität begleitet es wissenschaftlich.

Sachsen will einen Beitrag dazu leisten, daß Deutschland aus dem Keller der internationalen Statistik herauskommt: Hierzulande nehmen nur 5,7 Prozent aller Arbeitnehmer an Beteiligungsprogrammen teil, in den Niederlanden sind es doppelt so viele, in Großbritannien 24 und in Frankreich sogar 43 Prozent.

Nachwort

Diesem Buch sind bereits zwei Bücher vorangegangen, die sich mit der wirtschaftlichen Situation Deutschlands im sich verändernden weltwirtschaftlichen Gefüge befaßten.

Mit unserem ersten Titel *Sind die Deutschen noch zu retten?* versuchten wir aufzurütteln. Wir wollten auf den drängenden Reformbedarf in Wirtschaft und Politik hinweisen, denn viele ungelöste Fragen schienen damals offen. Unsere Analysen, insbesondere über die sich verschlechternde Wettbewerbsfähigkeit vieler Branchen, trugen mit dazu bei, in der Folgezeit eine sehr lebhafte Diskussion zu entfachen, und in vielen Unternehmen sind seither die Vergleiche mit den Weltbesten der Branchen (Benchmarking) gängige Praxis. Nachdem die Erkenntnis einmal gewonnen war, setzten, wie zu erwarten, in der Privatwirtschaft Veränderungen rasch ein. Die Produktivität stieg vielerorts auf ein Spitzenniveau.

Das Anliegen unseres zweiten Buches *Countdown für Deutschland* war es, die Unausweichlichkeit der wirtschaftlichen Entwicklung, insbesondere des Globalisierungsprozesses, plastisch darzustellen, um den allein schon von den Bedingungen der weltwirtschaftlichen Entwicklung ausgehenden Handlungsdruck für die Gesellschaft hervorzuheben. In jenem Buch klang bereits an, daß viele Unternehmen die Zeichen der Zeit erkannt und massive Veränderungsprozesse eingeleitet hatten, während der Reformeifer auf staatlicher Seite doch viel zu wünschen übrigließ. Mit einer ganzen Reihe konkreter Vorschläge, von der Krankenversicherung bis zur Bildungsreform, versuchten wir eine Diskussion anzuregen – in der Hoffnung, daß die Reformschritte sich dadurch beschleunigten.

Nun muß man eingestehen, daß seit dem Erscheinen von

Countdown die Bewußtseinslage allenthalben bedeutend besser geworden ist. Sowohl in der Wirtschaft – weil dort Anpassungen unumgänglich wurden – als auch zunehmend beim Staat haben inzwischen Reformen Platz gegriffen –, wenngleich sie beim Staat nur zögerlich vorankamen. Im internationalen Wettbewerb der wirtschaftlichen Standortbedingungen hat Deutschland in den letzten zehn Jahren – teilweise bedingt durch die Wiedervereinigung – deutlich an Boden verloren.

Zur Niederschrift dieses dritten gemeinsamen Buches hat uns bewogen, daß die internationalen Veränderungsprozesse an Intensität und Geschwindigkeit weiter zunahmen, daß sie in ihrem Ausmaß greifbarer wurden und wir aufzeigen wollen, in welcher Weise sie für Deutschland eine Chance bedeuten, aber auch bedrohlich sein können. Wir haben deshalb zum einen den Versuch gemacht, die Triebkräfte der Globalisierung herauszuarbeiten und neueste Erkenntnisse beizusteuern. Zum anderen haben wir sie in ihren Auswirkungen zu messen versucht, in der Überzeugung, daß sie alle Länder in gleichem Maße treffen. Über eine Statusbetrachtung der Reformbemühungen und eine vernehmbare Anmahnung konkreter Reformen hinaus haben wir es als unsere Aufgabe angesehen herauszustellen, was in Deutschland bereits auf den Weg gebracht wurde und wo die Dinge noch haken. Wir haben die einschneidende Erfahrung der ersten Wende in den neuen Bundesländern zur Lektion genommen, weil viele der dort ablaufenden fundamentalen gesellschaftlichen Umwälzungen Anschauungsunterricht für die zweite »kopernikanische Wende«, des Übergangs von der Industrie- zur Wissensgesellschaft, bieten können. Daneben wurden internationale Paradigmen ausgewählt, um Anregungen für konkrete Reformschritte zu geben.

Auf Basis einer austarierten Stärken-Schwächen-Analyse haben wir dargestellt, wie wir im Sinne der komparativen

Wettbewerbsvorteile von einem zukunftsorientierten Gesundheitssystem über ein modernes Verkehrsinfrastruktursystem, über die Biogenetik-Zentren von morgen bis hin zum Clean Tech weltwirtschaftliche Bedeutung erlangen und damit die großen Herausforderungen der Zukunft erfolgreich meistern können. Wir sind der Überzeugung, immer mehr positive Beispiele werden sich, wie im »Katalog der Hoffnungen« dargestellt, finden lassen, die zeigen, daß die Mutlosigkeit schwindet und sich mehr und mehr »Leuchttürme« entwickeln. Hierauf kann gebaut werden.

Geht man in unserer Nachkriegsgeschichte eine Generation zurück, so sieht man, daß nach den Jahren des Wiederaufbaus das Wirtschaftswunderimage in den sechziger Jahren kontinuierlich zu verblassen begann. Seit dieser Zeit »genießen« die Deutschen; sie freuen sich ihres Reichtums, und sie haben vielfach nicht gemerkt, daß sich die Welt ringsum schneller veränderte, als dies bei uns der Fall war. Nach zwei verlorenen Kriegen und den damit verbundenen familiären Opfern und Vermögensverlusten ist der sichtbare Stolz auf das Erreichte etwas durchaus Natürliches. Nur – die Welt um uns herum gibt uns keine Zeit zum müßigen Innehalten.

Die obrigkeitsstaatliche Prägung unserer Gesellschaft ist für viele der beschriebenen Veränderungsprozesse hinderlich. Flexibilität und Dynamik sind nun einmal keine eingeborenen Tugenden der Deutschen, wenngleich wir auch feststellen müssen, daß sie besonders bei der jungen Generation in wachsendem Maße vorhanden sind.

So, wie wir über zwanzig Jahre lang in einem schleichenden Erosionsprozeß in die Krise hineingeschlittert sind – und fanden, daß es sich für die überwiegende Mehrheit damit ganz gut leben läßt –, so wird auch der Erneuerungsprozeß der Gesellschaft ein langwieriger sein. Angesichts der dynamischen weltwirtschaftlichen Entwicklung glauben wir aber, daß er keine Generationsspanne benötigen wird, son-

Das Bündnis für Wandel:

Bausteine	Experimente
• Regionale StartUp-Initiativen • Neue Risikokapital-Fonds • Gesellschaftlich positiv besetztes Unternehmerbild	• Innovationsfonds mit 200prozentigen Abschreibungen • Busineßplan-Wettbewerbe in jedem IHK-Bezirk/ großen Unternehmen
• Lehrer als Angestellte mit leistungsabhängiger Bezahlung • Leistungsabhängige Professoren-Gehälter • Universitäten im Wettbewerb mit Budget-Hoheit • Mehr private Universitäten • Moderne Informationstechnologie an den Schulen und Univ	• Schulbücher mit neuem Unternehmerbild • Studiengänge für Entrepreneurship • Austausch zwischen Schulen, Universitäten und Wirtschaft • Pflichtsemester im fremdsprachigen EU-Ausland
• Unternehmensgründungen aus der Universität/ bzw. aus wissenschaftlichen Instituten • Vernetzung der wissenschaftlichen Communities	• Universitäten als Kristallisationspunkt für Innovative Communities • StartUps aus Wissenschaftsbetrieb als Rollenmodell
• Aufwertung der personenbezogenen Dienstleistungen • Konzentration auf informationsbezogene Dienstleistungen • Aufwertung von Ehrenämtern	• Bürgerarbeitsmodelle • »Vermarkten von Wissen« als eigenständiger Produktionsfaktor • Förderung des Angebots personenbezogener Dienstleistungen
• Neue Berufsbilder/Telearbeit • Virtuelle Unternehmen • Fraktionierung des Beschäftigungsangebots	• Teilzeitmodelle, Sabbaticals • Kombinationen Teilzeit/Bürgerarbeit • Großversuche mit Telearbeit
• Fundamentale Steuerreform • Reform der Rentenversicherung, mehr private Vorsorge • Re-Integration auch durch Niedriglöhne • Reform des Gesundheitssystems	• Modellprojekte für Managed Care im Gesundheitssystem • Neue Mitarbeiter-Beteiligungsmodelle • Öffentliche Rentenversicherungsfonds und private Pensionsfonds am Kapitalmarkt
• Arbeitgeberverbände als Dienstleistungsunternehmen besonders für den Mittelstand • Gewerkschaften als Serviceunternehmen für Arbeitnehmer • Reform des Stiftungsrechtes	• Gewerkschaften als Serviceunternehmen auch für Arbeitslose und kleine Selbständige • Zeitgemäße Angebote von Kirchen und Non-Profit-Organisationen für ehrenamtliche Engagements
• Die Verwaltung als kundenfreundliche Serviceeinrichtung für den Bürger • Laufender Vergleich mit innovativen Lösungsmodellen in Europa	• Kosten- und Leistungsrechnung für die wichtigsten Leistungen • Bürgerämter und One-stop-agencies • Kopplung von Zuschüssen an Erfolg bei Verwaltungswettbewerbern
• Debatte im Hinblick auf Angleichungen im Rahmen der Europäischen Union • Debatte im Hinblick auf die veränderte Rolle von Bund und Ländern • Auflösungen von Blockadesituationen durch die Parteien	• Einberufung einer parteiübergreifenden »Royal Commission« durch den Bundespräsidenten

dern daß er innerhalb eines Jahrzehnts zu schaffen sein müßte. Allerdings bleibt er auch danach ein kontinuierlich spannender Prozeß. Im weltwirtschaftlichen Wettbewerbsspiel gibt es keine *sustainable positions*. Wir haben aber erlebt, daß die achtziger Jahre die »Dekade der Japaner« waren – der Japaner, die heute in der großen Krise stecken. Und wir erleben jetzt in den Neunzigern, daß die USA als einzige *supreme world political and economic power* dastehen – jene in den siebziger/achtziger Jahren krisengeschüttelten Amerikaner. Wer weiß, vielleicht steht uns die Renaissance der Europäer – mit ihren auf sozialen und ökologischen Ausgleich bedachten Modellen – bevor.

21. April 1998